hänssler
REPORT

Bob Larson

Geht unsere Jugend zum Teufel?

herausgegeben
von Jsolde Steigelmann

CIP-Titelaufnahme der Deutschen Bibliothek

Larson, Bob:
Geht unsere Jugend zum Teufel?/Bob Larson [Übers. von
Dagmar Fecht] – Neuhausen-Stuttgart: Hänssler, 1990
(Hänssler-Report: Satanismus)
Einheitssacht.: Satanism ‹dt.›
ISBN 3–7751–1538–2

hänssler-edition
Reihe: Report; Satanismus
Bestell-Nr. 391.538
© Copyright 1989 by Bob Larson
Published by Thomas Nelson, Inc., Nashville, Tennessee
Originaltitel: Satanism. The Seduction of America's Youth
Übersetzt von Dagmar Fecht
© Copyright der deutschen Ausgabe 1990 by
Hänssler-Verlag, Neuhausen-Stuttgart
Umschlaggestaltung: Heide Schnorr v. Carolsfeld
Printed in West-Germany

Inhalt

Geht unsere Jugend zum Teufel?

Wie in Amerika erlebt der Satanismus nun auch in Europa ein rasantes Comeback. Pubertäre Modeerscheinung sagen die einen, Merkmal der Endzeit die anderen. Die Hilflosigkeit, mit der Wissenschaftler und Laien auf die Ausbreitung der Satanskulte reagieren, wird besonders deutlich an Äußerungen zu den vermeintlichen Ursachen dieses Phänomens. Psychologen glauben an krankmachende familiäre Bindungen, Soziologen an die immer schwerer werdende Identifikation des einzelnen in der Gesellschaft. Liberale Theologen bemühen Psychologie und Soziologie gleichermaßen, um überzeugend darlegen zu können, warum gerade Jugendliche von Okkultismus und Teufelsanbetung so fasziniert sind. Auf der anderen Seite des Meinungsspektrums bewegen sich diejenigen, für die Trance-Chanelling und Hexensabbat, Black Metal und Satansopfer Ausdruck einer endzeitlichen Entwicklung sind. Als Ursprung sehen sie den Sündenfall von Adam und Eva an, wie ihn die Bibel in einem der ersten Kapitel beschreibt.

Allen Erklärungsversuchen gemeinsam ist die Angst, keine letztlich befriedigenden Begründungen für diese Entwicklung liefern zu können. Lange Zeit war es Aufgabe der Kirchen, die Ereignisse im personalen oder gesellschaftlichen Leben zu ordnen, zu klassifizieren und zu erklären. Alles wurde religiös gedeutet. Allgemeingültige religiöse Sinndeutungen enthoben den einzelnen von der Aufgabe, über Inhalt und Ziel seines Lebens selbst nachzudenken.

Seit Mitte des 18. Jahrhunderts wurden die Universalerklärungsversuche der Kirchen regelrecht entzaubert. Führende Soziologen sehen den Hauptgrund für diese Entwicklung in einer über Jahrhunderte – vor allem in Europa – gewachsenen hochkomplexen gesellschaftlichen Arbeitsteilung. Menschliche Fehlleistungen und Mißerfolge konnten im Mittelalter relativ problemlos dem Teufel zugeschrieben werden. Zunehmende Arbeitsteilung förderte das Bewußtsein für eine je eigene Verantwortung und schuf damit eine zunehmende Unabhängigkeit von der Kirche – und fatalerweise auch vom Gott dieser Kirche. An die Stelle der Religion trat die Wissenschaft mit demselben Unfehlbarkeitsanspruch. Sie mußte Stellung nehmen zu Grundfragen des Lebens, die sie eigentlich – nach den Erkenntnissen der modernen Wissenschaftstheorie – gar nicht beantworten kann.

Ob es einen Gott, die Engel, den Teufel und die Dämonen wirklich gibt, ist wissenschaftlich absolut unbeantwortbar, sagen die berühmtesten Wissenschaftstheoretiker der Welt, und paradoxerweise ist dies bis heute nicht in die Köpfe vieler Wissenschaftskollegen und Laien vorgedrungen.

Nur so ist es zu erklären, daß Dämonen- und Satanserfahrungen Jugendlicher ausnahmslos auf unbewußt ablaufende innermenschliche Prozesse zurückgeführt werden, und die Bemühungen vieler Jugendberater sich darauf beschränken, spezifische Erlebnisse zu entmythologisieren. Es stellt sich die Frage, ob eine solche Sinngebung nicht eher die Berater als die Betroffenen beruhigt.

Kirchlich nominierte Seelsorger verfügen in der Regel nicht über praktische Satanserfahrungen. In einem überholten Wissenschaftsverständnis verhaftet, fällt es ihnen schwer, den Erzählungen Betroffener zu folgen. Andererseits haben Menschen, die die Realität außerirdischer Mächte akzeptieren, Probleme, zwischen dämonischer Belastung und psychischer Erkrankung zu unterscheiden. Die Fähigkeit zur Unterscheidung der Geister ist letztlich eine Gnadengabe. Das entbindet die therapeutische Seelsorge jedoch in keiner Weise von einer sorgfältigen Prüfung und der Entwicklung geeigneter Instrumentarien.

Auf die Frage, warum die Jugend zum Teufel geht, gibt es zahlreiche zutreffende Antworten. Einige davon werden in den verschiedenen Teilen dieses Buches angesprochen. Neben individuellen Dispositionen wie der Identitätskonfusion (Selbstzweifel, Unzulänglichkeits- und Ohnmachtsgefühle, das Empfinden, gelebt zu werden, statt selber zu leben ...) oder der mangelhaften Entwicklung positiver Identitätsmuster spielen als vordergründige Motive Neugierde und Gruppendruck (»Wir-Gefühl«) eine sicher nicht unwesentliche Rolle. Satanskulte faszinieren durch ihre Umwertung sämtlicher gesellschaftlicher Werte, seien es bürgerliche Gesetze, ethische Normen oder religiöse Gebote. Gleichzeitig scheint das vielfach unbewußte Sehnen nach metaphysischen Seinsinhalten so seine Erfüllung zu finden.

Wirtschaftsstrategen haben längst auf die »pubertäre Modeerscheinung« reagiert und die okkulte Faszination clever vermarktet. Die Kirchen müssen ihre Lektionen dagegen erst noch lernen. Der Denkprozeß ist in Gang gesetzt. Doch es fehlt eine umfassende, qualitative und quantitative Analyse sowohl der personalen und gesellschaftlichen Hintergründe als auch der Auswirkungen einer Beschäftigung mit okkulten bzw. satanistischen Phänomenen.

Der vorliegende Band aus der Reihe »hänssler-Report« kann und will diese Analyse nicht ersetzen. Er will vielmehr einen Beitrag dazu leisten, das facettenreiche Spektrum des Satanischen auszuleuchten und Ansatzpunkte für weiterführende Diskussionen aufzeigen. Einigen Kapiteln wurden »Tips« für Eltern, Erzieher, Jugendarbeiter u.a.m. beigefügt. Sie entspringen dem Anliegen von Verfasser und Herausgeber, die um sich greifende diffuse Panik durch konkrete Handlungsvorschläge einzudämmen.

Das Buch basiert auf einer Textvorlage des ehemaligen amerikanischen Rockmusikers Bob Larson. Es wurde mit Blick auf die Verhältnisse in Deutschland aktualisiert und erweitert.

Dialoge und persönliche Berichte des Autors sind wörtlich aus dem Amerikanischen übernommen (kleinere Schrift). Alle anderen Textstellen sowie die Informationen im Anhang wurden vom Herausgeber stark überarbeitet oder neu verfaßt.

Besonderer Dank gilt Herrn Prof. Dr. H. Rohrbach, der sich freundlicherweise bereiterklärt hat, den Abschnitt »Die Attraktivität des Bösen und die Macht der Liebe« zu übernehmen. Danken möchte ich auch Herrn Dr. Bernd Steinebrunner für wertvolle Hinweise und soziologische Hilfestellung sowie zahlreichen anderen, die mich auf dem langen »Marsch durch Pech und Schwefel« begleitet haben.

Neuhausen, im März 1990   Jsolde Steigelmann

Blick in eine dunkle Welt

Nur ein Spiel?

»Ich werde für den Teufel töten, ich warte nur noch.«

»Und worauf wartest du noch?« fragte ich zurück. Leider war Davids Prahlerei für mich nichts Neues. Von anderen Teenagern, die mit dem Satanismus in Berührung gekommen waren, hatte ich schon Ähnliches gehört. Ich mußte herausfinden, ob er nur angeben wollte oder ob er es ernst meinte.

»Ich bin jetzt siebzehn. Wenn mich der Teufel glücklich macht und mir alles gibt, was ich will, bis ich neunzehn bin, werde ich so viele Leute töten, wie er von mir verlangt. Das mache ich dann so lange, bis mich jemand tötet.«

David meldete sich während der Weihnachtsferien in meiner Radiosendung »Talk Back«. Mit dieser Talkshow hoffen wir, ähnlich wie bei der Telefonseelsorge, verzweifelten Hörern Hilfe zu bieten und gleichzeitig indirekt Betroffenen oder Menschen in ähnlicher Lage Informationen zukommen zu lassen. Selbstverständlich kann jeder Anrufer anonym bleiben, auf Wunsch wird sogar seine Stimme verzerrt.

Unsere Talkshow wird in fast hundert Großstädten der USA ausgestrahlt. Sie ist ein Forum für kontroverse Themen, die sonst von den Medien nur selten aufgegriffen werden. Satanismus ist eines dieser Themen.

Wichtiger als die Möglichkeit zur Aussprache ist für viele Menschen die Chance zur Selbstdarstellung. Das schien gelegentlich offensichtlich auch bei David der Fall zu sein. Er begann unser Gespräch mit einer Provokation: »Ich glaube nicht an Weihnachten. Ich bin Satanist. Jesus starb als Krimineller für sein Verbrechen. Wieso feiert man dann seinen Geburtstag?«

»Wieso ist es ein Verbrechen, die Menschen zu lieben, für sie zu sterben und das eigene Blut für sie zu vergießen?«

»Ich habe für den Teufel Blut vergossen«, erwiderte David gelassen. »Ich habe mich geschnitten. Als Zeichen der Hingabe an ihn habe ich Pentagramme und auf dem Kopf stehende Kreuze in meine Arme geritzt.«

»Wie hast du das gemacht?« – »Mit Rasierklingen und Propanbrennern.«

Ich versuchte, noch mehr aus David herauszubekommen; wie weit er sich Satan bereits verschrieben hatte und auf welchem Weg er seelsorgerlich eventuell erreichbar war.

»Was hast du noch für den Teufel getan?« – »Ich spiele mit bei ›Eternal Death‹«, erwiderte David, »Black Metal«. »Und was singst du?« wollte ich wissen. »›Unheilige Riten‹ ist eines meiner Lieder. Es handelt von Sex mit Leichen«, erklärte David. »Unsere Satansgruppe gräbt auf dem Friedhof Leichen aus.«

»Wie bist du überhaupt auf unsere Sendung gestoßen?« fragte ich weiter. »Ich hab' ein bißchen im Radio herumgesucht und hörte zufällig, wie Sie über meine Lieblingsrockgruppe ›Slayer‹ (Totschläger) sprachen und daß Sie mit denen auf Tour gehen wollen.«

»Seit wann hörst du ›Slayer‹?« – »Schon unheimlich lang. ›Slayer‹ hat mich in den Satanismus eingeführt. Wegen ihrer Musik bete ich den Teufel an. Ihre Lieder sind für mich das Wichtigste im Leben. Sie haben mich mit Satan als meinem Herrn bekanntgemacht. – Viele in meinem Alter denken genauso. Es gibt sogar Slayer-Fans, die glauben, daß die Bandmitglieder Götter sind. Sie beten sie an wie verrückt. Ich sag' Ihnen, gehen Sie lieber nicht auf Tour mit denen. Wenn die Fans rausfinden, wer Sie wirklich sind, könnte Ihnen was zustoßen.« – »Und noch was«, fuhr David fort. »Fragen Sie sie, ob sie wirklich Satanisten sind. Wenn nicht, wenn sie nur angeben, dann will ich nichts mehr von ihnen hören.«

Mit Slayer auf Deutschlandtournee

Einige Tage vor Davids Anruf wollte mir meine Sekretärin ein ungewöhnliches Telefonat durchstellen. »Bob Guccione, jr., der Herausgeber des Rockmagazins *Spin*, ist am Apparat«, sagte sie. »Er möchte, daß Sie in die Bundesrepublik Deutschland fliegen, dort mit Slayer auf Tournee gehen und dann eine Titelgeschichte für *Spin* schreiben. Nehmen Sie den Anruf entgegen?«

»Er will was?« fragte ich perplex. Ich konnte es kaum glauben, daß der Sohn des Penthouse-Verlegers und Herausgeber eines eigenen, sehr erfolgreichen Rockmagazins mich bat, als Journalist mit der bekanntesten Black Metal Band der Welt auf Tournee zu gehen.

Guccione und ich hatten uns in den letzten Jahren gut kennengelernt – zugegeben, ein seltsames Gespann, wenn man uns als solches überhaupt bezeichnen kann – er als Erbe pornographischer Publikationen und ich als Gastgeber einer christlichen Talkshow.

Wir lernten uns kennen, als »Talk Back« eine Reihe über den Bericht des Justizministers zur Pornographie ausstrahlte. Guccione war mein Gast, um mit jenen zu diskutieren, die einen warnenden Hinweis auf Schallplatten mit fragwürdigem Inhalt befürworteten. Er war wiederholt mein Gast bei Sendungen, in denen wir über Rockmusik diskutierten.

Dieses Mal lud Guccione mich ein, nach Deutschland zu fliegen. Auf seine Kosten. Das war natürlich verlockend. Nur die Idee selbst verwirrte mich etwas.

»Guccione, was versuchst du mir anzutun?« frotzelte ich.

»Die Spin-Leute halten es für eine großartige Idee. Das ist ja der Clou: Du und Slayer. Zuerst dachten wir daran, dich mit der Black-Metal-Band Death auf Tour zu schicken. Aber die sind nicht schlimm genug. Slayer hat den absolut schlechtesten Ruf unter den satanischen Bands. – Mit ihrem Manager und der Plattenfirma ist alles klar. Wir haben ihnen gesagt, daß dein Bericht eine Spin-Titelstory wird. Du kannst schreiben, was du willst.«

Ein schwindelerregender Vorschlag. Ich sollte die Titelgeschichte für eines der amerikanischen Top-Rockmagazine schreiben! Ich sollte mit einer Band auf Tournee gehen, die Nekrophilie (krankhafte Vorliebe für Leichen) verherrlichte und Anbetungslieder für Satan sang. Gleichzeitig war es eine einmalige Gelegenheit, auf einer Rock-Tour hinter die Kulissen zu schauen.

»Du hast die Erlaubnis, die Band überall hin zu begleiten«, versprach Guccione. »Du kannst hinter die Bühne, in die Garderobe, in den Bus, ins Publikum, auch auf die Bühne. Einverstanden?«

Mir gingen David und andere jugendliche Anrufer wie Lars durch den Kopf, von dem ich später noch berichten möchte. Sie alle sagten, daß ihre Faszination am Satanismus mit Slayer begonnen hätte. Gucciones Angebot ermöglichte mir, den Tatsachen auf den Grund zu gehen.

Ich stimmte also zu. »Wann und wo treffe ich mit Slayer zusammen?« – »Du wirst am Freitag, dem 13., über Frankfurt nach Hamburg fliegen. Aber paß auf, daß sie dich nicht auf einem Altar Satan opfern«, witzelte Guccione.

»Freitag, der 13.«, dachte ich bei mir. »Naja«.

Zweiundsiebzig Stunden später war ich unterwegs, um die Jungs zu treffen, die Lieder singen wie: »Krieger von den Pforten der Hölle ... Satan, unserem Herrn, vertrauen wir.«

Meint Slayer es wirklich ernst, fragte ich mich. Freuen sie sich wirklich darauf, eines Tages mit dem Teufel ins ewige Feuer geworfen zu werden?

Das sollte ich bald herausfinden. Als ich mein erstes Slayer-Konzert in Hamburg miterlebte, war die Hölle los.

Von »Slayer, Slayer«-Rufen begleitet betritt die Band die Bühne, passenderweise in Schwarz gekleidet. Der Gitarrist Kerry King trägt lederne Schienbeinschoner, in die Stahlknöpfe in Form eines auf dem Kopf stehenden Kreuzes eingeschlagen sind. Den Gitarristen Jeff Hanneman schmückt ein T-Shirt mit dem Aufdruck »Slaytanische Wehrmacht«. Der Schlagzeuger Dave Lombardo trägt eine Panzerweste und Shorts. Auf dem T-Shirt des Sängers Tom Arayas ist zu lesen: »Sex, Mord, Kunst«.

Die Slayers hatten sich einen erbärmlichen Ort ausgesucht, um für den Teufel zu spielen. Der Saal glich eher einer Eishöhle mit seinen neun Meter hohen Wänden, ohne Heizung. Die Temperatur betrug ungefähr 10 Grad Celsius. Hinter der Bühne hockten die Slayers fröstelnd dicht aufeinander wie vier verlorene Schafe, die weit weg von zu Hause sind.

Aber schon wenige Augenblicke später werden sie zu feuerspeienden Dämonen aus der Hölle des Rock'n Roll. Inmitten von Nebelmaschinen und unter dem donnernden Gebrüll von dreitausend Fans stellen sie die Verkörperung des Bösen dar. Sie müssen stundenlang vor dem Spiegel geübt haben, bis ihre Grimassen jede Ähnlichkeit mit menschlichen Zügen verloren hatten.

»Gutten Nacht«, schreit Araya und versucht, etwas Deutsch an den Mann zu bringen. Die Fans johlen zustimmend.

Ihretwegen hätte er auch Suaheli sprechen können, denn sie sind nicht zum Small Talk gekommen. Sie wollen die Satanslieder hören, Silbe für Silbe, Note für Note, so, wie sie sie von ihren Platten kennen. Die meisten singen mit, obwohl viele von ihnen sicher keine Ahnung haben, was sie da singen.

Niemand in der Band scheint nervös zu sein. Offensichtlich haben sie dasselbe schon -zigtausendmal erlebt. Der Beleuchter bedient seine große Schalttafel wie ein Klaviervirtuose. Zuerst den blauen Scheinwerfer auf Araya, dann den gelben auf King. Dann tritt Hanneman nach vorn, genau auf die Stelle, wo mit Kreppband ein »X« auf den Boden geklebt worden ist. Überall auf der Bühne sind solche Markierungen angebracht, damit die Bandmitglieder wissen, wo sie sich für welches Spotlight hinstellen müssen. Ein rotes Spotlight kriecht unter Hannemans Kinn nach oben und erzeugt unheimliche Schatten, während er drohend mit den Augen funkelt.

Das Publikum erwidert die finsteren Blicke. Eine konforme Masse, die die Band hinter den Kulissen als »Deutsches Ungeziefer« bezeichnete. Ihre Black-Metal-Symbole laden das Böse offen ein. Auf unzähligen Jeansjacken sind dämonische Abbilder zur Schau gestellt: der gehörnte Gott, der den Teufel symbolisiert, andere fratzenhafte Abbilder Satans und mehr auf dem Kopf stehende Kreuze, als ganze Heerscharen von Dämonen in einem Monat sammeln könnten. Pentagramminschriften verkünden: »Willkommen in der Hölle«. Wo könnte sich Luzifer wohler fühlen als hier?

Mitten auf dem Bühnenvorhang, genau über dem Schlagzeuger, das Logo der Band, ein stilisiertes Pentagramm. Auf jeder Seite des satanischen Symbols zwei fast zwei Meter hohe Buntglasfenster mit einem Kreuz darüber – das natürlich auf dem Kopf steht.

Der Abend in Hamburg begann mit dem Song »hell awaits«. »Jesus weiß, daß deine Seele nicht gerettet werden kann. Kreuzigt den sogenannten Herrn!«

Als nächstes sangen sie »Black Magic«, wobei sie sich darauf beriefen, »in der Macht Satans gefangen« zu sein. »Der Tod nimmt meine Hand und hält meine Seele gefangen.«

Danach riefen sie Satan selbst an mit Liedern wie »Das Böse kennt keine Grenzen«, oder »Satan, unser Meister, er lehrt uns, grausam zu verletzen, er lehrt uns jeden Schritt.«

Kein Wunder, daß Teens wie Dave anfangen, Satan anzubeten, wenn sie sich diese Songs immer und immer wieder mittels Walkman einhämmern lassen.

120 Dezibel (112 Dezibel sind die Schmerzgrenze) weckten in mir das Gefühl, neben einem abhebenden Flugzeug zu stehen. »Spill your blood« war das nächste: »Gib mir dein Blut, laß es zu mir fließen. Nimm meine Hand und laß dein Leben los ... Du gibst mir dein Blut, und ich besitze deine Seele.«

Ein Vergleich mit dem Nationalsozialismus drängte sich mir auf. Hier wie dort siegte angewandte Massenpsychologie über Menschlichkeit und Vernunft. Die NSDAP wählte das Hakenkreuz, die Slayers das Pentagramm. Wie damals werden die Unzufriedenen mißbraucht, um die bestehende Ordnung zu zerstören. Wie sonst soll »Altar of Sacrifice« interpretiert werden, ein Song, in dem das Opfer einer Jungfrau besungen wird: »Töten für Satan – ein feierlicher

Tod. Gehorche allen seinen Geboten. Geh' ein in das Königreich Satans ... lerne die heiligen Worte der Anbetung: ›Heil dir, Satan‹.«

Vor fünfzig Jahren marschierte SS im Gleichschritt und grüßte mit steif erhobenem Arm ihren Führer. In Hamburg grüßten Black-Metal-Fans »ihren« Satan. Ihr Lieblingssong war »Angel of Death« (Engel des Todes), womit Joseph Mengele gemeint war, der Schlächter von Auschwitz, der als »sadistischer Arzt des Todes ... Sadist von edelstem Blut ... König des Totenreichs« besungen wurde. Eine detaillierte Schilderung seiner Grausamkeiten wurde vom Publikum frenetisch beantwortet.

Vor der Bühne verläuft ein anderthalb Meter breiter Graben zwischen der Band und dem verrücktspielenden Publikum, das durch ein Stahlgitter zurückgehalten wird. Immer wieder versuchen einzelne Zuschauer, auf den Graben zuzusteuern. Slayer-Fans sitzen nicht, weil es keine Stühle gibt. Sie stehen die ganze Nacht. Manchmal springt jemand in die Luft und landet irgendwie auf den Köpfen, Schultern oder Händen des Publikums. Langsam bewegt er sich vorwärts, indem er schiebt oder geschoben wird. Auf Rücken und Bauch kriecht er vorwärts. Schließlich nähert er sich dem Graben. Hals über Kopf landet er dort, mit einem Purzelbaum, Füße oder Kopf voraus. Dann wird er vom Sicherheitspersonal unsanft am Publikum vorbei nach hinten geleitet, von wo aus er das gleiche nochmal versuchen kann.

Während des ganzen Konzerts blickten die Fans mehr als finster. Ihr Gesichtsausdruck war verzerrt – außer wenn ich Fotos machte. Dann schien sich die Spannung auf ihren Gesichtern zu legen. Sie lächelten sogar. Der Anblick der Kamera brachte sie für einen kurzen Moment zurück in die Wirklichkeit, für den Bruchteil einer Sekunde vergaßen sie, wo sie waren. Doch sobald der Blitz aus war, schien etwas »klick« zu machen, und ihre Augen verengten sich wieder. Sie kehrten zu ihrem teuflischen Gebaren zurück.

Alles, was die Band tat, schien geplant, selbst die Zwischenbemerkungen auf der Bühne. In den folgenden Tagen merkte ich, daß jeder Gag genau einstudiert war. Nacht für Nacht sangen sie den gleichen Song als Einleitung. Nichts war spontan. Selbst Arayas rechtes Augenlid, das er bei dem Wort »Satan« immer leicht hochzog, schien vor dem Spiegel eingeübt zu sein. Jede Note, jedes Ostinato, jeder böse Blick wiederholte sich und kehrte auf ein bestimmtes Zeichen an derselben Stelle wieder.

Sieht Anton LaVey von der Satanskirche genauso gelangweilt aus, wenn er seine -zigste schwarze Messe feiert? fragte ich mich im stillen.

Als das Konzert zu Ende war, verließ die Band erhobenen Hauptes die Bühne. Der Manager gab ihnen Handtücher, mit denen sie sich den triefenden Schweiß vom Gesicht wischten. Ein paar Autogramme, dann gingen sie direkt zu ihrem Haus auf Rädern. Für Gespräche mit den Fans wurde keine Zeit verschwendet.

Eine Rock-Tournee lebt von Gegensätzen. Tagsüber schläft man, und nachts dreht man auf. Die Konzerte sind, da es meist keine Vorband gibt, gegen 23.00 Uhr zu Ende. Dann rollt der Bus auf vier- bis sechsstündiger Fahrt in die nächste Stadt. Um sechs Uhr am nächsten Morgen legen sich die Musiker schlafen. Genau acht Stunden später weckt der Manager seine Leute. Nach einer weiteren Stunde fahren sie mit Taxis zur Konzerthalle für Soundchecks und andere Vorbereitungen. Nach der Show geht es weiter wie gehabt.

Das heißgeliebte Wohnmobil der Slayers war fast schon luxuriös, vorausgesetzt, man verbindet mit diesem Begriff die modernen Errungenschaften der Technik: zwei Videogeräte und ein Vorrat an Videos, vorwiegend Horrorstreifen. An Bord gab es auch ein Badezimmer, eine Mikrowelle zum Erwärmen der Mahlzeiten, die nach den Konzerten eingenommen wurden, und ein Wohnzimmer zum Entspannen. Im hinteren Teil des Wohnwagens befanden sich sechs Kojen, wo sich jeder, der nicht reisekrank wurde, langlegen konnte. Da die endlosen Filme mit Chuck Norris und Bruce Lee nicht meinem Unterhaltungsgeschmack entsprechen, beschloß ich, mich in eine der Kisten zurückzuziehen.

Die ganze Nacht hindurch hörte ich von vorne die Bemerkungen der Band: »Wann sind wir endlich im Hotel? ... Wo bleiben die Eiswürfel? Man sollte uns jeden Abend Eiswürfel zum Wohnwagen bringen. Hier in Europa kriegt man einfach keine Eiswürfel ... Mann, heute lagen wir manchmal ganz schön daneben ... Fahrer, kannst du mal anhalten, damit wir Ansichtskarten für unsere Freundinnen kaufen können?«

Die Slayer-Fans in meiner Talkshow glauben, daß sich die Gruppe endlosen Satansorgien hingibt. In Wirklichkeit hatten die Jungs aber die Nase voll, sie langweilten sich und wollten nach Hause. Sie wollten Ansichtskarten von Schlössern am Rhein und weder schwarze Kerzen noch heilige Dolche zum Herbeirufen von Dämonen kaufen.

»Nur noch 19 Tage«, sagte Kerry King zu mir. »Seit ich in Frankfurt aus dem Flugzeug gestiegen bin, zähle ich die Tage, bis wir wieder zu Hause sind.«

Die große Frage

Während der letzten Tage der Tour verbrachte ich mit jedem Bandmitglied einige Zeit allein. Das war die Gelegenheit, um meine große Frage loszuwerden: »Seid ihr Satanisten?«

Ohne seine furchterregende Maskerade wirkte der Trommler Dave Lombardo wie der nette Junge von nebenan. Er fühlte sich bei den massiven Teufelsanbetungen der Band nicht wohl. »Ich habe die Liedtexte nicht geschrieben«, sagte er. »Ich war auch nicht dafür, ein umgekehrtes Kreuz als Hintergrunddekoration zu verwenden. Ich will einfach nur der beste Black-Metal-Trommler in der Szene sein.«

Dave ist der einzige aus der Band, der so etwas wie einen okkulten Hintergrund hat. Seine aus Kuba stammende Familie hatte sich mit dem karibischen Santeria-Kult eingelassen. Irgendwie hatte sich Dave aber doch noch einen Funken Achtung vor Gott bewahrt, den er vermutlich seiner katholischen Schulerziehung verdankte.

18

Der Leadsänger, Tom Araya, ist undurchschaubar. Aus Chile gebürtig, kam er mit fünf Jahren in die USA. Sein Gesicht drückt immer Feindseligkeit aus. Im Gegensatz zu den anderen gab er auf die Frage, ob er Satanist sei, keine Antwort. Er blinzelte nur bei der Frage, und es blieb unklar, ob er ein dunkles Geheimnis verbergen oder den mystischen Schein wahren wollte.

Araya ist ein unverbesserlicher Pessimist. »Die Welt wird bald in einer Katastrophe enden«, sagte er ernst. »Ich kann es fühlen, egal wo ich hingehe.« Paradoxerweise sind seine Eltern überzeugte Christen und begabte Laienprediger. »Meine Mutter betet jeden Abend für mich«, sagte er mir.

Dem Gitarristen Jeff Hanneman war es höchst unangenehm, daß ich ihn über seinen persönlichen Glauben ausfragte. Er sträubte sich, als ich auf eine mögliche Verbindung mit Satan auch nur anspielte. Jeff wußte nicht einmal genau, was ein Satanist tut oder glaubt. Für ihn war das ganze einfach lächerlich, und jede Art von Religion hielt er schlicht für bescheuert.

Warum er dann Texte wie »Luzifer nimmt meine dunkle Seele in die feurigen Schluchten der Hölle« schreibe, fragte ich. Warum funkeln seine Augen auf der Bühne mit einer so aggressiven Intensität, durch die die Menge nur noch mehr in Rage gebracht wird?

Jeff gab zu, daß irgend etwas aus seiner Kindheit ihn noch heute in Wut versetze. »Die Bühne ist die Gelegenheit für mich, meinen ungelösten Aggressionen freien Lauf zu lassen.«

Auch der Gitarrist Kerry King gab zu, mit Vorliebe Texte zu schreiben, bei denen einem übel werden konnte. Aus seiner Feder stammt der »Necrophiliac«, der Sex mit Leichen als zwanghafte Aufgabe glorifiziert.

Trotzdem sagte Kerry King, daß er lieber zu Hause in Phoenix bei seinen vier Hunden und Dutzenden von Schlangen wäre. Er züchte die glitschigen Kreaturen professionell. Diamantpythonbabys brächten pro Stück eintausend Dollar ein, erklärte er stolz. Kerry behauptete, er habe noch nie in der Bibel gelesen, aber wenn er es tun würde, würde er sicherlich wie Iron Maiden Liedtexte über die Offenbarung machen. Einmal habe er auch in die Satanische Bibel hineingeschaut, sie aber langweilig gefunden und weggeworfen. Horrorfilme seien eine Hauptquelle seiner Liedinspiration.

Vor meiner Tour mit den Slayers hatte ich die Unterhaltung mit David, der mich in meiner Talkshow angerufen hatte, aufgezeichnet. Eines Abends in Nürnberg spielte ich sie Jeff, Tom und Kerry vor. Ich fragte sie ganz offen, ob sie sich in irgendeiner Form an Daves Dilemma schuldig fühlten.

»Sollen doch die Eltern auf die Kinder aufpassen«, argumentierte Araya. »Das ist nicht unsere Sache. Wir sind nur Textdichter und Musiker.«

Kerry fügte hinzu: »Auf jedem Album, das wir in den USA herausgeben, ist ein Hinweis auf die nicht jugendfreie Sprache, also ist es nicht unsere Schuld.«

Das ärgerte mich. David hatte sein Leben Satan übergeben, und die Slayers hatten ihm durch ihr Image und ihre Liedtexte den Satanismus sozusagen verkauft. Auch wenn es stimmte, daß dies nicht beabsichtigt war, so zeigten sie doch keinerlei Mitleid mit Leuten wie David und schoben jede Verantwortung weit von sich.

Ich fragte Jeff, Tom und Kerry, ob sie David irgend etwas zu sagen hätten. Sie weigerten sich. Schließlich sei das ja nicht ihr Problem. Sie wollten nichts damit zu tun haben. Seine Eltern sollten ihm helfen. Oder er sollte einen Seelsorger aufsuchen. Ihre Liste an Entschuldigungen war lang.

Die Band, die sich so viel Mühe gab, um mit ihren Liedern Satan zu verherrlichen, war nicht bereit, einem irregeleiteten Teenager gegenüber ihr Image zu verraten. Vielleicht wußten sie auch deshalb keine Lösung für Davids Dilemma, weil sie für ihre eigenen Probleme auch keine hatten. Tom Araya gab zu, daß er über alles schreiben könnte außer über Liebe. »Wir legten den Song ›In a Gada-Da-vida‹ neu auf und wechselten die Worte ›Ich liebe dich‹ gegen ›Ich will dich‹ aus. Über die Liebe reden, das kann ich nicht.«

Slayer vermitteln keine Hoffnung. Auf ihre Musik kann man nicht tanzen, und danach leben möchten wohl die wenigsten. Sie sind davon überzeugt, daß die Welt auf die Apokalypse zusteuert. »Iß, trink und genieße. Genau das tue ich«, sagte Kerry King.

Ob das Konzept der Selbstlosigkeit irgendwo in Slayers Denksystem Platz hat, wollte ich wissen. »Ich kümmere mich vor allem um mich selbst«, war Kings Kommentar. »Ich trete niemandem auf die Füße, solange keiner auf meine tritt.«

Black Metal und der Mammon

Nach der Bibel ist die Liebe zum Geld die Wurzel allen Übels. Sollten die Slayers ihre Seele an Satan verkauft haben, dann haben sie das nicht bei einer Schwarzen Messe, sondern auf der Bank getan. Vom magischen Becher des Todes und der Verzweiflung haben sie nicht getrunken, eher vom Elixier des Ruhmes. Im Garten des Rock'n Roll aßen sie die Frucht des Erfolgs – Image ist wichtiger als Wahrhaftigkeit, ein skandalumwittertes Leben ist wichtiger als Integrität.

Die Wurzel allen Übels in der Welt des Rock ist der Starrummel. Über Leben oder Untergang entscheiden die Hitlisten und Konzertverkaufszahlen. Ein Fan in Bonn zeigte mir stolz sein T-Shirt. Selbstgefällig riß er seine Jacke auf, damit ich das Pentagramm auf der Vorderseite sehen konnte. Es trug die Aufschrift »Satansarmee«.

So sehen sich Fans wie David selbst – als Elitedivision der Soul-slayers (wörtl. Seelenschlächter), die alles Schöne und Gute mit Füßen treten. Sie kaufen sich in das Image der Band ein und halten an einer Idee fest, die sich Araya und Company vor sieben Jahren zusammenbastelten, um als Rockstars berühmt zu werden. Hinter den Kulissen gibt die Band zu, daß ihr Ruf als echte Satanisten Risse bekommen hat. Aber wenn sie ihre Richtung ändern würden, würden sich David und die anderen Kinder in »Satans Armee« verraten fühlen. Also setzen sie lieber Abend für Abend die gleichen höhnischen Grimassen auf und suchen nach immer grausameren Liedtexten, um die Unwissenden zu schockieren.

Die Bandmitglieder versicherten mir immer wieder, wie sehr ihnen die Fans am Herzen lägen und wie hart sie daran arbeiteten, die Musik zu spielen, die die Jugendlichen mochten. Aber wieviel Wärme bringt eine Stunde Konzert einem Teenager, der von seinen Eltern und der Gesellschaft abgelehnt wird? Sagt die Botschaft eines umgekehrten Kreuzes und die Atmosphäre des Bösen nicht mehr aus?

Die Herausforderung

»Die Slayers sind gar keine Satanisten«, eröffnete ich David, nachdem ich von meiner Tour zurückgekehrt war. »Ich war letzte Woche mit ihnen unterwegs. Ihr ganzes Gerede um Satan ist Quatsch.«

»Das ist ja wohl das Letzte. Warum tun sie's dann überhaupt?« erwiderte David. Er war spürbar verärgert und zutiefst enttäuscht.

Die Heuchelei, daß Slayers etwas vorgaben, was sie gar nicht lebten, stieß ihn ab.

Das Interessante an Davids Geschichte ist jedoch nicht die Faszination, die Slayers und die Black-Metal-Musik auf ihn ausübten, sondern daß seine Eltern von dieser Faszination nichts bemerkten.

Davids Arme waren seinen Angaben zufolge bedeckt mit Pentagrammen und umgekehrten Kreuzen. Er spielte in einer Rockband mit dem Namen »Eternal Death«. Weil er einen Menschen opfern wollte und die anderen in seinem Ring nicht mitmachen wollten, wurde David aus seiner Satanszunft hinausgeworfen.

Wie kann es Eltern angesichts solcher Symptome entgehen, daß sich ihr Sohn mit Okkultismus beschäftigt? Als ich David diese Frage stellte, antwortete er prompt: »Meine Eltern wissen davon. Aber sie denken, daß das nur eine Phase ist, die ich durchmache. Da irren sie sich. Es ist meine Religion!«

Ich fragte David, ob ich ihm eine Bibel schicken dürfe, damit er einmal einen anderen Standpunkt kennenlernen könne. Seine Antwort: »Bibeln verbrenne ich«, sagte er. »Und wenn ich sie nicht verbrenne, reiße ich die Seiten heraus, schlucke sie und kotze sie wieder raus.«

»Was hältst du von Pseudo-Satanisten wie Slayer?« fragte ich weiter. »Danke, daß Sie klargestellt haben, daß diese Weichlinge gar keine richtigen Satanisten sind. Damit helfen Sie unserer Religion. Wir wollen nur die Starken und Echten.«

Töten für den Teufel?

»Sie verbrannten meine Freundin vor meinen Augen. Sie war nicht die einzige, die sterben mußte. Einen anderen Freund von mir stürzten sie von einem Felsen. Vorher zwangen sie ihn noch zu dem Bekenntnis: ›Satan, ich gebe dir jetzt mein Leben‹«, erzählte Sarah stockend. »Es ist schon 'ne Weile her. Ich konnte es keinem erzählen«, bekannte sie. »Was ich gesehen habe, ist so unbegreiflich, daß mir ja doch keiner glauben würde.«

Sarah war 14. Wir gaben ihr einen fiktiven Namen, damit sie trotz der halben Million Zuhörer anonym bleiben konnte. Sarah hatte erfahren, daß Teens wie David manchmal ihren Schwur wahrmachen, für den Teufel zu töten.

»Wie verbrannten sie deine Freundin?« wollte ich wissen. »Sie fesselten sie und banden sie auf einer Art Plattform fest, wie auf einem Altar, und zündeten ein Feuer unter ihr an«, erklärte Sarah.

»Schrie sie denn nicht um Hilfe?« fragte ich weiter. »Natürlich, aber niemand außer uns hat es gehört. Niemand löschte die Flammen. Sie trugen alle Masken, man konnte niemanden erkennen.«

»Und was hast du dabei gemacht?« Sarah fuhr fort: »Ich versuchte, sie davon abzuhalten, aber sie hielten mich fest. Sie zwangen mich, zuzusehen, und verprügelten mich hinterher.«

Sarahs Einstieg in satanische Praktiken erfolgte über die Drogen- und Heavy-Metal-Szene. Sie nahm Pot, Speed, LSD – praktisch jede Droge, die sie bekommen konnte. Sie war ständig unterwegs, schlief mit jedem Jungen, der dazu bereit war. Die Freundin, die schließlich verbrannt wurde, lud sie irgendwann zu einer Party ein, die sich als satanisches Ritual herausstellte. Am Anfang fand sie alles aufregend und elektrisierend – was für ein Gegensatz zu der strengen gesetzlichen Erziehung in ihrem Elternhaus.

Sarah wußte nicht, daß das Töten von Tieren nur ein Vorspiel zur Folterung und Tötung von Menschen war. Der Anblick eines bei lebendigem Leibe verbrennenden Menschen traumatisierte sie. In den Wochen danach unternahm sie drei Selbstmordversuche.

»Niemand weiß, was ich gesehen habe«, gestand sie. »Ich habe Ihre Sendung im Radio verfolgt und mußte Sie einfach anrufen. Ich kann nicht mehr länger allein mit meinen Erinnerungen leben.«

Sarah wußte, daß ich ihre Erfahrungen nicht als Hirngespinste abtun würde. Sie war nicht zur Polizei gegangen, weil es keine Beweise gab. Bei den Morden, denen sie zugesehen hatte, war das eine Opfer bis zur Unkenntlichkeit verkohlt und das andere im Meer unter einem Riff ertrunken. Es gab keine Spuren, keine Beweise. Und wer würde auch schon einem drogenabhängigen Teenager glauben?

»Das mit dem Brandopfer stand sogar in der Zeitung«, sagte Sarah. »In der Nähe waren ein paar Häuser, und jemand hatte wohl die Hilferufe gehört. Aber sie haben nie herausgefunden, wer es war.«

»Kennst du denn die Leute, die dabei waren?«

»Ein paar. Nicht ihre richtigen Namen natürlich. Aber ich war seitdem nie mehr in der Gruppe. Wenn ich sie verraten würde, würden sie mich umbringen.«

Ich glaubte Sarahs Geschichte, weil ich das gleiche – mit geringfügigen Änderungen – schon von vielen anderen Jugendlichen gehört hatte. Die Geschichten ähnelten sich auf einzigartige Weise. Die Betreffenden werden stufenweise in den Kult eingeführt, häufig über Parties, deren moralische Schrankenlosigkeit zunächst als positiv empfunden wird. Nach systematischem Ekeltraining folgen grausige Zeremonien, die Angst und Schuldgefühle einflößen sollen, damit der Betreffende schweigt. Blutiges Abschlachten, das man gar nicht beschreiben kann. Keine Zeugen, keine Spuren.

»Warum haben deine Eltern nichts davon bemerkt?« wollte ich wissen. Ihre Antwort ist für viele Teenager typisch: »Ich erzähle ihnen nie etwas. Wir reden nicht miteinander. Sie wissen nicht, was ich denke und tue.« Natürlich entstand Sarahs Misere nicht von heute auf morgen. Doch keiner hatte sich angesprochen gefühlt, ihr zu helfen. Sarahs Eltern sind nach außen hin angesehene Christen in guter Position. Sie ahnen nicht, daß ihre Tochter mit Satanismus zu tun hat. Sie wissen nur, daß Sarah eigensinnig und aufsässig ist und zu Selbstmord neigt. Wie die meisten Eltern, deren Kinder okkulte Dinge erforschen, haben sie nicht die leiseste Ahnung von der grausigen Welt, in der Sarah gefangen ist. Damit stehen sie nicht allein da. Selbst diejenigen, die von Berufs wegen Verbrechen aufklären und bestrafen, bleiben oft im Dunkeln über die teuflischen Hintergründe.

Manifestationen des Neo-Satanismus

Viele Behörden des Strafvollzugs übersehen die Anzeichen okkulter Verbrechen – kopflose Hühner, Wandbemalungen mit satanischen Symbolen, sonstige getötete Tiere und verstümmelte Leichen.

Bis vor kurzem wurden Schwerverbrechen, die im Namen des Teufels ausgeführt wurden, als Handlungen von Geisteskranken beschrieben. Die Tatsache, daß diese Verbrechen von organisierten satanischen Gruppen, die sich der Gewalt verschrieben haben, verübt wurden, wurde von den untersuchenden Beamten und Strafverfolgern weitgehend ignoriert.

In den USA, Großbritannien und der Bundesrepublik Deutschland laufen z.Zt. Bemühungen, satanistisch motivierte Verbrechen auch strafrechtlich auf eine besondere Stufe zu stellen. Da sich hinter satanischen Zirkeln häufig Pädophilie-Ringe verbergen, sind v.a. Kinder gefährdet.

Die Geschichte der jüngsten Teufelsmorde begann am 9. und 10. August 1969, als Charles Manson und seine »Familie« sieben Opfer einschließlich der hochschwangeren Schauspielerin Sharon Tate umbrachten. Manson behauptete, durch eine Ideologie verführt worden zu sein, die besagte, daß Christus und Satan sich versöhnt hatten und nun keine Gegner mehr seien. Deshalb sei die Anbetung Satans das gleiche wie die Hingabe an Christus. Charles Mansons wahnwitzige Gedanken stammten von Robert DeGrimston, dem Gründer der »Process Church«, einer Sekte aus den 60er Jahren.

Mansons Strafverfolger, Vincent Bugliosi, ging davon aus, daß sowohl Manson als auch DeGrimston »ein unmittelbar bevorstehendes, grausames Harmageddon predigten, in dem alle bis auf ein paar wenige getötet werden« würden. Manson habe die Theologie der »Process Church«, daß Jehova, Luzifer und Christus sich versöhnt hätten, leicht verändert. »Manson hielt an einem einfacheren Dualismus fest – er galt bei seinen Nachfolgern als Satan und gleichzeitig als Christus«, meint Bugliosi.

Die Teenager von heute wachsen in einer Welt auf, in der es von satanischen Symbolen und Anspielungen nur so wimmelt – Black-Metal-Musik, Fantasy-Rollenspiele, Horrorfilme und -videos, okkulte Embleme und diabolische Utensilien. Ein Großteil der Eltern und Erzieher hält die Begeisterung der Jugendlichen für pubertäre Spielerei. Die steigenden Zahlen satanistisch motivierter Gewaltverbrechen, begangen von 16–20jährigen, und die mit jugendlichen Wracks überfüllten Stationen in der Psychotherapie zeigen, daß es zumindest ein Spiel mit dem Feuer ist.

Als Gastgeber der am meisten gehörten Talkshow der USA habe ich in den vergangenen sechs Jahren mit vielen Kindern und Jugendlichen gesprochen, die Satan als den Urheber ihrer Verbrechen bezeichnen. Vor Millionen von Zuhörern erzählten mir Teens von unglaublichen Ausgeburten des Bösen. Die Boshaftigkeit, die sie offenlegen und derer sie sich nicht selten brüsten, geht über ein paar Marihuana-Joints und jugendliches Vandalentum hinaus.

Bobbie wurde in die okkulte Pornographie eingeführt und gezwungen, bestialische Handlungen zu begehen. Damius (ein okkulter Name) nahm an einem Menschenopfer teil. Nickie verfluchte alle, die versuchten, sie an ihrer Satansanbetung zu hindern. Lee behauptete, mit weiblichen Geistwesen Geschlechtsverkehr zu haben. Andrew baute im Keller seiner Wohnung einen Altar für Satan, auf den er Abbilder des Teufels und der Voodoogötter stellte.

Haben die Teens, die Satan die Treue schwören, etwas gemeinsam?

Durch die Gespräche über den Sender und meine persönliche Seelsorge unter vier Augen zeichnet sich ein Profil der Jugendlichen ab, die für satanische Einflüsse offen sind. Viele kommen aus kaputten Elternhäusern, wo sie vernachlässigt oder ignoriert werden. Die meisten sind sehr intelligent und sensibel. Alle tragen tiefe Verletzungen in sich, oft sind sie körperlich mißhandelt oder sexuell mißbraucht worden. Viele von ihnen haben – zumindest in den USA, enttäuschende Erfahrungen mit christlichen Institutionen hinter sich. Die Hinwendung zum Teufel ist in der Regel nicht ihre erste Wahl. Da sie zum Selbstmord neigen und das Gefühl haben, nichts wert zu sein, sehen sie in Satan ihre letzte Zuflucht, aus der sie die Bestätigung schöpfen, doch jemand zu sein.

Sarahs Geschichte ist typisch. Ihre Eltern ließen sich scheiden, als sie noch ein Kind war, und zur Zeit sieht sie ihren biologischen Vater einmal im Jahr. Keiner bemühte sich darum, ihr angeknackstes Selbstwertgefühl zu stärken. Ihre jugendliche Neugierde wurde von den durch Beruf und viele ehrenvolle Ämter überladenen Eltern nicht aufgefangen. Sie stürzte in eine schwere postpubertäre Krise.

Mir ging ein Licht auf, als mir Sarah eine rhetorische Frage stellte: »Wollen Sie wissen, wie es passieren kann, daß aus einer guten Familie ein Rowdy, Rocker oder eben eine Satanshure kommt?« fragte sie. »Ich könnte natürlich sagen, es war meine eigene Aufsässigkeit, oder es waren Dämonen, die mich dazu gebracht haben«, gab sie sich selbst die Antwort. »Aber es wäre bestimmt nie so weit gekommen, wenn meine Eltern sich mehr um mich gekümmert hätten. Mein richtiger Vater mag mich nicht, und mein Stiefvater hat nie Zeit für mich. Meine Mutter ist immer unterwegs, und wenn sie mit mir redet, dann nur, wenn ich etwas falsch gemacht habe.«

Unwillkürlich fragte ich mich, wie vielen von denen, die für den Teufel getötet hatten, es so wie Sarah erging. Sie hatten keinen, der ihren Nöten zuhörte. Und niemand machte sie darauf aufmerksam, daß es jemanden gibt, dem sie unendlich viel wert sind.

Charles Manson und andere wurden nicht als Mörder geboren. Doch das Böse gewann in ihrem Leben die Oberhand, weil niemand sich die Mühe machte, ihre Grundbedürfnisse nach Liebe und Angenommensein zu erfüllen, und Zuwendung durch materiellen Überfluß ersetzt wurde. Wie sollten sie glauben, daß es einen Gott gab, der sie liebte, wenn sie bei ihren Mitmenschen Liebe und Vertrauen nicht kennengelernt hatten. Sie wurden aus Trotz zu Satanisten, entschlossen, sich aus der anonymen Masse herauszuheben und mit Hilfe der Gewalt eine gewisse Art der Anerkennung zu bekommen.

Selbstzweifel, mangelndes Selbstwertgefühl und fehlende Identitätsmuster waren im wesentlichen die Gründe, warum sie das Gute gegen das Böse eintauschten.

Anzeichen, die hellhörig machen sollten

Wer mit Teenagern oder deren Eltern zu tun hat, fragt sich natürlich, woran man erkennen kann, daß ein Jugendlicher in den Einzugsbereich des Satanismus geraten ist. Es gibt dafür einige verräterische Anzeichen:

- eine starke Faszination durch okkulte und parapsychologische Praktiken wie Telepathie, Handlinienlesen, Tarotkarten, I Ging, Kabbala u.a. (s. S. 27ff.);
- jede Beschäftigung mit Quija-Brettern, Tischrücken und anderen okkulten Spielen (s. S. 36ff.);
- ein manisches Interesse an Fantasy-Rollenspielen (s. S. 36ff.);
- eine Sucht nach Zombie- und anderen Horrorfilmen (s. S. 37ff.);
- eine besondere Vorliebe für Heavy-Metal-Musik, insbesondere für Black-Metal-Bands wie Slayer, Venom, Metallica, Megadeth und andere Gruppen, die sich satanistischer Texte und Symbole bedienen (s. S. 53ff.);
- eine starke Faszination durch die neuen Hexenkulte (s. S. 118ff.);
- das Sammeln von satanischen Utensilien wie Schädel, Messer, Pentakel, Kelche, schwarze Kerzen ...;
- eine Vorliebe für satanische Literatur und Schriften wie das sechste, siebte, achte oder neunte Buch Mosis, die Schlüssel Salomos, die Bücher des Blutes oder Publikationen von Aleister Crowley (s. S. 97ff., 110ff.);
- regelmäßiger Umgang mit Freunden, die schwarz gekleidet sind und den satanischen Gruß verwenden (Zeige- und kleiner Finger gestreckt), die rückwärts sprechen oder schreiben, oder die öfter geheime Treffen organisieren.

Diese Liste ist keinesfalls vollständig, aber sie enthält einige der geläufigsten Zeichen, die unbedingt ernst zu nehmen sind.

Gewarnt werden muß allerdings davor, nun aus übertriebener Besorgnis heraus die Post der Kinder zu durchwühlen. Dies hätte in den meisten Fällen einen irreparablen Vertrauensbruch zur Folge. Ein Verbot aller anstößigen Poster und geschmacklosen Platten ist sicher auch nicht der richtige Weg. Jedes voreilige Handeln führt nur zu weiteren Heimlichkeiten, zum Abkapseln oder zur offenen Rebellion. Wichtig ist es, auf die oben erwähnten Anzeichen zu achten und vorsichtige Fragen zu stellen, ohne die Jugendlichen auszuhorchen.

Einfallstore des Satanismus

Okkulte Verführungen

»Hi, Bob, ich rufe in Ihrer Show an, weil ich mit Ihnen über das ›Bloody-Mary-Spiel‹ reden will. Kennen Sie das?«

»Ja, ich habe davon gehört«, erwiderte ich, »aber die meisten meiner Hörer kennen es nicht. Sag' uns, wie es geht.«

Die folgende Erklärung klang unglaublich, und zwar besonders deshalb, weil sie von einem zwölfjährigen Jungen namens Chad kam.

»Also«, begann Chad, »du gehst in ein dunkles Badezimmer, starrst in den Spiegel und singst ›Bloody Mary, Bloody Mary‹. Dann wartest du, bis unsichtbare Klauen dir das Gesicht zerkratzen und du blutest. Dann weißt du, daß ›Bloody Mary‹ da ist. Jamie und ich sind aber schon viel weiter. Wir gehen durch den Spiegel.«

Das kannte ich noch nicht. »Hast du schon mal was von Astralreisen oder außerkörperlichen Erfahrungen gehört?« wollte ich wissen.

»Yeah, so ungefähr ist das auch«, erwiderte Chad. »Ich schaue in den Spiegel und singe das ›Bloody-Mary-Lied‹. Dann geht mein Geist durch den Spiegel bis zum Haus meines Freundes Jamie. Die Idee hab' ich aus dem Film ›Poltergeist‹.«

»Weiß Jamie, wann du bei ihm bist?« überlegte ich laut. »Ja, wenn er auch die richtigen Sprüche benutzt. Manchmal besuche ich ihn aber auch, ohne daß er es merkt, und dann erzähle ich ihm später, wobei ich ihm zugesehen habe.«

»Chad, ich möchte dir eine wichtige Frage stellen. Wenn du deinen Körper verläßt, wer bewacht dann deine Seele, solange du nicht da bist?«

Darauf wußte Chad keine Antwort. »Es gibt zwei Möglichkeiten, wie das Böse Herrschaft über deine Seele bekommen kann«, fuhr ich fort. »Entweder entschließt du dich ganz bewußt dazu und verkaufst deine Seele an Satan, oder du läßt dich auf okkulte Dinge ein, und deine Seele bleibt ungeschützt zurück. Wenn du deinen Körper verläßt, hast du kein Bewußtsein mehr, mit dem du dem Bösen widerstehen könntest. Wenn du Jamie besuchst, könnte jemand anders in deine Seele eindringen.«

Chad war entsetzt. Für ihn war »Bloody Mary« einfach nur etwas, das Spaß machte, ein guter Gag aus Hollywood. Der Gedanke an den Teufel war ihm dabei noch nie gekommen. So geht es den meisten. Viele stoßen ganz zufällig auf okkulte Dinge, die in unserer mit Spiritismus übersättigten Welt gang und gäbe sind.

Der Satanismus war in der westlichen Welt von jeher ein Mittel der Auflehnung gegen das bürgerliche Establishment und seine Moral. Sich ausbreiten und Boden gewinnen konnten satanische Sekten und Parolen jedoch immer nur da, wo weniger offensichtliche Beschäftigungen gesellschaftlich toleriert oder sogar gefördert wurden. Der Neo-Satanismus unserer Tage wird clever vermarktet durch Okkultpraktiken, anspruchsvolle »Spiele« und andere Dinge, deren Ausprobieren weder von Eltern noch von Lehrern, Jugendleitern oder Seelsorgern als besonders schädlich eingestuft wird.

Parapsychologische und paranormale Phänomene

Moderatoren lassen den Termin für ihren großen Live-Auftritt von Wahrsagerinnen bestimmen. Schlagersänger lassen sich den Verlauf einer Tournee aus den Handlinien lesen. Und Nancy Reagan befindet sich in bester Gesellschaft, wenn sie zugibt, sich auf ein für sie persönlich erstelltes Horoskop zu verlassen.

Einer Umfrage der Freiburger Institute für Grenzgebiete der Psychologie in Schulen (Mischo, 1988) zufolge sind in 84,8 % dieser Schulen okkulte Themen Bestandteil des Unterrichts; häufig auf Wunsch der Schüler. Eine weitere Umfrage im Frühjahr 1988 an allen 906 psychosozialen Beratungsstellen der Bundesrepublik Deutschland ergab (Bauer, Lay, Mischo, 1988), daß in fast der Hälfte der Beratungsstellen (46,3 %) okkulte Praktiken Gegenstand von Beratungsgesprächen sind. In 14,5 % der Fälle hatten die betroffenen Jugendlichen Erfahrungen mit Satanskulten und/oder schwarzen Messen. Nach Schätzungen der Beratungsstellen haben bereits 2/3 aller Jugendlichen Erfahrungen mit okkulten Praktiken[1] (die Forschungsgruppe »Weltanschauungen« der APG in Düsseldorf spricht dagegen von »nur« 20.000, also 10 % der Schüler, wobei Unterschiede in der Definition und Fragestellung zu berücksichtigen sind[2]).

Die Parapsychologie wird in der Gesellschaft spätestens seit Mitte dieses Jahrhunderts als ernstzunehmende Wissenschaft akzeptiert. Geprägt wurde dieser Begriff 1889 von M. Dessoir als Bezeichnung für die empirische okkulte Forschung.

Parapsychologische Methoden haben selbst in Politik und Unternehmensführung Eingang gefunden. Das US-Verteidigungsministerium gibt im Interesse der öffentlichen Sicherheit unter dem Siegel der Geheimhaltung parapsychologische Forschungsprojekte in Auftrag (bekanntgeworden sind beispielsweise die enormen Anstrengungen auf

28

dem Gebiet der UFO-Forschung). Sowohl CIA als auch KGB benutzen medial begabte Spione. Die Regierung der USA spürte General Noriega, mit Hilfe parapsychologischer Methoden nach.

Parapsychologische Einflüsse haben fast alle Lebensbereiche durchdrungen. Auf der Internationalen Transpersonalen Konferenz in den USA waren fast zweitausend Teilnehmer, von denen die meisten ihren Doktor in Psychologie oder Philosophie gemacht hatten. Frauen- und Jugendzeitschriften brechen schon seit längerem eine Lanze für die Parapsychologie. Anleitungen zum Erlernen medialer Fähigkeiten sind überall zu finden. Trauernden wird empfohlen, allein oder über ein Medium mit den Verstorbenen in Kontakt zu treten.

Parapsychologie kann eine Tür zum Satanismus öffnen. Nicht alle, die mit parapsychologischen Einflüssen spielen, sind im Bund mit dem Teufel, aber die Beschäftigung damit öffnet das Denken für übernatürliche Einflüsse.

Parapsychologische Phänomene

- *ESP, übersinnliche Wahrnehmung* ist der Oberbegriff für alle übernatürlichen Fähigkeiten;
- *Hellsehen* ist die Fähigkeit, Informationen durch das Berühren eines Gegenstandes oder die Konzentration auf eine bestimmte Person oder Sache zu erhalten;
- *Telepathie* (Gedankenübertragung) ist die Fähigkeit, die Gedanken oder den geistigen Zustand einer anderen Person zu erkennen und diese Person ggf. zu beeinflussen;
- *Teleskopie/Teleästhesie/Kryptoskopie* bezeichnen das Wissen um ein bestimmtes Ereignis, das gerade in diesem Augenblick geschieht. Das Wissen im voraus nennt man Präkognition und das Wissen im nachhinein Retroskopie. Personen, die solche Fähigkeiten besitzen, geben zu, den Empfang dieser Informationen nicht kontrollieren zu können;
- *Astralreise* (Seelenreise außerhalb des Körpers) wird von Parapsychologen intensiv betrieben.

Es ist schwer zu sagen, woher neugierige Kinder ihre Vorstellungen vom Okkulten letztlich haben – unsere Kultur ist von okkulten Dingen in allen Lebensbereichen durchdrungen. Chad und Jamie hatten noch nie eine okkulte Konferenz besucht oder ein parapsychologisches Journal gelesen. Was sie wußten, ist gesellschaftliches Allgemeinwissen – genug, um die Dinge ausprobieren zu können. An jedem Kiosk und in jeder Videothek gibt es Horrorvideos, Fantasy-Fiction und entsprechende Comic-Heftchen zu kaufen.

Parapsychologie in der New-Age-Bewegung

Die Parapsychologen von heute sind nicht mehr unbedingt turbangeschmückte Gurus, die in rauchumhüllte Kristallkugeln starren (auch wenn sich diese in den letzten Jahren wieder zunehmender Beliebtheit erfreuen). Sie behaupten nicht mehr, Zukunft und Glück genau voraussagen zu können. Ihre Sicht vom Neuen Zeitalter zielt direkt auf die Seele ab. Die westlichen Industrienationen sind ihr metaphysisches Mekka. Es wimmelt nur so von Seminaren zur Bewußtseinserweiterung, Rebirthing-Zentren, Kabbalisten, Astrologen, Ego-Trainern, Wahrsagern, Medien und Hypnotiseuren.

Ein Universitätsprofessor, der sich mit den historischen Anfängen der New-Age-Bewegung befaßt hat, erklärte dazu: »Das ist nichts anderes als guter, alter Okkultismus und Aberglaube, geschmückt mit pseudowissenschaftlichen Termini, die dem Ganzen einen Hauch von Legitimität verleihen sollen.«[3]

Es stellt sich die Frage, ob und inwiefern dieses schon fast selbstverständlich vorhandene okkulte Flair in unserer Kultur den Teenagern den Einstieg in den Satanismus erleichtert. Im letzten Jahrzehnt hat eine grundlegende Umwälzung des gesellschaftlichen Bewußtseins stattgefunden. Die New-Age-Bewegung und andere populäre Richtungen haben eine ganze Generation mit dem Glauben indoktriniert, daß die Beschäftigung mit sich selbst nicht nur gut und legitim, sondern auch notwendig ist. Religiöse Traditionen auf der Grundlage östlicher Gedankenmuster haben jüdisch-christliche Werte und damit auch das darauf basierende Bewußtsein nach und nach verdrängt. Nur wenige Jugendliche machen sich heute noch Gedanken über die moralischen Konsequenzen ihres Handelns.

Der Bewußtseinswandel hat eine unsichtbare innere Schranke niedergerissen, die uns gegen das Okkulte schützt. Menschen früherer Generationen ohne Glauben fürchteten sich vor Teufeln und Dämonen. Deshalb glaubten sie noch nicht unbedingt an Spiritismus, aber sie haben auch nicht damit herumexperimentiert. Die Teenager von heute fürchten sich nicht vor dem Bösen. Wenn Nancy Reagan es tut, wenn die gewählten Führer unserer Staaten und der Talkshow-Gast mit sanfter Stimme es tun, warum dann nicht auch wir? Auf diese Weise öffnet sich ganz unauffällig eine Tür zum Übernatürlichen, ohne daß der Betroffene merkt, wer oder was auf der anderen Seite steht.

Psychomantie/Nekromantie

Bis vor kurzem waren spiritistische Sitzungen eine düstere, ja zwielichtige Angelegenheit. Sie fanden bei spärlicher Beleuchtung statt, und mit den Händen auf dem Tisch wartete man auf die Zeichen der Gegenwart eines Geistes. Eine flackernde Kerze, ein Windstoß, ein leichtes Tischerücken genügte schon und galt als Erfolg. In manchen Fällen erschien ein trompetenähnliches Instrument, und eine Stimme ertönte aus leerem Raum. In ganz seltenen Fällen trat auch eine Erscheinung in Form eines geliebten Verstorbenen oder einer berühmten Persönlichkeit hervor.

Shirley MacLaine und andere New-Age-Verfechter haben den Prozeß verfeinert und die Erwartungen an die Geistwesen erhöht. Verdunkelte Räume sind überflüssig geworden. Seminare für ein erweitertes Bewußtsein bieten Botschaften aus der Geisterwelt unter grellem Scheinwerferlicht an. In Hotelballsälen werden die Sitzungen auf Video aufgenommen. Besuche verstorbener Tanten und Großeltern sind uninteressant. Heute werden Botschaften durch menschliche Empfänger vermittelt, damit sich die Massen auf umfangreiche spiritistische Informationen einstimmen können, ohne sich mühsam durch sakrale Schriften und asketische Übungen quälen zu müssen.

Die Kommunikation mit körperlosen Wesen entwickelte sich zu einem beliebten Zeitvertreib und einem guten Geschäft. Sie reichte von dem öffentlichen Versuch, mit dem verstorbenen Elvis Presley Kontakt aufzunehmen bis zu angeblich dauerhaften Verbindungen zu den aufgestiegenen New-Age-Meistern. Das Medium J.Z. Knight behauptet, den vor 35.000 Jahren gestorbenen Ramtha vom untergegangenen Erdteil Atlantis herbeirufen zu können. Für eine Seminargebühr von 400 Dollar erfahren suchende Amerikaner, daß Kalifornien im Ozean versinken und saurer Regen die Wasservorräte Neu-Englands verseuchen wird.

Die Teenager von heute ahmen die Erwachsenen in ihrem Streben nach übersinnlichen Kontakten nach. Ein Beispiel dafür ist der junge Freund des satanistischen kalifornischen Mörders Ricky Kasso, der im Herbst 1989 als einer der jüngsten Serienmörder hingerichtet wurde. Während Kasso dabei war, Menschen auf grausamste Weise abzuschlachten, hielt sein junger Freund spiritistische Sitzungen ab, um den Fürsten der Finsternis anzurufen. Der Teenager gravierte einen fünfkantigen Stern auf die Tischplatte und stellte einen Becher in die Mitte, mit Zigarettenstummeln und einem Stück Papier. Die Teilnehmer der Sitzung skandierten: »Satan wird kommen im Lichte des Feuers«.

Plötzlich entzündeten sich die Zigaretten und das Papier. »Willkommen! Satan ist da«, jubelten sie. Für Ricky Kasso war die Beschwörung der Dämonen mehr als nur eine Rauchwolke – zum Leidwesen seiner Opfer.

Unmerkliches Abgleiten

Im Gegensatz zu David und Sarah, die sich mehr oder weniger bewußt dem Bösen zugewandt hatten, wurden Chad und Jamie zu arglosen Opfern. Auf der Suche nach einer herausragenden Rolle im Einerlei der äußerlich so satten Wohlstandsgesellschaft hatte sich David eingereiht in die »Elitedivision Satans«.

In einer Sendung des ZDF vom April 1989 meinte ein Schüler auf Befragen: »Ist doch ganz logo – die einen glauben an Jesus, und die, die was erleben wollen, an Satan; also, was soll die ganze Aufregung?« Und ein anderer ergänzte: »Am besten ist dabei die geile Musik. Dafür gibt's ja wohl keinen Ersatz.«

Solche Überlegungen spielten bei Sarah nur am Rande eine Rolle. Sie wählte Opposition statt Vertrauen, Haß statt Liebe, weil sie sie in ihrer Kindheit nie kennengelernt hatte. Ihr Handeln war im wesentlichen eine emotional geleitete Trotzreaktion.

Chad und Jamie sind Vertreter einer dritten Gruppe von Jugendlichen. Sie suchten nicht bewußt das Böse, im Gegenteil. Aber das Böse lauerte hinter den okkulten »Spielchen«, die sie praktizierten und die scheinbar überall in der Öffentlichkeit akzeptiert wurden. Dunklen unsichtbaren Mächten verschafften sie so die Möglichkeit, von ihnen Besitz zu ergreifen.

»Könntest du denn NEIN sagen, wenn der Teufel deine Seele zerstören wollte?« fragte ich Chad. Der bejahte: »Na klar.«

»Dann denk' doch mal über folgendes nach: Wenn du durch den Spiegel gehst, bist du verschwunden. Kapiert? Du bist nicht mehr da, um deinen Körper und deine Seele zu beschützen.«

So vereinfacht und unvollständig dieses Bild sein mag, Chad verstand. Im Laufe der weiteren Unterhaltung begriff er, daß Satan listig und alles Okkulte gefährlich ist, und daß es zur geistlichen Katastrophe – schon hier in diesem Leben, aber erst recht über den Tod hinaus – kommen kann, wenn er nicht über seine Seele wacht. Genau das ist den meisten Jugendlichen, die der Reiz des Andersartigen zum Ausprobieren verführt, nicht bewußt.

Chad hatte vier Tage lang meine Sendung verfolgt. Eines Morgens rief er an und sagte, daß er Jamie gebeten hätte, am Nachmittag auch zuzuhören. Jamie hatte das versprochen, kurz vor der Talkshow schlief er jedoch ein.

Mitten in meiner Unterhaltung mit Chad wurde Jamie aber von seinem bellenden Hund aufgeweckt. Er machte das Radio an, hörte mich mit Chad reden und rannte in Chads Haus, um sich der Unterhaltung anzuschließen. Auch er beschloß, in Zukunft satanischen Praktiken gegenüber etwas vorsichtiger zu sein.

War der bellende Hund ein Zufall? Ungewöhnlich ist auch, wie Chad überhaupt dazu kam, meine Sendung zu hören.

»Ich habe mit unserem Briefträger über meine okkulten Erfahrungen geredet«, erzählte mir Chad. »Der hat mir geraten, doch einmal die Talkshow mit Bob Larson im Radio anzuhören.«

Solche »Zufälle« geben mir zu der Hoffnung Anlaß, daß Satan nicht völlig gewinnen kann.

Seancen, Horrorfilme, okkulte Experimente und eindeutige Lieder versprechen Prickeln und Gänsehaut und locken viele auf den Weg in eine unheilvolle Dunkelheit. Inmitten dieser Finsternis verheißt Gott denen, die aufrichtig nach der Wahrheit suchen und Jesus als ihren Herrn angenommen haben, jedoch, daß die Kraft des Guten stärker sein wird als die Macht des Bösen. »... Ihr seid von Gott und habt jene (die falschen Geister) überwunden; denn der in euch ist, ist größer als der, der in der Welt ist« (1. Joh 4,4). Es gibt Hoffnung für alle, die täglich mit Kindern umgehen und sich Sorgen machen, wie sie die ihnen anvertrauten jungen Menschen vor dem Einfluß unserer dem Bösen weit geöffneten, nihilistischen Welt schützen können. Es gibt viel Böses um uns herum, aber es gibt auch hilfreiche Briefträger und bellende Hunde.

Teenager suchen nach der Wahrheit

Einen Vorteil hat das gegenwärtige Interesse an Okkultismus und Parapsychologie: Teenager suchen wieder nach der Wahrheit und einem geistlichen Sinn für ihr Leben. In einer Sendung des Frauenmagazins ML – Mona Lisa[4] – meinte ein junger Anhänger des Wicca-Kults, nach seiner Motivation gefragt: »Ohne Religion kann kein Mensch leben. Hier habe ich eine Religion gefunden, die mir logisch erscheint und die mich ausfüllt.« Wir sollten die Herausforderung annehmen!

Im Sommer '88 machten wir in einer dreimonatigen Serie Teenagerprobleme zum Thema unserer Talkshow. Kein Stichwort fehlte: Ausreißen, Drogen, Gangs, Selbstmord ...

Obwohl wir zwischen Juni und August normalerweise die geringsten Zuhörerzahlen haben, durchbrach diese Serie, gemessen an den Anrufen, alle Rekorde. Teenager bombardierten uns mit ehrlichen Fragen und Kommentaren über das Leben, Gott und den Teufel.

»Warum hast du angerufen?« war eine meiner Standardfragen.

»Niemand kümmert sich um mich. Ich wollte einfach mal mit jemandem reden.«

»Hat dich denn niemand lieb?« fragte ich weiter.

»Nein. Nicht einmal meine Eltern«, lautete die häufigste Antwort.

In den drei Monaten hat kein einziger Teenager spontan bezeugt, daß er sich von seinen Eltern geliebt fühle.

Einer der Anrufer, David – der Slayer-Fan –, beantwortete die Frage, ob ihn jemand liebhabe, so:

»Niemand. Ich liebe mich selbst. Das ist alles.«

»Und deine Mutter?«

»Nö, glaub' ich nicht.«

»Und dein Vater?«

»Wohl kaum.«

»Wie sind denn deine Eltern?«

»Weiß ich nicht. Sie reden nicht mehr mit mir.«

»David, ich sorge mich um dich. Deshalb rede ich so lange mit dir. Ich habe Angst, daß dich Satan überzeugen könnte, dich oder andere umzubringen, bevor du merkst, daß es Menschen gibt, die dich liebhaben und denen du nicht gleichgültig bist«, warnte ich ihn. »Den Preis muß ich halt zahlen«, antwortete David prompt.

Etwas früher in der Unterhaltung hatte ich David gefragt, warum er so wütend sei.

»Es gibt keine Liebe in der Welt«, hatte er geantwortet. »Haß ist greifbarer als Liebe. Ich kann sehen, was Haß aus Menschen macht. Liebe kann ich nicht sehen.«

»Der Haß hat aber noch nicht gesiegt«, erwiderte ich.

»Irrtum, Haß siegt immer«, widersprach David.

»Haß siegt vielleicht für eine gewisse Zeit in deinem Leben, aber in der Welt wird Haß nicht gewinnen. Der Haß verliert jedesmal, wenn ein Baby zur Welt kommt. Jedesmal, wenn ein Arzt einen Menschen operiert und wiederherstellt, verliert der Haß seinen Kampf.«

David gab nicht auf: »Der Haß siegt, wenn ein Psychopath Leute umbringt. Auch wenn ein Kind geboren wird, stirbt es nach 80 Jahren.

Ich gab mich nicht geschlagen: »Der Haß verliert aber, wenn Mutter Theresa einen Sterbenden tröstet.«

»Persönlich glaube ich, daß die Welt es verdient hat, zu sterben«, rief David aus. »Auch Sie verdienen es nicht, zu leben. Ich werde Sie zwar nicht töten, aber Sie sollten es selbst tun! Nur Satanisten, die meinen Gott verehren, verdienen es, zu leben.«

Viele Jugendliche kämpfen wie David mit der Frage nach Gut und Böse. Während unserer dreimonatigen Serie über Jugendprobleme stellten die Teenager Fragen über Hölle, Dämonen, Chanelling, Visionen, Träume, ESP (Extrasensory-perception), Totenbeschwörung – kaum eine okkulte Praktik wurde ausgelassen. »Wenn es Gott gibt«, wollten sie wissen, »warum gibt es dann soviel Böses?« Und, »wenn es Satan gibt, ist dann sein Versprechen, seinen Nachfolgern Macht zu geben, ein Täuschungsmanöver oder ein echtes Angebot?«

Da sich die Teenager von heute wieder für geistliche Dinge zu interessieren beginnen, sollten sich Eltern fragen:
– Sprechen wir in unserer Familie miteinander, über die Generationsgrenzen hinweg?
– Habe ich je mit meinem Kind über Gott und die Existenz des Bösen in der Welt gesprochen?
– Habe ich je meinem Kind erklärt, daß es übernatürliche und satanische Kräfte in unserer Gesellschaft gibt?
– Habe ich selbst in irgendeiner Form mit Parapsychologie oder New Age zu tun, so daß der Eindruck entsteht, ich hätte nichts gegen Okkultismus?
– Glaube ich daran, daß der Sieg über das Böse durch Jesus bereits errungen ist und die Mächte der Finsternis und der Zerstörung nur noch begrenzte Zeit diese Erde beherrschen dürfen?
– Wenn jemand mein Kind fragen würde: »Hat dich jemand lieb?«, was würde es antworten?

Chads und Jamies Begegnung mit dem Bösen geschah so zufällig, daß daran deutlich wird, wie leicht Kinder mit dem Okkulten in Berührung kommen können. Kinder müssen wissen, daß sie von ihren Eltern bedingungslos geliebt werden. Sie müssen auch wissen, daß es ihren Eltern nicht gleichgültig ist, wenn sie selbstzerstörerische Wege einschlagen.

Kinder sollten wissen, daß der Wunsch, sich mit übernatürlichen Phänomenen zu beschäftigen, so alt ist wie das Paradies.[5] Dabei sind solche Kräfte aber nicht einfach nur eine Art biokosmischer Energie wie in dem Filmklassiker »Krieg der Sterne«, sondern reale Mächte einer uns durchdringenden unsichtbaren Welt (s. S.141ff.; vgl. z.B. 2. Könige 6). Hinter diesem Wunsch stehen Stolz und Machthunger. Der Mensch wehrt sich dagegen, Geschöpf zu sein und einen Schöpfer über sich anzuerkennen.[6] Je weniger Liebe ein Kind kennengelernt hat, desto weniger scheint es eine liebende Autorität anerkennen zu können und desto stärker wird der selbstzerstörerische Wunsch nach Macht sich ausbreiten.

Anmerkungen

1) aus: Materialdienst der EZW, Sonderdruck Nr. 17, Stuttgart 1989.
2) aus: AJS-Forum, Landesverband Nordrhein-Westfalen, Ausgabe 4/5, Köln 1988.
3) Guy Kelly, »Psychics, not Gurus in Turbans«, Rocky Mountain News vom 20.11.88.
4) Mona Lisa, ZDF, vom 5.11.89.
5) 1. Mose 3,4 –7.
6) Lukas 19,14.

Gefährliche Spiele

»Furchterregend, grausam, unheimlich gut«[1]

»Ich spiele einen Priester. Er hat übernatürliche Kräfte wie ein Zauberer. Aber er tut nur Gutes – folglich ist auch nichts dabei«, argumentierte Robert. »Das wollte ich Ihnen nur mal sagen, daß Sie dieses Spiel richtig verstehen. Alles ist Phantasie. D & D (Dungeons and Dragons) hat nichts mit Hexerei zu tun. Es ist das cleanste, lustigste und herausforderndste Spiel überhaupt.«

»Ist es nicht gefährlich, mit okkulten Dingen herumzuexperimentieren, auch wenn man es nur in Gedanken tut?« gab ich zu bedenken.

»Quatsch«, meinte Robert, »man will damit doch nur seine Phantasie und seine Reaktionen testen.«

»Aber deine Figur, der Priester, bedient sich okkulter Kräfte ...« – »Ach, das passiert doch alles nur in den Köpfen der Spieler, es hat nichts mit der Wirklichkeit zu tun.«

Kinder wie Chad und Jamie, die in ihrer Freizeit »Bloody Mary« spielen, sind nicht von ungefähr dazu gekommen. Viele junge Menschen kommen über Spiele erstmalig mit dem Okkulten in Berührung.

Spiele, die mit okkulten Kräften operieren, werden oft nicht ernstgenommen. Sie nähren die Vorstellung, das Okkulte selbst sei Spielerei. Viele der Jugendlichen, die mich um Hilfe bitten, erwähnen jedoch »Dungeons and Dragons« (Kerker und Drachen) und andere Fantasy-Rollenspiele als die Tür, durch die sie zum Satanismus gekommen sind. Ein von der Regierung beauftragter Untersuchungsausschuß in den USA stellte fest, daß der Tod von mehr als 50 Teenagern damit zu tun hat. Zahlreiche Fallstudien in den USA, England und Frankreich belegen, daß insbesondere die übermäßige Beschäftigung mit »D & D« katastrophale Auswirkungen auf die Psyche der Spieler haben kann.

Was sind Fantasy-Rollenspiele?

Fantasy-Rollenspiele vereinigen in sich – unter Themen, die der Fantasy-, Science fiction- und Horrorliteratur entnommen sind – Elemente des Theaters und des Strategiespiels. Sie sprechen den Romanleser wie den Schachspieler gleichermaßen an.

Ihr Erfinder, der Amerikaner Gary Gygax (zusammen mit Dave Arneson), entwickelte auf der Grundlage der »Tabletop«-Kriegsspiele ein Simulationsspiel ohne Brett, Spielfiguren und Zeitbegrenzung. »Dungeons and Dragons« wurde im Frühjahr 1974 veröffentlicht und gewann nach einer zögernden Anfangsphase bald eine zig-Millionen starke Anhängerschaft rund um die Welt.

Das zugrundeliegende Spielprinzip

Eine Spielrunde besteht aus 2–6 Spielern und einem Spielleiter, die gemeinsam eine Reihe von Abenteuern bestehen müssen. Sie agieren in einer Phantasiewelt, die der Spielleiter unter Berücksichtigung des Regelsystems entwirft. Je nach System können die Spieler zwischen verschiedenen Rassen (Mensch, Zwerg, Hobbit, Elf) und Berufen (Priester, Kämpfer, Zauberer, Dieb ...) wählen. Dabei ist der »Kleriker eine Art Heiliger, der über einige nützliche, vor allem defensive Zaubersprüche verfügt. Der Zauberkundige ist dagegen der Intellektuelle im D & D-Zirkus.«[2] Die Spieler werfen zehn- und mehrseitige Würfel, um den Grad der Intelligenz und die verschiedenen Eigenschaften ihres anderen Ichs festzulegen, dem sie dann einen erfundenen Namen und eine glaubhafte Biographie geben.

Die Spieler versammeln sich um eine grobe Lageskizze und machen sich (bei der Mehrzahl der Spiele) in Gedanken auf die Reise durch schwieriges Gelände, um die ihnen gestellte Aufgabe zu lösen. Auf ihrem Weg stoßen sie auf Monster und Dämonen, die sie mit Zauberworten und Gewalt vertreiben. Nur der Spielleiter kennt die auftretenden mythischen Geschöpfe. »Für die Spieler ist es von Nachteil, dieses ›Bestiarium‹ zu kennen; denn die Begegnung mit unbekannten Fantasygestalten macht einen der Reize von FRSp (Fantasy-Rollenspielen) aus.«[3]

Das Spiel verläuft in Runden: Der Spielleiter teilt den Spielern mit, in welcher Umgebung und welcher Situation sie sich befinden. Die Spieler bekommen je nach Situation eine gewisse Bedenkzeit und sagen dann, wie sie reagieren und was sie unternehmen wollen. Der Spielleiter entscheidet mit Hilfe des Regelwerks und des jeweiligen »Moduls« (Spielhilfe), zu welchem Ergebnis die Aktionen der Spieler führen. Erfolg oder Mißerfolg bestimmter Handlungen wird durch den Würfel in Verbindung mit den jeweiligen Charaktereigenschaften bestimmt.

Das Regelwerk enthält

– eine Beschreibung der Fantasywelt und ihrer Geschöpfe;
– eine Beschreibung der Monster, Dämonen und Geistwesen, die dort anzutreffen sind;
– Anleitungen zur »Erschaffung« der Spielercharaktere;
– ein Kampfsystem (reale und erfundene »Waffen«);
– ein Magiesystem (Zaubersprüche und deren Anwendung);
– Anleitungen für die Spielleiter.

Das Spiel kennt keinen Gewinner. Ziel ist es, das Spiel zu überleben, um im nächsten Spiel mit einer noch mächtigeren Rolle dabeizusein. Im Verlauf des Spiels wachsen Spieler und Rolle immer enger zusammen. »Diese Identifikation ist durchaus beabsichtigt. In einigen FRSp-Systemen wird der Spieler sogar eindringlich dazu aufgefordert.«[4]

»Die Altersspanne von FR-Spielern (in der Bundesrepublik Deutschland) geht von 14 – 44 Jahre mit dem Gros zwischen 14 und 33 und dem Durchschnitt von 22,4 Jahren. FRSp werden also tatsächlich vorwiegend von Jugendlichen (und jungen Erwachsenen) gespielt.«[5]

Um Rollenspiele jeder Art gefahrlos spielen zu können, ist es notwendig, daß die Spieler zu jeder Zeit Realität und »zweite Wirklichkeit« unterscheiden können. Genau das aber ist bei vielen Jugendlichen nicht der Fall, wie die Aussage eines Anrufers in der Talkshow zeigt: »Es bereitete mir geradezu ein sadistisches Vergnügen, meine Gegner zu töten. Wenn mich ein böse Gestalt bedrohte, behandelte ich sie unbewußt so, wie mich einer dieser Yuppies in der Schule fertiggemacht hatte. Ich benutzte das Spiel, um meine tatsächlichen Probleme in der Fantasie zu lösen. In dieser Welt hatte ich die Möglichkeit, die Ereignisse zu beeinflussen.«

Und was hat der Teufel damit zu tun?

Einige Aspekte des »D & D« basieren direkt auf satanistischen Lehren. Das Ausmaß okkulten Einflusses hängt teilweise auch von den Handbüchern ab, die zugrundegelegt werden. Es ist ganz offensichtlich, daß sich die Verfasser der verschiedenen Handbücher im okkulten Bereich sehr gut auskennen. Manche Handbücher geben Anleitungen, wie Dämonen angerufen und Astralprojektionen praktiziert werden können. Pentagramme und Zaubergetränke werden häufig empfohlen. Das offizielle, von Gygax herausgegebene Advanced D & D-Handbuch ist eine detaillierte Einführung in okkulte Geheimlehren. Schon zu Beginn warnt Gygax die Spieler: »Die Beschwörungs- und Zauberformeln sind ein unverzichtbarer Teil des Spiels. Sie müssen unbedingt laut gesprochen werden.« Die Formeln seien göttlichen Ursprungs und umso wirkungsvoller, je fester sie im Kopf des Spielers verankert seien. Gygax rät daher, möglichst viele Sprüche auswendig zu lernen.[6]

Isaak Bonewits, ein bekannter praktizierender Zauberer, hält »D & D« für ein so gutes Lehrmittel für heidnische Kulte, daß er ein Buch veröffentlicht hat, wie die Spieler von »D & D« zu richtiger Hexerei fortschreiten können.

Dem Vorwurf, Schüler und Jugendliche bewußt zum Umgang mit dem Okkulten anzuleiten, begegnete die Herstellerfirma in den USA mit dem Hinweis: »Monopoly mache schließlich auch nicht aus jedem Spieler einen Grundstücksspekulanten«, und kein Mensch käme ernsthaft auf die Idee, »daß die Spieler von D & D auch in der Realität versuchten, Dämonen anzurufen«.[7]

Die meisten »D & D«-Spieler lehnen die dunklen und gewalttätigen Seiten des Spiels zunächst ab. Sie sind wie Robert auf der Suche nach einer intellektuellen Herausforderung und wollen ihre Phantasie dabei spielen lassen. »Ich suche mir immer nur gute Charaktere aus und achte darauf, daß sie sich nicht unmoralisch verhalten«, meinte einer der »Talk Back«-Anrufer.

Andere dagegen bekannten offen, daß es nicht funktioniere, wenn man die Welt der Drachen und Kerker auf christlichen Wertmaßstäben aufbaue. »D & D läßt sich nur dann mit Erfolg spielen, wenn man den Spielern erlaubt, Gewalt und Magie anzuwenden.«

Jesus betont in der Bergpredigt, daß es letztlich keinen Unterschied macht, ob eine böse Tat in Gedanken oder real ausgeführt wird (Mt 5,21–30). Und Paulus ruft dazu auf, alles zu bekämpfen, »das sich erhebt gegen die Erkenntnis Gottes und ... alles Denken in den Gehorsam gegen Christus gefangen« zu nehmen (2. Kor 10,5). Die Welt der »D & D« kennt keine Ethik oder zumindest keinen moralischen Absolutismus und keine Verantwortung vor Gott. Folgerichtig sind die Aktionen der Charaktere getragen von der Suche nach dem eigenen Vorteil. Skrupel im Umgang mit anderen bringen fast immer Nachteile.

Natürlich sind nicht alle Spieler so besessen wie Robert, der mir gestand, täglich 5 – 6 Stunden zu spielen und damit in der Welt des Spiels besser zu Hause war als in der ihn umgebenden Realität. Alle Anrufer gaben aber zu, daß, wer einmal damit begonnen habe, schwerlich wieder loskomme. Und viele Spieler sind während des Spiels so von aller Realität abgeschnitten, daß der Tod der Figur, die sie spielen, sie vollkommen ausrasten läßt:

– In San Francisco stürzte sich ein intelligenter 17-jähriger nach dem Tod seines Spielercharakters ins Meer;

– in Austin, Texas, sprang ein 12-jähriger nach einem im Spiel verlorenen Kampf aus einem Hotelfenster in den Tod;

– in Colorado erschoß ein 12-jähriger Junge zuerst seinen 16-jährigen Bruder und dann sich selbst;

– in Kansas kam ein 14-jähriger Pfadfinder mit einem Gewehr in die Schule und erschoß den Rektor und drei weitere Menschen.

Fantasy-Rollenspiele sind aber leider nicht die einzige »Spielart«, mit der die Faszination des Okkulten gewinnträchtig vermarktet wird.

Spiritistische Praktiken

Die Utensilien zur Durchführung der bekanntesten spiritistischen Praktiken sind mittlerweile bereits in vielen Spielzeugläden und Kaufhäusern auch in der Bundesrepublik zu erhalten!

Glasrücken/Ouija-Board
Die Teilnehmer sitzen im Kreis. Ein oder mehrere Teilnehmer legen leicht einen Finger auf ein umgestülptes Glas in der Mitte des Tisches. Darunter befindet sich auf Kärtchen – meist kreisförmig angebracht – das Alphabet, die Zahlen 0–9 sowie »ja« und »nein«. Diese Buchstaben/Ziffern-Anordnung wird auch als Ouija-Board, ein dreisprachiges Kunstwort, bezeichnet.
Nach einer kurzen Konzentrationsphase, um angeblich ein positives Energiefeld für den anzurufenden Geist zu schaffen, ruft der Leiter des Kreises einen Geist auf, der sein Erscheinen meist mit einem »Ja« ankündigt. Nun werden Fragen gestellt, und das Glas bewegt sich (durch

unbewußte, aber »intelligent« gesteuerte Muskelbewegungen der Teilnehmer) zu den einzelnen Buchstaben oder Zahlen hin, die zusammengesetzt oft sinnvolle Botschaften ergeben.

Das Ouija-Board ist die v.a. an Schulen verbreitetste Form des Spiritismus. Verschiedene ausländische Firmen bieten bereits fertige Boards aus Pappe oder Holz an, statt eines Glases wird dort eine Planchette (flaches Blättchen mit einem runden Loch, durch das der jeweilige Buchstabe gelesen werden kann) bewegt.

Wird der Geist nach der Quelle seiner Informationen befragt, so erhalten die Teilnehmer fast ausnahmslos einen der folgenden Begriffe zur Antwort: Dämonen, Teufel, Satan, Beelzebul, Luzifer ... Andererseits existiert eine Vielzahl von Berichten, die bezeugen, daß die »Geisterbefragung« nicht funktioniert, wenn einer in der Runde betet![8]

Automatisches Schreiben mit dem Tischchen
»Dabei wird ein dreibeiniges Tischchen verwendet, von dem zwei Beine auf Kugeln laufen, das dritte bildet ein durch die Platte gesteckter Stift. Ein oder mehrere Teilnehmer legen die Finger (oder Hand) leicht auf das Tischchen. Dieses schreibt fortlaufend Worte oder Sätze auf die jeweilige Unterlage.«[9]*

Automatisches Schreiben ohne Tischchen
»Ein automatisch sich einstellender Schreibakt bei herabgesetzter Bewußtseinstätigkeit oder in Trance. Der Automatist schreibt unwillkürlich, häufig zwanghaft. Der Sinngehalt des geschriebenen Textes erscheint ihm oft persönlichkeitsfremd. Zum besseren Verständnis ein Beispiel aus der Alltagssituation: Während längerer Telefonate kritzeln wir öfters auf bereitgelegte Notizzettel, obwohl wir voll auf das Gespräch konzentriert sind.«[9]*

Tischrücken
»Beim Tischrücken sitzen die Teilnehmer um einen runden Tisch und bilden mit gespreizten Händen (Daumen und kleiner Finger berühren sich dabei) eine ›Kette‹. Auf Fragen ›antwortet‹ der Tisch durch Klopfgeräusche, die durch Heben und Senken eines Tischbeines entstehen. Bereits Faraday (1853) und Chevreul (1854) führen die Bewegungen auf nicht willkürliche und unbemerkte Muskelbewegungen der Teilnehmer zurück. Daneben wird mitunter von Klopflauten berichtet, die direkt »im Tisch« entstehen, sowie von Levitationen des Tisches ohne direkte Berührungen (die Teilnehmer halten die Hände in einem gewissen Abstand über der Tischplatte).«[9]*

Pendeln über dem Alphabet

»Bereits Ammianus Marcellinus (4. Jh. n.Chr.) beschreibt die Versuchsordnung: Auf einem Tisch lag eine Platte mit kreisförmig angeordnetem Alphabet. Mit einem Ring an einem Faden wurde gependelt, die Buchstaben, zu denen der Ring hinschwang, ergaben zusammengesetzt eine sinnvolle Antwort auf gestellte Fragen.«[9*]

Spiritistische Tonbandeinspielungen

»Mittels verschiedener technischer Verfahren versucht man, auf Tonband Einspielungen zu erhalten, meist eine Reihe geflüsterter Worte oder Sätze, die erst beim Abspielen bemerkt werden und von den ... Experimentatoren Verstorbenen zugeschrieben werden. Bei solchen Demonstrationen ist allerdings mit häufigen Fehlerquellen zu rechnen.«[9*]

Wahrsagerei und Okkultismus

Bei der Zukunfts- oder Schicksalsvorhersage sind die Grenzen der Spielerei erreicht. Ernsthafte Wahrsagerei ist der Versuch, das Unbekannte zu erforschen und launenhafte Kräfte des materiellen Universums unter die eigene Kontrolle zu bringen. I-Ging, Tarotkarten, Handlesen, Kristallsehen, Kartenlesen, Astrologie und die Prophezeiungen des Nostradamus sind Einstiegsfragen in die Welt des Okkultismus. Obwohl diese Praktiken gesellschaftsfähig geworden sind, stellen sie eine irrationale Interpretation der Realität dar. Die Ausschaltung des Verstandes und der Logik führt oft zur Übernahme mystischer Wirklichkeitsvorstellungen.

Die meisten, die sich mit Horoskopen und Kartenlegen beschäftigen, haben keine tiefergehenden okkulten Absichten. Wer die Schrift ernstnimmt, kann Gottes Warnung an die Israeliten hinsichtlich dieser Praktiken kaum übersehen: »... daß nicht jemand unter dir gefunden werde, der seinen Sohn oder seine Tochter durchs Feuer gehen läßt oder Wahrsagerei, Hellseherei, geheime Künste oder Zauberei treibt oder Bannungen oder Geisterbeschwörungen oder Zeichendeuterei vornimmt oder die Toten befragt. Denn wer das tut, der ist dem Herrn ein Greuel ...« (5. Mose 18,10–12).

---

* Abdruck mit freundlicher Genehmigung der Evangelischen Zentralstelle für Weltanschauungsfragen, Stuttgart

Viele, die alte Formen des Okkultismus erforschen, glauben an den Ausspruch Carl Jungs, der gesagt haben soll: »An allem, was es schon lange gibt, muß etwas Wahres sein.« In unserer beschränkten Welt mit festgelegten Rollen und Zielen wirkt die Vorstellung, Dinge über die Grenzen des Verstandes hinaus erfahren zu können, verlockend. Die Beschäftigung mit dem Okkulten wird zur Ausflucht aus täglicher Eintönigkeit und Plackerei.

I-Ging (auch I Ching)

ist das »Buch der Wandlungen«, ein Lexikon der Geheimwissenschaften, das das klassische System der chinesischen Magie enthält. Zur Orakelbefragung werden Schafgarbenstengel gezogen oder Münzen geworfen. Aus dem sich ergebenden Muster lassen sich Zahlenkonstellationen erkennen, die mittels der I-Ging-Glyphen (Symbolzeichnungen) und Hexagrammen (magisches Sechseck) spirituell und psychologisch aufgeschlüsselt werden und auf das jeweilige Anliegen des Fragenden antworten sollen.

Der Tarot

oder auch Tarock oder Thoth ist ein aus 78 Karten bestehendes Spiel für 4 Personen, das über Arabien, Italien nach Frankreich und von dort nach Deutschland kam. Der Ursprung der Tarotkarten wird auf das altägyptische Buch des Thoth (= altägyptischer Gott, Schutzherr der Schreibkunst) zurückgeführt. »Dabei handelt es sich um eine Orakelpraktik, die aufgrund der Kartenkonstellation Aussagen über die Gegenwart oder Zukunft des Anfragers machen will. Die Deutepraktiken beruhen auf esoterischen Spekulationen, die weit in das Mittelalter zurückgreifen und einen Zusammenhang zwischen Kosmos und Menschenschicksal behaupten.«[10]

Handlesen/Chirologie

geht davon aus, daß die Linien einer offenen Hand Aussagen über Ereignisse im Zusammenhang mit bestimmten Charaktereigenschaften machen können. Hautfarbe, Finger- und Nagelbeschaffenheit in Zusammenhang mit der Richtung und Länge jeder Linie sollen Geheimnisse der Gesundheit, der Liebe und der Lebensdauer offenbaren.

Kristallsehen.

Darunter fallen alle Verfahren, »die durch das Betrachten von spiegelnden, leuchtenden oder durchsichtigen Körpern (z.B. Kristallkugeln) Visionen oder innere Bilder hervorrufen«. Gerade beim Kristallsehen spielt die Autosuggestion und davon ausgelöste Empfindungen eine wesentliche Rolle.

Horoskopdeutungen

Die Astrologie geht davon aus, daß die vorhersehbaren Eigenschaften eines Menschen durch die jeweiligen Positionen der Himmelskörper zum Zeitpunkt seiner Geburt bestimmt werden. Die Planeten, Mondphasen und Sternkonstellationen bestimmten das Tierkreiszeichen, die Charaktermerkmale und das Schicksal eines Menschen. Obwohl diese Auffassung von allen Wissenschaftlern und Astronomen abgelehnt wird, sind Horoskopdeutungen in unserer unsicheren Zeit sehr beliebt. Da man sich auf Institutionen und Traditionen nicht mehr verlassen kann, behaupten Astrologen, daß die jeweils unveränderlichen Konstellationen der Himmelskörper den Lebensplan jedes Menschen festlegen.

Nostradamus

Sein richtiger Name war Michel de Notre-Dame, geb. 1503 in Saint-Remy. Er stammte aus einer jüdischen Familie und konvertierte früh zum Katholizismus. Als Mediziner soll er die Pest in der Provence beseitigt haben. Seine mystischen Prophezeiungen in »Les Siecles« (die Jahrhunderte, ein Lexikon des Geheimwissens) bestehen aus 353 Vierzeilern oder 4.780 Versen. Seine farbenreiche und metaphorische Dichtung wurde seit 1555 in unzählige Sprachen übersetzt und immer wieder neu gedeutet. In den verschlüsselten Aussagen sollen auch die Ermordung Kennedys und der Aufstieg Hitlers vorhergesagt sein. Der Begriff »hister« in einem der Vierzeiler wurde vielfach für ein Anagramm für Hitler gehalten.

Wer sich mit okkulten Dingen einläßt, zieht sich mehr und mehr auf sich selbst zurück. Emotional gestörte Menschen mit schwachem Selbstwertgefühl schotten sich oft völlig nach außen ab und werden immer unfähiger, mit den Realitäten des Lebens fertig zu werden. Bei Jugendlichen, die sich sowieso in einer labilen Phase befinden, ist dies besonders problematisch. Der junge Mensch, der sich nach innen wendet und in Kontakt tritt mit Mächten, die er nach seinen inneren Wünschen zu lenken meint, ist in Wirklichkeit deren Gefangener. Für die wirklich befreiende, nach außen orientierte Kraft des Evangeliums wird er damit fast unerreichbar – geistlich gesehen eine verheerende Auswirkung »harmloser Spielerei«.

Tips und Argumente

»Deine Rolle in D & D ermöglicht es dir, gefühlsmäßig über deine eigenen Grenzen hinauszugehen, und das ist gefährlich«, versuchte ich Robert zu erklären. »Du schaffst dir ein zweites Ich, und es besteht die Gefahr, daß deine Rolle und du, daß ihr miteinander emotional verschmelzt. Dadurch werden die okkulten Charakterzüge und gewalttätigen Tendenzen deiner Rolle Teil von dir.«

Aber Robert gab nicht nach. Er bestand darauf, daß sich das Risiko angesichts der Herausforderung für seinen Intellekt lohne.

»Auch Pornographie ist eine gefühlsmäßige Herausforderung«, argumentierte ich weiter. »Trotzdem ist auch diese Art, die Phantasie anzuregen, falsch. Das Böse existiert, und die Grenze zwischen Illusion und Realität ist fließend.«

Meine Aufklärungsversuche hinderten Robert nicht daran, weiterzuspielen. Mir fehlte die Autorität, um ihm das Spiel verbieten zu können. Eltern haben in einem solchen Fall andere Möglichkeiten. Reden Sie mit Ihrem Kind, falls es »Dungeon & Dragons« spielt.

Wer nur die intellektuelle Herausforderung sucht, sollte sich nach Detektiv- oder Wirtschaftsrollenspielen umsehen, die – leider nur ganz vereinzelt – auf dem Markt angeboten werden. Sie fordern und fördern wie D & D Intellekt, Phantasie, Schauspieltum in ähnlicher Weise wie Fantasy-Rollenspiele, ohne der Gefahr einer Wirklichkeitsflucht in gleicher Weise Vorschub zu leisten.

Die Möglichkeit, daß bei einer Beschäftigung mit spiritistischen oder okkulten »Spielereien« schädigende Einflüsse ins Spiel kommen, ist so groß, daß man es nicht auf die leichte Schulter nehmen sollte. Genausowenig angebracht ist kopflose Panik.

Unverzichtbar ist das gemeinsame Gespräch. Vor einer solchen gegenseitigen Aussprache muß jedoch unbedingt eine Vertrauensgrundlage geschaffen werden. Die Kinder müssen spüren, daß der Vater, die Mutter, die Großeltern ehrlich um sie besorgt sind.

Folgende Tips können dazu beitragen, eine gemeinsame Gesprächsbasis zu finden:

1. Wer sich auf ein Gespräch einlassen will, muß wissen, wovon er redet. *Nichts schreckt einen Jugendlichen mehr ab als uninformiertes Nachfragen.* Deshalb sollte man sich in diesem Fall auch über okkulte Spiele und Hilfsmaterialien sachkundig machen. Mit diesem Kenntnisstand können wir das Gespräch mit unseren Kindern suchen und oh-

ne Angst nachfragen, wenn wir etwas nicht verstehen. Antworten sollten zunächst unkritisch akzeptiert werden. Die meisten jungen Menschen warten nur darauf, uns in ihre private Welt hineinzulassen, wenn sie spüren, daß wir sie nicht blind verurteilen.

2. Wir sollten den Kindern klarmachen, daß man manchmal den Wald vor lauter Bäumen nicht sieht. Wir sollten versuchen, ein umfassendes Bild von ihrer Situation zu bekommen. Ein Kind, das sich für okkulte Dinge interessiert, hat unerfüllte praktische, geistliche und emotionale Bedürfnisse.

Die Schlüsselfrage lautet: »Was macht dir Kummer?« Faszination an okkulten Dingen ist nur der Zweig am Baum der Probleme. Wir müssen zur Wurzel vordringen. Manche Kinder hängen ihren Glauben auch deshalb an den Nagel, weil sie das sterile und uneffektive Glaubensleben der Eltern sehen. Wir müssen bereit sein, uns selbst in Frage zu stellen.

3. Es ist sehr wichtig, daß wir gegenüber unseren Kindern fest bleiben, aber sie gleichzeitig mit Respekt behandeln. Eltern sind häufig versucht, die Gesprächsführung an sich zu reißen, statt zuzuhören und dem Kind Gelegenheit zu geben, die Unterhaltung in seinem Tempo zu führen.

4. Schließlich müssen Kinder wissen, daß sie sagen können, was sie denken, ohne Angst vor Strafe haben zu müssen. Stellen Sie sich von vornherein darauf ein, unter Umständen schockiert zu werden! Die Jugendlichen von heute sprechen eine offene Sprache und haben keine Angst davor, die Sache auf den Punkt zu bringen.

Wir Erwachsenen müssen den Dialog mit Kindern und Jugendlichen wieder suchen. Vielleicht haben wir Angst davor, weil uns ihre Welt so fremd erscheint. Vielleicht fühlen wir uns unbeholfen oder registrieren von ihrer Seite her eine deutliche Ablehnung. Trotzdem sollten wir alles daransetzen, mit ihnen im Gespräch zu bleiben, und ihnen immer wieder sagen, daß sie uns wichtig sind und daß wir sie lieben. Zuviel steht auf dem Spiel!

Anmerkungen

1) Slogan aus einem Werbeprospekt der Firma »Edition Phantasia« vom Herbst 1989.

2) Ulrich Kaiser: Das große Buch der Fantasy-Rollenspiele, 1984 S. 32.

3) Frank Schlösser: Fantasy-Rollenspiele als innovatives Verlagsprodukt. Unveröffentlichte Diplomarbeit an der Fachhochschule für Druck, Stuttgart 1989, S. 33.

4) Ebd., S. 34.

5) Peter Kathe: Struktur und Funktion von Fantasy-Rollenspielen, Club für Fantasy und Rollenspiele. Karben, 1987, S. 57.

6) Gary Gygax/David Arneson: D & D Fantasy-Rollenspiele; Spieler-Handbuch; Leinfelden-Echterdingen 1986.

7) »The assault on Role-Playing-Systems«; Game Manufacturers Assoc., Pressenotiz vom 1.3.1988, S. 1.

8) Vgl. Dr. Kurt E. Koch: Okkultes ABC, Aglasterhausen, 3. Auflage, 1988.

9) Beschwörung der Angst? Okkultpraktiken heute. Definitionen aus einer Pilotstudie von Prof. Dr. J. Mischo, Freiburg; aus: Sonderdruck Nr. 17 aus Materialdienst der EZW 12/88 und 3/89, S. 20 ff.

10) Beschwörung der Angst? A.a.O., S. 22.

Horror aus der Konserve

Vielleicht fragen sich manche, was an Horrorfilmen wie »Nightmare on Elm Street«[1] so schlimm sein soll. Erst in der letzten Episode tötet der Hauptdarsteller Freddy Krüger einen Menschen – in den Folgen davor passiert das Töten nur in den Träumen seiner Opfer.

Als wir das Thema »Horrorfilme« in unserer Talkshow anschnitten, rief Jerry, ein junger Mann Anfang zwanzig, bei uns an. Zu Beginn des Gesprächs versuchte er, die Gruselstreifen als reine Unterhaltung abzutun. Im Laufe der Unterhaltung gab er jedoch zu, daß diese Filme einen gewissen Einfluß auf ihn hätten.

»›Nightmare on Elm Street‹ ist aber nicht der schlimmste Horrorfilm«, argumentierte Jerry. »Mein Lieblingsfilm ist ›Hotel Hell‹, obwohl mir dabei mein Popcorn wieder hochkam. Da ist so'n Kerl, der metzelt Leute ab und macht Pfannkuchen aus ihnen. – Ich weiß nicht, wie es anderen Leuten geht, aber ich krieg' bei solchen Filmen schon Lust, selbst auszuprobieren, was ich gesehen habe«, gab Jerry zu. »Ein paar seltsame Sachen habe ich schon bei meiner Frau ausprobiert.«

»Was zum Beispiel?« – »Einmal sah ich einen Vincent-Price-Film. Einer fand heraus, daß ein anderer ihn nicht mochte. Um ihm eins auszuwischen, hat er einfach ein paar Hunde getötet und Hundepudding daraus gemacht.«

»Hundepudding? Das ist wohl ein Witz?« – »Nein. Er zwang den anderen Mann, es zu essen.«

»Und was hat das mit Ihrer Frau zu tun?« – »Als ich von dem Film nach Hause kam, habe ich 'ne Flasche Whisky getrunken und unseren Hund getötet.«

»Im Ernst? Und dann haben Sie ihn Ihrer Frau vorgesetzt?«

»Sie weiß bis heute nicht, was es war. Ich erzählte ihr, daß es ein besonderes neues Rezept sei, das ich nur für sie gekocht hätte.«

Ich war froh, daß Jerry nichts Schlimmeres getan hatte. Wenn er die »Bravourstückchen« der Horrorfilme wirklich hätte nachahmen wollen, wäre Furchtbares dabei herausgekommen.

Brutale und perverse Kinofilme sind der Renner auf Leinwand und Video. Zombies, menschliche oder tierische Mutanten, geisteskranke Killer und psychopathische Folterer veranstalten ein Massenschlachten, das in der Branche in KPMs gemessen wird – killings per minute (Anzahl an Morden pro Minute). Alpträume werden zur Wirklichkeit. Selbst Kinder treten als Bestien auf. Mutierte Organismen kriechen aus menschlichem Fleisch. Autos werden lebendig und bekommen plötzlich ein dämonisches Aussehen, wie Stephen King's todbringender roter 1958er Plymouth »Christine« in dem gleichnamigen Kinofilm.

Dieser neue Filmtrend begann 1974 mit dem Horrorklassiker »The Texas Chain Saw Massacre«, der Geschichte von fünf ahnungslosen Teenagern, die zur Hauptmahlzeit für eine Kannibalenfamilie wurden. In einer Werbeanzeige für den Videofilm »Dämonen« heißt es: »Dieser Film packt dich an der Kehle und quetscht dir das Leben aus dem Leib. Dämonen des Todes, böse, blutrünstige Kreaturen, die von der Leinwand klettern und direkt auf deinen Schoß hüpfen. Und das Schlimmste dabei – es gibt keinen Ausweg – nur den Tod.«

Zur Zeit machen Horrorfilme etwa 20 % aller verfügbaren Videos aus. Filme, die sich im Kino als Kassenmagneten erweisen, werden oft auch als Video ein Hit. Und Filme, die im Kino nicht besonders gut laufen, bringen zumindest als Video noch einiges ein. Durch verschiedene Kabelsender wird ein Gemisch von Blut, Schweiß und Angst frei Haus geliefert. Um nicht zu viele Zuhörer zu verlieren, versuchen in der Bundesrepublik nun auch die öffentlich-rechtlichen Fernsehanstalten, mehr »sex and crime« über den Äther zu schicken.

Und wer sieht sich diesen Spaß an? Als ich versuchte, diesem Phänomen auf die Spur zu kommen, nahm ich die unerfreuliche Pflicht auf mich, mir einige der ritualisierten, satanischen Bestialitäten anzusehen. Die meisten der Filme sind erst ab 18 freigegeben. Meistens war ich jedoch der älteste der Kinobesucher. Das Durchschnittsalter der Kinobesucher bewegte sich um 16 Jahre, wie sich in anschließenden Gesprächen herausstellte. Meine schlimmste Erfahrung dabei war die Reaktion der Zuschauer, als auf der Leinwand Eingeweide aus Menschen gerissen und Gliedmaßen abgetrennt wurden. Statt mit hängenden Köpfen und mißbilligendem Raunen wurde das Gemetzel mit Jubelrufen, Gelächter und Gleichgültigkeit kommentiert.

»Hack seinen Kopf ab!« schreit ein Zuhörer, als sich ein entsetztes junges Mädchen mit einer Axt gegen ihren Peiniger wendet.

Der abgeschlagene Kopf rollt auf den Boden. »Schneid' ihn in Stücke!« feuert sie ein anderer Zuschauer an.

Während Blut über die Leinwand fließt und ein aufgeschlitzter Körper sich in Todesqualen windet, fragt ein 14jähriger gleichmütig seine Schwester: »Hast du noch Popcorn für mich?«

»Mann! Das sah gut aus«, sagt ein Teenager zu seinem Freund, nachdem die Spinnenfinger einer armlosen Hand einem Opfer die Augen auskratzten.

Blut, Eingeweide und nochmals Blut auf der Leinwand. Popcorn, Schokolade und Cola für die Zuschauer. Keinerlei Anzeichen von Entsetzen oder irgendwelcher Berührtheit. Ohne auch nur im geringsten schockiert zu sein, verfolgten die Jugendlichen aufmerksam jede kunstfertig in Szene gesetzte Form der Bestialität.

Ein unglücklicher Freitag der 13te

Der aus vier Teilen bestehende Film »Freitag, der 13te« handelt von einem Mann namens Jason, dessen Mutter im ersten Teil der Serie auf einen Tötungstrip geht. Nachdem seine mordlustige Mutter getötet wurde, übernimmt Jason mit einer Wollust, die jedem Psychopathen Ehre machen würde, ihre Rolle und befördert Camper, Urlauber und alle anderen ins Jenseits, die ihm über den Weg laufen. Und die Belohnung für solch einen bestialischen Film? Bereits 11,2 Millionen US-Dollar wurden am ersten Wochenende eingespielt, an dem er in den USA gezeigt wurde. In den Videotheken Amerikas und Europas gehört er zum meistverliehenen Standardrepertoire.

Aber auch für die Zuschauer blieb der Film nicht ohne Auswirkung: Für die Eltern von Sharon Gregory aus Greenfield, Massachusetts, war es eine bittere Erfahrung. Mark Branch, ein neunzehnjähriger Horrorfilmfan, tötete ihre Tochter, mit der er befreundet war, in der Badewanne. Wieder und wieder stach er auf sie ein.

Branch hatte sich oft Horrorfilme von einem Videoladen in der Nachbarschaft ausgeliehen, und die Polizei fand später eine denkwürdige Ansammlung von Utensilien, die in diesen Filmen vorkamen, unter anderem eine Hockey-Maske – Markenzeichen des Kinoschlächters Jason. Außerdem fanden sich Kassetten von »Freitag, der 13te«. Die Polizei gab zum Abschluß ihrer Untersuchungen bekannt, Branch sei so von Jason besessen gewesen, daß er hätte »spüren wollen, wie man sich fühlt, wenn man tötet.«[2]

Was faszinierte Branch so? In »Freitag, der 13te, Letztes Kapitel«, sucht ein sorgloser Teenager in einer Küche nach einem Korkenzieher. Plötzlich wird das Utensil, das sich nicht finden läßt, von einem unsichtbaren Angreifer aus dem Nichts in den Raum geschleudert, durchbohrt die Hand des Jungen und nagelt sie an der Tischplatte fest. Dann spaltet eine Axt seinen Kopf genau zwischen den Augen. Leider war das »Letzte Kapitel« nicht das letzte. Es folgte »Freitag, der 13te – Ein neuer Anfang« – mit mehr als zwanzig weiteren Morden.

Die Folge für Branch? Die Polizei fand seine Leiche in den Wäldern bei Buckland, Massachusetts, an einem Baum. Er hatte sich erhängt.

Eins, zwei, drei, vier, schließ' am besten deine Tür!

Keine Horrorserie war weltweit erfolgreicher als die »Nightmare on Elm Street«-Saga mit dem Kindermörder Freddy Krüger in der Hauptrolle, der schließlich eingeäschert wird. In der Originalversion von 1984 war Krüger Hausmeister an einem kleinstädtischen Gymnasium. Nachdem Freddy mehrere Jugendliche umgebracht hatte, wurde er schließlich in den Heizungsanlagen der Schule verbrannt. Wie Jason in »Freitag, der 13te«, wird Freddy am Ende jeder Episode ins Jenseits geschickt, nur um immer wieder neu aufzuerstehen und mit sicherem Griff seiner »Fingermesser« die Leiber seiner Opfer aufzuschlitzen und zu köpfen.

Jedesmal, wenn Freddy zurückkehrt, tut er das im Traum seiner Opfer. Wer jedoch in der Nacht von Freddy getötet wird, ist auch in der Realität tot. Tragischerweise sind Freddys maskiertes Gummigesicht, sein Handschuh mit den langen Messern und seine Schreckenszeremonien obligatorischer Teil einer rituellen Satansfeier unter Jugendlichen geworden. Teenager von heute sind in der Lage, Freddys Tötungsliturgie im Chor aufzusagen: »Eins, zwei, du bist dabei. Drei, vier, schließ' besser die Tür.«

Die kriminellen Auswirkungen von Horrorfilmen zu beweisen, wird durch einen einfachen Tatbestand fast unmöglich gemacht: Die Gewalttäter stehen nicht Schlange, um zu bekennen, was sie zur Gewalt getrieben hat. Mark Branch brachte sich selbst um und kann uns nicht mehr sagen, was wirklich sein Motiv war. Das gleiche trifft auf Sean Helms zu. Am 28. Januar 1987 spielte der Achtzehnjährige aus Indianapolis russisches Roulette mit seinem besten Freund. Er zog am Abzug und jagte sich selbst eine Kugel durch den Kopf. Die Untersuchungskommission stellte fest, daß der unbeabsichtigte Selbstmord geschah, nachdem sich Helms den zweiten Teil der »Nightmare on Elm Street«-Serie angesehen hatte.

»Freitag, der 13te« und »Nightmare on Elm Street« sind nur zwei von vielen frei erhältlichen Horrorfilmen, die viele Zuschauer anlocken. Videos haben einen neuen Markt erobert, und Videotheken schießen wie Pilze aus dem Boden. Viele der Videos sind Billigproduktionen, die niemals ins Kinoprogramm aufgenommen würden. Aber als Videos laufen sie gut, und viele Teenager leihen sich die Filme über einen 18jährigen Freund aus, um sie sich zu Hause im bequemen Fernsehsessel nach Bedarf »reinzuziehen«.

Wenn man einen Zusammenhang zwischen diesen blutrünstigen Streifen und einem wachsenden Interesse an satanischen Kulten auch nicht beweisen kann, so eröffneten diese Filme doch eine völlig neue Dimension. In den sechziger Jahren basierten Horrorfilme auf literarischen Klassikern wie Frankenstein, Drakula oder Jekyll und Hyde. Bei den Filmen von heute zählen jedoch nur noch der Grad an Grausamkeit und Plastizität, das Grauen, dem man (auch als Zuschauer) nicht entkommen kann, und schreckliche Rache. Weder auf mystische Legendenbildung wird Wert gelegt noch auf ein feingesponnenes Erzählgeflecht, sondern einzig auf die Quantität von Tod und Zerstörung. Fast ohne Ausnahme werden Menschenfreundlichkeit oder andere humanistische Werte ausgeklammert, da nicht erwünscht.

Was tun, wenn die eigenen Kinder Horrorfilme sehen?

Eltern fällt es schwer zu verstehen, wieso selbst ihre Kinder gerne solche Grausamkeiten sehen. Psychologen und sogar viele Jugendliche halten es für ein Übergangsstadium. Wie bei einer Berg- und Talbahn wollen sie austesten, wie die Eltern reagieren. Manche Psychotherapeuten halten die Lust an solchen Filmen auch für ein Ventil, eine Art »Selbsterhaltungstherapie«. Das Schreien bei den Eskapaden Freddys und Jasons sei ein Ventil für all die unterdrückten Bedürfnisse nach Sexualität, Haß und Gewalt.

Der Regisseur der Horrorfilme »Scanners« und »Video Drome« argumentiert, Gewalt habe neben der Schockwirkung auch einen darüber hinausgehenden Sinn. Cronenberg: »In einem Horrorfilm werden die Leute dazu gebracht, sich mit den unangenehmen Seiten des menschlichen Körpers zu befassen, nämlich mit Krankheit und Tod, und das in einer Art und Weise, wie sie einem sonst vielleicht nur im Traum begegnen. Es ist der Versuch, Realitäten ins Auge zu sehen, vor denen man sonst die Augen verschließt. Jedesmal, wenn ich jemanden in meinen Filmen töten lasse, probe ich meinen eigenen Tod.«[3]

Einige Fachleute widersprechen dieser Argumentation. Die Psychologin Marilyn Ruman aus Los Angeles erklärt: »Morbidität ist das Gegenteil von Optimismus und Hoffnung. Statt Hoffnung zu wecken, wird in diesen Filmen unsere Ohnmacht gezeigt und deshalb der Tod gefeiert.«

Die häufig chaotische Handlung und die unzusammenhängenden Bildfolgen sind gewollt. Statt einem logischen Aufbau zu folgen und damit beim Zuschauer Stabilität zu erzeugen, läßt ihn die moderne Filmtechnik im Ungewissen. Niemand kann ahnen, was als nächstes passieren wird. Auf diese Weise werden systematisch Ängste in den Köpfen der jungen Zuschauer aufgebaut, die diese nicht verarbeiten können.

Wir müssen den Teens klarmachen, daß das menschliche Gehirn nur ein bestimmtes Maß an Streß ertragen kann. Wird dieses Maß überschritten, kommt es zu einer Überlastung und Desensibilisierung. Die blutigen Szenen prägen sich so unauslöschlich ins Gedächtnis ein, daß der Film zu einem lebenden Alptraum wird, der Neurosen, Traumata und fortdauernde Angstzustände hervorrufen kann. Kinder sollen es ruhig erfahren, wenn wir meinen, daß mit demjenigen, der sich an fließendem Blut begeistert, etwas nicht stimmen kann.

Viele Eltern hätten gerne eine Faustregel, nach der sie beurteilen können, ob ihr Kind einen bestimmten Film sehen darf oder nicht. Sie sollten sich stets fragen, ob ihre Kinder das, was sie gesehen haben, versuchen werden nachzuahmen. Je mehr Anknüpfungspunkte an die reale Welt des Jugendlichen ein Film enthält, desto eher ist diese Gefahr gegeben.

Das Grundproblem der Gewalt liegt erfahrungsgemäß nicht im Kino, sondern in der Familie. Kinder, die zu Hause Gewalt erfahren, neigen eher dazu, die in »Freitag, der 13te« gezeigte Brutalität auszuleben. David, der junge Slayer-Fan, erzählte mir sein frühestes Kindheitserlebnis: Sein betrunkener Vater hatte eine Pistole an seinen Kopf gehalten, als er erst vier Jahre alt war. Noch heute erinnert er sich mit Zittern daran, wie sein Vater gedroht habe, abzudrücken. Wen wundert es da noch, daß auch er bereit war, Böses zu tun, ja selbst für den Teufel zu töten? Das ist ein extremes, wenn auch leider gar nicht so seltenes Beispiel.

Alle, auch die vermeintlich gütigsten Eltern, sollten sich den folgenden Fragen stellen:
- Welcher Art sind die frühesten Erinnerungen meines Kindes?
- Hat mein Kind liebevolle Beziehungen erfahren, die es lehren, daß es sich lohnt, offen und ehrlich zu sein?
- Gebe ich meinem Kind die Möglichkeit, Fehler zu machen, ohne daß es negativ beurteilt wird?
- Kann mein Kind offen über seine tiefsten Enttäuschungen und Verletzungen mit mir sprechen?
- Habe ich mein Kind jemals zu hart bestraft, ja vielleicht sogar mißhandelt?

Wenn wir in einem oder mehreren dieser Punkte versagen oder versagt haben, sollten wir das zugeben. Vielleicht benötigen wir auch professionelle Hilfe. Dies besonders, wenn der Partner gewalttätig ist. Manchmal ist die Einschaltung von Behörden oder Hilfsinstitutionen notwendig. Gewalt erzeugt immer Gegengewalt. Gewaltfreiheit zu Hause ist die Voraussetzung für Gewaltfreiheit auf der Straße.

Anmerkungen

1) In der Bundesrepublik Deutschland über verschiedene Kabelprogramme auch als Serie ausgestrahlt.
2) »Slusher Suspect Found Hanged«, USA Today, vom 30.11.88, S. 3.
3) Aus »USA Today« vom 29.12.83, S. 5.

Die Black-Metal-Manie

»Ich bin Satanist und hasse Ihren Gott. Ich höre Black-Metal-Musik – Slayer und King Diamond. Sie sind meine Götter. King Diamond regiert.«

So begann Lars unsere Unterhaltung. Er nahm kein Blatt vor den Mund. Offen, direkt, zum Fürchten. Er rief einige Monate vor meiner Tournee mit Slayer in meiner Talkshow an.

»Ich hab' am Radio 'rumgedreht und hörte zufällig, wie Sie den Satanismus abkanzeln. Ich rufe an, um meinen Gott zu verteidigen. Ich möchte in die Hölle gehen. Nach eurer Bibel soll die Hölle ein Ort des Feuers und des Schwefels sein. Das stimmt aber nicht. Damit wollen Sie den Leuten nur Angst machen, damit sie an Gott glauben.

»Glaubst du, daß Gott in der Bibel gelogen hat?« fragte ich Lars. Da er nicht antwortete, stellte ich die nächste Frage. »Wie sieht es in der Hölle denn wirklich aus?« wollte ich wissen.

»Ich zitier' Ihnen mal was«, erwiderte Lars, »die Pforten der Hölle stehen offen, wie du siehst; es kostet nichts, folge mir nur nach! Ich kann deine verlorene Seele aus dem Grab holen, und Jesus weiß, daß deine Seele nicht zu retten ist‹. Das ist aus ›Hell awaits‹ von Slayer. Na, was halten Sie davon?«[1]

»Nicht viel. Wie bist du überhaupt zu diesen Dingen gekommen?«

»Schon als Kind hat es mich befriedigt, böse zu sein. Ich habe schon immer gerne anderen wehgetan, sie gefoltert.«

»Und was war das Schlimmste, was du bisher für den Teufel gemacht hast?«

»Opfer.« »Was für Opfer?« – »Hunde und Katzen«. – »Und wird es dabei bleiben?« – »Wahrscheinlich nicht. Ich muß alle zehn Gebote brechen. Und wenn Satan mir befiehlt, jemanden umzubringen, werde ich es tun.«

Auch von anderen Teenagern, darunter David, die sich zu einer solchen Satansvorstellung bekannten, hatte ich schon Ähnliches gehört. Manche wollen damit nur angeben. Andere aber, wie Lars, bringen damit ihre zutiefst verinnerlichte Unzufriedenheit zum Ausdruck. Das Undenkbare auszusprechen wird zum letzten Mittel, um Aufmerksamkeit zu erlangen.

Was auch immer das Motiv sein mag, wenn ein Teenager mir gesteht, daß er für den Teufel töten würde, läuft es mir eiskalt den Rücken herunter. Es kann Wichtigtuerei, eine hohle Drohung, es kann aber auch ein gewalttätiger Schwur sein, der später erfüllt wird.

Lars ist mit seiner Faszination nicht allein. Die Alben der Black-Metal-Musik bringen jährlich Millionen ein. Satanismus läßt sich verkaufen, da es Käufer gibt. Die meisten Eltern sind völlig ahnungslos. Die Satanische Bibel im Kinderzimmer würden sie gleich entdecken, aber »Metallica« sagt ihnen nichts. Und nicht einmal von außen unterscheiden sich manche Black-Metal-Platten von anderen Hardrock-Covern.

Carl Rasheke, der Direktor der Universität des Denver Institute of Humanities, glaubt, daß »der Black-Metal-Rock die Gospel-Musik des Satanismus ist. Mit einem Unterschied: Durch das Anhören von Gospel-Musik im Radio bekehren sich nur wenige. Da ist der Einfluß von Heavy-Metal-Musik schon sehr viel größer. Diese Musik legitimiert das Miese, das die Kinder bereits tun.«[2]

Die Slayer-Woge

Eine Rockzeitschrift nannte die Gruppe einmal die »Könige des Black Metal«. Einer ihrer Songs, »Altar of Sacrifice« (Opferaltar), fordert den Zuhörer auf: »Learn the sacred words of praise: ›Hail Satan‹« (Lerne die geheiligten Worte des Lobpreises: ›Heil dir, Satan‹). Der Sänger und Bassist Tom Araya sagt dazu: »Was brauchen wir noch Liebeslieder? Wir erforschen das Böse«.[3]

Die vier Musiker halten sich für die beste Black- und Speed-Metal-Band. Sie produzieren den schnellen und harten Rock, der den Punkern, Skateboardfahrern und S-Bahn-Surfern gefällt und kombinieren ihn mit Texten für all die, die »blutgeil«[4] sind und sich vom Satanismus fesseln lassen. Ihre Alben heißen »Show no mercy« (ohne Gnade), »Hell Awaits« (die Hölle wartet) und »Reign in the blood« (Herrsche im Blut). Ihre Texte sind teilweise blasphemisch (»Jesus saves« – Jesus rettet), sie handeln von Dämonen (»Haunting the Church« – Verfolgung der Gemeinde) und von Sex mit Leichen (»Necrophiliac«). Ihre Lieder fordern auf zu Selbstzerstörung und Rebellion. Araya drückt das so aus: »Der Tod fasziniert uns mehr als alles andere.«

Slayer wurde beschuldigt, den Mord eines Teenagers aus Lake City (Arkansas) an seinen Eltern, die er zuerst mit einem Knüppel schlug und dann mit einem Messer aufschlitzte, inspiriert zu haben. Der Teenager sagte aus, ein Quija-Board befragt und Stimmen gehört zu haben, die ihm den Mord an seinen Eltern befohlen hätten. In der Nähe des Tatorts wurde ein Kassettenrecorder mit einer Slayer-Kassette gefunden, die nach dem Song »Altar of Sacrifice« aus dem Album »Reign in the Blood« angehalten worden war. Der Liedtext ist deutlich genug: »Der Hohepriester wartet mit einem Dolch in der Hand, er vergießt das Blut der reinen Jungfrau. Ein Mord für Satan, ein zeremonieller Tod, folge allen seinen Befehlen«. Wie sich herausstellte, glaubte der Teenager, daß er durch die Darbringung eines Menschenopfers Anteil an der Macht der Slayers bekommen würde.[5]

Black-Metal-Bands wie Slayer, Possessed, Metallica ... sind Idole für die Jugend. Über die Auswirkungen, die ihre Lieder auf die 12-, 13-, 18-jährigen Kids haben, wollen sich die Musiker jedoch keine Gedanken machen: »Wir provozieren überhaupt nichts, wir sagen nicht, macht dieses oder jenes, ... Wir gehen nicht raus auf die Bühne und sagen den Leuten, daß sie das tun sollen, wenn sie sich beispielsweise den Mund blutig beißen, sich quasi selbst verstümmeln –, wenn sie das tun, sind sie krank in ihrem Schädel.«[6]

Und auf den Vorwurf, Lieder zu schreiben, die andere zum Selbstmord verleiteten, meinte Araya, der Leadsänger von Slayer: »Wir wollen die Leute schockieren. Wir schreiben über Blut und Tod – aber warum die Teenies Selbstmord begehen, wissen wir nicht. Vielleicht hatten sie schon vorher Probleme ...«[7] Nachdem selbst Hardrock-Zeitschriften wie »Metal Hammer«, »Aardshok« u.a. immer häufiger Kritik an den allzu martialischen Produktionen übten, sind viele der Musiker vorsichtig geworden (ohne deswegen ihren Stil zu ändern). »Wir haben absolut nichts mit dieser Sache am Hut, in keinster Weise! Für uns ist das einfach Fantasy, mal ein anderes Thema als immer nur ›being on the road‹, oder ›Liebe‹.«[8] Andere verteidigen sich mit dem Hinweis auf Imagepflege (»das sind wir den Fans schuldig«) und Marketing.

»Die Gewaltinszenierung in unterschiedlichen Sektoren der Unterhaltungsbranche wie Krimis, Horrorvideos, Landserheften und Western ist so inflationär, daß die Plattenproduzenten meinen, um eine Steigerung des sadistischen Terrors nicht herumzukommen, wenn sie mit der Brutalität aus der Röhre Schritt halten wollen. Der Kampf um Marktanteile im Freizeitbereich ist zu einem grimmigen Hauen und Stechen geworden, der auch die Musikszene nicht verschont.«[9]

King Diamond

Bevor er allein auftrat, führte der selbsternannte König die Band Merciful Fate (Gnädiges Schicksal) an. Sein richtiger Name ist Kim Petersen, er stammt aus Dänemark und war früher Fußballspieler. Vor Jahren soll er seine Zuhörer mit Blut gesalbt und eine Puppe mit Schweineeingeweiden gefüllt und geopfert haben. Sein Mikrofonhalter wurde aus menschlichen Knochen hergestellt und hat die Form eines auf dem Kopf stehenden Kreuzes. Seine Markenzeichen sind schwarze Fledermausflügel oberhalb der Augen und ein umgekehrtes Kreuz auf der Stirn.

Auf der Vorderseite des »Fate«-Albums »Metal Forces« hält Diamond die Brust einer Nonne umklammert und beißt in ihr Genick, so daß zwei Blutrinnsale über die Brust laufen. »Ich leugne Christus, den Betrüger«, sagt Diamond. »Ich glaube an die Philosophie von Anton LaVey. Das Böse ist notwendig in der Welt, wie könnte man sonst das Gute schätzen?«[10] Und an anderer Stelle: »Wir sind alle mit bestimmten Gefühlen geboren worden, warum sollten wir sie nicht ausleben?«[11] Sein Album »Them« (»Sie«, gemeint sind Dämonen) erzählt von seiner wahnsinnig gewordenen Großmutter, die von Mordgeistern gepeinigt wird. Sie lebt in einem Heim, wird aber entlassen und kehrt nach Hause zurück, um eine Tötungsorgie zu starten. Auf blutige Art und Weise befördert sie zuerst Diamonds Mutter und dann seine Schwester Missey ins Jenseits. Auch Diamond möchte sie töten, aber unter der Regie seiner eigenen Dämonen tötet Diamond sie zuerst.

Jahrelang nahm King Diamond für sich in Anspruch, einer der wenigen echten »Diamanten« im Black-Metal-Geschäft zu sein: »Ich bin kein Blender. Was Sie sehen, ist 100 % real. Ich verstehe etwas von der dunklen Seite des Lebens. Daß ich mich zum Satanismus bekenne, bedeutet natürlich nicht, daß ich herumlaufe und Babys umbringe. Es bedeutet einfach, daß ich die Kräfte des Unbekannten kenne.«[12] Black Metal ist mehr als Hardrock. Es ist eine Lebensform, die durch harte Rhythmen, bestialische Liedtexte und das entsprechende Auftreten der Künstler geschaffen wurde. Ganz bewußt zielt man auf junge Zuhörer ab, die sich in einer Phase des geistig-seelischen Umbruchs befinden und die daher extrem leicht zu beeinflussen sind. Die Verbindung zwischen Black Metal und dem Bösen wirkt auf unzufriedene Jugendliche wie eine Droge, was jeder bestätigen wird, der einmal miterlebt hat, wie bei einem Konzert Tausende von Fans gemeinsam die Hände zum teuflischen Gruß erheben.

Die Keime der heutigen Satanismuswelle wurden bereits gelegt, als Mick Jagger stöhnte: »Nenn mich einfach Luzifer.« Die Rolling Stones warben auf ihren Tourneen um »Sympathie für den Teufel« (»Sympathy for the Devil«). Wer aus der 68er Generation könnte vergessen, wie sich die frühen Stones als Hexen auf dem Albumcover »Their Satanic Majesties Request« (»Ihre satanischen Majestäten fordern«) präsentierten? Und wer kennt nicht das Stones-Album aus den siebziger Jahren: »Goat's Head Soup« (»Ziegenkopfsuppe«), auf dem ein abgetrennter Ziegenkopf (das Symbol der Satansanbetung) in einem kochenden Kessel schwamm?

Led Zeppelin

Die Verbindung zwischen Satanismus und Black-Metal-Musik ist viel offensichtlicher als bei okkulten Spielen oder Horrorfilmen. Jimmy Page, der Leadgitarrist anstelle des verstorbenen Led Zeppelin, besaß früher einen Okkult-Buchladen, der eine ausgesuchte Kundschaft belieferte und nach seinen eigenen Angaben dazu diente, ihm Verbindungen zu schaffen, um original Crowley-Manuskripte zu erwerben. Page verehrte den berüchtigten britischen Satanisten so sehr, daß er dessen früheres Haus in Boleskine, Schottland, kaufte und unverändert bewohnte. Das Gebäude besitzt unterirdische Gänge, in denen Crowley angeblich Opferzeremonien einschließlich Kindesopfern durchgeführt haben soll.

Page verwandelte das Haus in eine Crowley-Gedächtnisstätte und versuchte, mit Crowleys Geist durch Seancen Kontakt aufzunehmen. Er beauftragte auch den erklärten Satanisten Charles Page, sein Heim mit Motiven der ritualisierten Magie zu dekorieren. Robert Plant, der Sänger, teilte ursprünglich Pages Faszination am Okkulten, weigert sich heute aber, Boleskine zu besuchen, weil er glaubt, daß es alle verflucht, die sich dort aufhalten.[13]

Pages Faszination wird es zugeschrieben, daß Led Zeppelin von vielen Tragödien heimgesucht wurde. Der Schlagzeuger John Bonham starb an Alkoholvergiftung. Robert Plants Sohn Karac starb als Kind an einer Infektionskrankheit. Auch ein extremer Zeppelin-Fan kam auf mysteriöse Weise um. 1975 wurden Robert Plant und seine Frau bei einem Autounfall in Griechenland schwer verletzt. Einige, die die Band gut kannten, erzählten, Jimmy Page habe tagelang in einem dunklen Raum bei Kerzenlicht vor einem Tisch voller Messer gesessen. Mit seiner Gitarre auf den Knien habe er darauf gewartet, daß ihn etwas »durchströme«.[14]

Was Zeppelin »durchströmte«, brachte den populärsten Rockklassiker aller Zeiten hervor – »Stairway to Heaven« (Himmelsleiter). Das Lied gilt als Paradebeispiel für das sog. »backward masking« und soll verschlüsselte Botschaften an »meinen süßen Satan« enthalten. Obwohl solche Schlußfolgerungen linguistisch und phonetisch nach wie vor umstritten sind, ist die Herkunft des Wortes »Stairway« kein Geheimnis. Robert Plant gilt als begeisterter Leser des britischen Schriftstellers Lewis Spence und nannte offen Spences »Magic Arts in Celtic Britain« (Magische Künste im keltischen Britannien) als eine Quelle seiner Lieder.

»And it's whispered, that soon, if we call the tune, then the piper will lead us to reason« (... und es flüstert dir zu: Wenn alle ihn rufen, wird der Flötenspieler kommen und uns zur Vernunft führen), heißt es in »Stairway to Heaven«. Verschiedene Kritiker sind der Ansicht, es könnte sich bei diesem Flötenspieler um Satan handeln.

Das Lied spricht von den zwei Wegen, zwischen denen der Mensch wählen könne: »There are two paths you can go by ... .« Spiele man das Lied rückwärts ab, so erfahre man, daß die Entscheidung bereits gefallen sei, der Sänger habe sich für den satanistischen Weg der Macht entschieden.[15] Für diese Theorie spricht auch die Liedzeile: »You know sometimes words have two meanings« (du weißt, daß manche Worte doppelte Bedeutung haben), die als Anzeichen dafür gedeutet wird, daß Page – getreu der Lehre Crowleys – eine geheime Botschaft in dem Lied versteckte. Eine solche Schlußfolgerung könnte zudem die scheinbar metaphysische Bedeutung der Zeile: »The tune will come to you at last, when all are one and one is all« (die Melodie erfaßt auch dich, wenn alles eins und einer alles ist) erhellen. Ebenfalls in diese Richtung weist die Innenseite des Plattencovers: Ein schwarzgekleidetes, verwildertes Mädchen erklettert mühsam einen Berghang, auf dessen Gipfel gelassen einer alter Mann wartet – in der Hand eine Laterne mit einem Hexagramm. Hinter den beiden im Tal bleibt das Dorf mit der Kirche im Dunkel zurück.

Ein Musikkritiker schrieb: »›Stairway to Heaven‹ scheint eine Aufforderung zu sein, die neuen Traditionen aufzugeben und wieder den alten Göttern zu folgen. Es drückt die Sehnsucht nach spiritueller Transformation aus.«[16]

Die Rolling Stones und Led Zeppelin setzten einen Trend, der rasch von anderen Musikern nachgeahmt wurde.

Auf dem Cover von Black Sabbaths erstem Album war eine Hexe und auf der Innenseite ein auf dem Kopf stehendes Kreuz abgebildet. Das Cover ihres Albums »Born again« (Wiedergeboren) zeigte ein rotes, dämonisches Baby mit sprießenden Klauen an den Händen und Hörnern auf dem Kopf. Für Black Sabbath sollte das vielleicht nur Show sein, aber für mindestens einen Teenager hatten diese Bilder schlimme Folgen: Ein fünfzehnjähriger Junge aus Michigan schoß seinem Bruder in den Kopf und erklärte den Behörden: »Black Sabbath hat mich dazu gebracht.«[17]

Der frühere Leadsänger der Black Sabbath, Ozzy Osbourne, hat sich fast zwanzig Jahre lang mit satanischen Themen befaßt. Er schmückt seine Alben mit umgekehrten Kreuzen (»Diary of a Madman« – Tagebuch eines Verrückten), widmet Aleister Crowley seine Songs (»Mr. Crowley« auf »Blizzard of Oz«) und spricht offen über die Dämonen in dem Song »The Devil's Daughter« (Die Tochter des Teufels) aus dem Album »No rest for the wicked« (Keinen Frieden für die Bösen).

Zu den Anfängen der Gruppe Black Sabbath sagt Ozzy: »Wir begannen, eine Faszination für alles Okkulte zu entwickeln. Tony Geezer las jedes Buch zu dem Thema, das er kriegen konnte.«[18] Einmal wollte Ozzy sogar eine schwarze Kathedrale mit einem magischen Zirkel in seinem Garten bauen. Trotzdem leugnet er jede Verbindung zum Bösen. »Die Leute müssen verstehen, daß ich nur theatralisch sein will, wenn ich von Aleister Crowley singe«, argumentiert er. »Ich bin kein verrückter Satansfan. Ich spiele nur eine Rolle, um mich dabei zu amüsieren.«[19]

Die Führungsrolle in der Black-Metal-Szene haben mittlerweile andere übernommen. Viele neue Formationen verschwinden nach ein oder zwei Erfolgen ebenso rasch wieder, wie sie gekommen sind. Eine der etablierten Gruppen ist »Venom« aus England. Ihre Botschaft ist einfach: »The death of your God, we demand. We spit at the Virgin you worship, and sit at Lord Satan's left hand.« (Den Tod eures Gottes fordern wir. Wir spucken der Jungfrau, die ihr verehrt, ins Gesicht, und sitzen zur linken Hand Satans, des Herrn.)

Stichworte zu anderen Black-Metal-Bands finden sich im Anhang. Es tauchen jedoch täglich neue Bands auf. Eltern und Jugendleitern bleibt also nichts anderes übrig, als wachsam zu sein und die Augen offen zu halten.

Egal, welche Absichten die Black-Metal-Bands wirklich verfolgen; schockierende Wirklichkeit ist, daß die jugendlichen Fans die satanischen Songs oft auf die grausamste Art und Weise interpretieren. In Missouri wurden drei Jugendliche beschuldigt, einen vierten zu Tode geprügelt zu haben. Alle vier waren passionierte Black-Metal-Fans. Einer sagte uns, sein Lieblingslied sei Megadeths »Black Friday«, in dem es heißt: »Their bodies convulse in agony and pain. I mangle their faces 'til no feature remain« (Ihre Leiber krümmen sich in Todesqualen. Ich verstümmle ihre Gesichter bis zur Unkenntlichkeit).[20]

Dämonische Doktrin im Lied

Teenager, die unsere Talkshow anrufen, zitieren immer wieder Black-Metal-Liedtexte, um ihre Lebensphilosophie zu erklären. Sie behaupten, daß die Lieder und ihre Botschaft sie zu ihren Taten inspirierten. Der Teenager Lars, der Slayer und King Diamond als seine Götter bezeichnete, erzählte mir, wie aufregend er die sadistischen Vorstellungen der Black-Metal-Musik fände. Um das zu belegen, zitierte er aus einem Slayer-Song:
»Night grows cold, twilight's near: On the edge of madness the wounds are sheared. Forms of hanging flesh, shredded carcass, no spared breath. Imprisoned in a shell ready to explode, dead soul, stone-cold, open to the night.« (Die Nacht wird kalt, die Dämmerung naht: Am Rande des Wahnsinns werden Wunden geschlagen. Fleischfetzen hängen herunter, zerstückelte Kadaver, nichts Lebendes wird verschont. In einer Schale gefangen, kurz vor der Explosion, eine tote Seele, steinkalt, offen für die Nacht.)
»Das turnt mich an«, sagte Lars. »Ich spüre das inwendige Böse in mir. Die Satanische Bibel sagt: ...«

Ich unterbrach ihn: »Es interessiert mich nicht, was in der Satanischen Bibel steht. Die Bibel sagt, daß wir unsere Feinde lieben sollen.«

»Wenn man seine Feinde liebt, ist man schwach. Das sagt Anton LaVey, der die Satanische Bibel geschrieben hat.«

Lars war wütend. Er zitierte nicht nur Anton LaVey, sondern wiederholte auch die ganze Litanei des Bösen. Damals wußte ich noch nicht, daß Lars' Vater Alkoholiker war und die Familie verlassen hatte, als Lars zwei Jahre alt war. Seine Mutter, die als Stewardeß viel auf Reisen war, hatte Lars seit seinem 11. Lebensjahr viel alleingelassen. Wie viele der anderen Teenager, die meine Talkshow anrufen, wußte Lars tief in seinem Inneren zwar, daß es Liebe gibt und daß sie auch für ihn wichtig ist, aber er wußte nicht, wo und wie er sie finden konnte.

An diesem wunden Punkt wollte ich ansetzen. »Lars, ich mag dich, und ich mache mir Gedanken über dich.« – »Ich mag Sie aber nicht, Bob. Sie können mich ja gar nicht verstehen. Ich will nur eins: Lügen, Betrügen, Kaputtmachen und Töten. Satan ist mein Gott.«

»Lars, wenn du das ernst meinst, wirst du bald unschuldiges Blut von Menschen vergießen. Dann wirst du völlig vom Teufel beherrscht sein.« – »Genau das will ich ja!« erwiderte Lars.

Lars prahlte mit seiner Hingabe an den Teufel, und zumindest teilweise meinte er das auch so. Ich kannte diesen haßerfüllten Ton bereits von anderen Anrufern, von denen bei mindestens dreien dieser Haß bereits zu kriminellen Handlungen geführt hatte. In kurzer Zeit würde Lars mindestens zwei Leben zerstören – sein eigenes und das eines unschuldigen Opfers. Ich wollte versuchen, mit ihm in Kontakt zu bleiben.

»Ich möchte dich treffen«, sagte ich. – »Das geht nicht. Sie leben in Denver und ich in Kanada.«

»In zwei Wochen bin ich in eurer Stadt. Bist du bereit, mich dann zu treffen?«

»Klar doch, Mann, Sie können auch einige aus unserer satanischen Clique treffen.«

»Du nimmst also an?« – »Ich nehme jede Herausforderung an, die Ihr Gott mir stellt.«

Zwischen Liebe und Haß

Zwei Wochen später traf ich Lars in der Vorhalle eines Hotels in Vancouver. Er sah seinem Bekenntnis entsprechend aus: langes, schwarzgefärbtes Haar, schwarze Kleidung und ein finsterer Blick. Aber in seinen Augen lag doch etwas Weiches und Freundliches, das seine großspurigen Worte Lügen strafte. Auf einen Arm hatte er die Worte eintätowiert: »Das Böse kennt keine Grenzen.« Auf dem anderen Arm stand nur: »Slayer.« Er wurde von seinem älteren Freund Ron, der ihn in den Satanismus eingeführt hatte, begleitet.

Zwei Stunden lang sprachen wir miteinander. Aber nicht über Gott und die Bibel, sondern über Sport, Essen, Wetter und seine größte Leidenschaft: Black Metal. Lars hatte einen »bibelzitierenden Fundamentalisten im grauen Anzug« erwartet. Und ich einen haßerfüllten, fluchenden Fünfzehnjährigen.

Lars meinte, ich sei »ein cooler Typ«. Und ich sah einen verletzten jungen Mann vor mir, der von seiner Mutter vernachlässigt worden war, weil sie ihn allein aufziehen mußte. Für Lars bot der Satanismus die Gelegenheit, seine unterdrückten Haßgefühle durch eine religiöse Rebellion zum Ausdruck zu bringen. Und Black Metal war der Kern seines Glaubensbekenntnisses.

»Was halten Sie von dem Album der Gruppe Metallica ›And Justice for All?‹ (Gerechtigkeit für alle?)«, fragte Lars. »Ist wenigstens nicht so schlimm wie ihre früheren Alben«, erwiderte ich. »Endlich singen sie mal über Themen, die gesellschaftliche Bedeutung haben.«

Durch solchen Small Talk brach das Eis. Allmählich wurde die Unterhaltung ernsthafter. »Ich kann gar nicht verstehen, daß Sie sich heute abend für mich freigenommen haben. Das hat noch nie jemand für mich getan.«

»Ich hab' dir doch gesagt, daß ich mir Gedanken über dich mache.« – »Vergessen Sie aber nicht – ich bin und bleibe Satanist«, erinnerte mich Lars. »Sie kennen mich nicht wirklich, sonst wären Sie nicht so nett zu mir. Ich tue viel Schlechtes. Meine Schulkameraden haben alle Angst vor mir, weil ich so aussehe und diese Sachen mache.«

»Lars, ich habe keine Angst vor dir. Seit unserem ersten Gespräch spürte ich, daß hinter all' den schrecklichen Dingen, die du gesagt hast, noch etwas anderes steckt. Und heute abend sehe ich Freundlichkeit in deinen Augen.«

Es war klar, daß Lars sich selbst zum Satanisten hochstilisiert hatte. Er gehörte keiner Loge an und benutzte den Haß nur als Ersatz für die Liebe. Ich hatte das Gefühl, ihn eventuell erreichen zu können.

Dann machte Lars einen ungewöhnlichen Vorschlag: »Können wir nicht ein Bild von uns beiden machen? Dann werden mir meine Freunde glauben, daß ich mich tatsächlich mit Bob Larson, dem Typen vom Radio, getroffen habe.«

Fast meinte ich hören zu können, wie Lars' Selbstschutzfassade einen Riß bekommen hatte, so daß ein erster Strahl der Liebe hindurchdringen konnte. Niemand bittet darum, mit jemandem fotografiert zu werden, den er haßt.

Wir lächelten für die Kamera, und Lars legte seinen Arm um meine Schulter. Es kam etwas in Gang. Ich mochte Lars wirklich, und er fing an, auch mich zu mögen.

Danach passierte das Entscheidende: Lars lächelte immer noch. Ich hatte ihm gezeigt, daß mir etwas an ihm lag, und das bedeutete viel für ihn. Im Gegensatz zu David, dem Slayer-Fan im ersten Kapitel, hatte Lars weniger Barrieren gegen den Erweis echter Zuneigung in sich aufgebaut.

»Werde ich Sie wiedersehen?« fragte er. »Ich hätte noch viele Fragen an Sie.« Was dann folgte, war eine ganz gewöhnliche Unterhaltung, in der Lars merkte, daß sein Lieblingsthema Satanismus völlig uninteressant wurde, sobald man sich ehrlich über Gefühle unterhält. Er fing an, mir zu vertrauen.

Wie erreichen wir jugendliche Satanisten?

In unserer gegenwärtigen Kultur umfaßt Satanismus mehr als eine offene Feindschaft gegenüber Gott. Musiker, Künstler und Showstars aus allen Bereichen, die die Natur des Menschen verherrlichen, stellen sich auf die Seite Satans. Anton LaVey, der Begründer der Satanskirche, weist ausdrücklich darauf hin, daß die Verherrlichung der ungezügelten Wünsche des Menschen und des eigenen Selbst gleichzusetzen sind mit der Personifizierung des Bösen. Deshalb gibt der Künstler, der in Wort oder Lied zu Wertfreiheit, oder gar pervertiertem und verbrecherischem Tun aufruft, damit dem Teufel die Ehre.

Auch Songs, die zu exzessivem Alkoholgenuß motivieren, sind destruktiv. Auch Lieder, die zur Übertretung moralischer Grundsätze oder zur Gewalt animieren oder komplexe Probleme simplifizieren, enttäuschen die idealistischen Erwartungen der Jugend. Wenn Ozzy Osbourne den Atomkrieg als »letzte und größte Sünde« deklariert, ignoriert er nicht zuletzt das Bedürfnis des Menschen nach einer persönlichen Lebensmoral, die sich auf christlichen Imperativen gründet.

Bei vielen Jugendlichen wird der Kassettenrecorder oder CD-Player im Kinderzimmer zum Altar des Bösen, der die Pläne des Teufels, in peitschende Rhythmen verpackt, zum Besten gibt. Natürlich wird ein normaler Fünfzehnjähriger nicht deshalb seinen Hund opfern, weil er eine Venom-CD gehört hat. Er wird nicht seine Seele an Satan verkaufen, weil er King Diamonds »The Power of the Universe« gehört hat. Nicht jeder Jugendliche, der Black Metal hört, wird irgendwann zum Satanisten. Und vielleicht beteiligen sich 90 % der Teenager nur deshalb an satanistischen Gepflogenheiten, weil es Mode geworden ist.

Aber ein einziger, der in den Sog des Bösen gerät, ist einer zuviel. Viele von denen, die der Faszination erliegen, kommen aus einem Elternhaus, in dem sie keine Wärme, keine echte Liebe kennengelernt haben. Sie sind in Familien aufgewachsen, in denen emotionale und geistliche Unterstützung fehlte.

Während meines ersten Telefonats mit Lars stellte ich ihm die entscheidende Frage: »Liebt dich jemand?«

»Bestimmt nicht«, erwiderte er bitter. »Ich hasse meine Eltern. Und ich hasse Gott! Satan ist der Feind Gottes. Und ich hasse alles, was Satan auch haßt. Ich will keine Liebe. Ich hasse die Liebe. Sie macht dich nur kaputt.«

»Lars, das stimmt nicht. Wir alle wollen Liebe. Jeder Psychologe kann dir das bestätigen. Liebe ist das fundamentalste Bedürfnis überhaupt.« – »Ich will nur von Satan geliebt werden«, erwiderte Lars.

Lars ist typisch für viele Teens, die Liebe durch Haß ersetzen. Allein erforschen sie die – aus gutem Grund – für Christen verbotenen, exotischen Bereiche des Okkulten. Black-Metal-Musiker nutzen ihre Ängste und Enttäuschungen aus und übermitteln blutige Botschaften der Verzweiflung und des Todes.

Seit ich Lars in Vancouver besucht habe, ruft er mich regelmäßig an. Inzwischen hat er sich vom Satanismus abgewandt und kämpft nun, der Liebe in seinem Leben Raum zu geben, denn wie unvollkommen auch sein mag, sie ist doch immer noch besser als zerstörerischer Haß.

In Lars' Leben gab es zwei Wendepukte. Der erste: Lars war mir wichtig genug, daß ich einen anderen Termin dafür sausen ließ – unsere Begegnung in Vancouver änderte seine Einstellung zur Liebe.

Eltern müssen sich die Zeit nehmen, sich die inneren Nöte ihrer Kinder anzuhören. Oft ist es schwierig, nach jahrelanger Funkstille ein Kind wieder zu erreichen. Aber wenn Ihr Kind spürt, daß Sie seine Ängste und Konflikte wirklich ernstnehmen, wird es sich nicht lange mit satanischen Dingen beschäftigen.

Die zweite Wende in Lars' Leben trat nach meiner Rückkehr von der Slayer-Tournee ein. Obwohl er den Satanismus aufgegeben hatte, hielt er weiterhin an seiner Black-Metal-Manie fest. Er hörte weiterhin Slayer und saugte ihre Texte täglich in sich auf.

»Was haben Sie herausgefunden, Bob? Beten sie wirklich Satan an? Ich habe gerade ein paar Kassetten von ihnen in der Hand. Ich kann mir nicht denken, daß alles nur Fassade sein soll. Sie können uns nicht verraten!«

»Doch, Lars, genau das tun sie«, offenbarte ich ihm. »Für sie ist es nur eine Masche, mit der sie Geld machen können. Ihnen ist egal, was aus denen wird, die aufgrund ihrer Musik mit satanischen Dingen herumexperimentieren.«

Da knirschte es. Ich hörte, wie etwas zertreten wurde. Dann war es still. Lars hatte die Kassetten zu Mus getrampelt. Er reagierte ähnlich wie David. Anderen Fans würde es genauso gehen, wenn sie wüßten, wie unbeteiligt sich die Slayers ein satanisches Image aufgebaut haben, nur damit die Kassen klingeln.

Als Eltern, Lehrer oder Seelsorger müssen wir den Teenagern sagen, daß sie den Black-Metal-Idolen, die als Poster an ihren Wänden hängen und von denen sie sich in ihren Walkmen die Ohren volldröhnen lassen, in Wirklichkeit egal sind. Die Stars singen von negativen Gefühlen, von Verzweiflung und Tod. Wenn das Konzert dann aber vorbei ist, zählen nur die Verkaufszahlen.

Die persönlichen Nöte und die geistliche Gefahr, in die sie ihre Fans bringen, interessieren die Musiker wenig. Die Fans zählen in der Statistik, weil sie sich wie Kühe melken lassen. Wir müssen den Teenagern helfen, aufzuwachen und zu erkennen, daß auch die Black-Metal-Musik eine großanlegte Täuschungsmaschinerie ist – bevor sie sich in etwas einkaufen, mit dem sie nur manipuliert werden sollen.

Viele enttäuschte Jugendliche suchen einen Ausweg aus ihrer vermeintlich hoffnungs- und perspektivlosen Situation. Für einige von ihnen scheint Heavy Metal die Antwort zu haben: Wer allgemein akzeptierte Normen aufs Gröbste verletzt, ist sich der Aufmerksamkeit anderer sicher. Er erhält Macht über die Maßstäbe von Moral und Gerechtigkeit. Indem er sich magischer und dämonischer Kräfte (wie im Black Metal) bedient, scheint er selbst die Naturgesetze zu beherrschen. »Ihr werdet sein wie Gott« (1. Mose 3,5), versprach die Schlange erfolgreich schon Eva im Paradies. Aber selbst der abgebrühteste Jugendliche weiß in seinem Innern, daß solche Macht nur für kurze Zeit befriedigen und ein absolut erbärmlicher Ersatz für Liebe und Geborgenheit sein kann.

Der Sog des Satanismus ist stark, weil er Grundinstinkten der gefallenen Schöpfung Raum gibt. Wer das nicht rechtzeitig erkennt und reagiert, liefert sich der Macht des Bösen aus und zerstört sich und andere.

Anmerkungen

1) Aus: »Hell awaits« der Gruppe Slayer, LP »Hell Awaits«, 1984.
2) Great Falls Tribune vom 14.2.1988, S. 4.
3) Hit Parader, Ausgabe 9/86, S. 48.
4) Vgl. die Annonce einer deutschen Black-Metal-Band; Materialdienst der EZW, 12/86; S. 352.
5) »Slayer denies Responsibility for Aussault«, Arcansas Democrat vom 30.5.87, S. 1.
6) Materialdienst der EZW, aaO., S. 352.
7) Spin, Ausgabe 10/88, S. 38.
8) Materialdienst der EZW, aaO., S. 351.
9) Harald Baer, in: Jugend und Gesellschaft, Ausgabe 4/88, S. 4.
10) Griffith, vol. 1, Nr. 5.
11) Materialdienst der EZW, aaO., S. 353.
12) »In Satan's Service«, Hit Parader, Ausgabe 10/88, S. 65.
13) »Led Zeppelin – The Second Coming?«, Hit Parader, Ausgabe 7/82, S. 7.

14) »The Rise and Fall of Led Zeppelin«, Rolling Stone vom 4.7.85, S. 34.
15) Materialdienst der EZW, 5/87, S. 148.
16) Aus: Circus vom 29.2.84, S. 74.
17) »Cult Murder Inquiry focuses at School«, The Toledo Blade vom 20.2.86.
18) Hit Parader, Ausgabe 2/85, S. 42.
19) US vom 21.5.84, S. 38.
20) »Parents Beware Black Metal Lyrics«, Associated Press, Meldung vom 9.9.88.

»Teufels«drogen

Eine Anruferin in meiner Talkshow, Nancy, gab erst auf Umwegen zu, daß sie etwas mit dem Satanismus zu tun hatte. »Ich brauche Hilfe, ich bin seit über zwei Jahren kokainabhängig«, begann sie.

»Wie kommst du an das Geld für die Drogen? Stiehlst du?«

»Ja«.

»Verkaufst du dich?«

»Natürlich. Meinen Sie, das reicht sonst?«

»Wissen deine Eltern, daß du abhängig bist?«

»Der Rektor hat es ihnen zwar gesagt, aber sie sagten nur, sie könnten's nicht ändern.«

»Verstehst du dich mit deinen Eltern?«

»Eigentlich nicht. Sie haben keine Zeit für mich. Das einzige Mal, daß sie mir sagten, daß sie mich mögen, war, als ich ziemlich in der Klemme saß.«

»Was für eine Klemme?«

»Die Polypen. Hatten mich geschnappt, weil ich 'ne Kanone bei mir hatte.«

»Und warum hattest du eine Pistole bei dir?« bohrte ich weiter.

Nancy antwortete nicht, aber ich hörte sie leise schluchzen.

»Weinst du?« fragte ich.

»Sie wollten doch vorher wissen, woher ich das Geld habe – meistens krieg' ich die Drogen umsonst. Ich kenne ein paar Kerle, die mit Satanismus zu tun haben. Wenn ich Drogen brauche, kommen sie vorbei. Sie nehmen mich mit und geben mir genügend zu trinken, damit ich mich vor ihnen ausziehe und mitmache.«

»Wobei?«

Nancys Stimme klang gepreßt: »Satanische Rituale, Opfermessen ...«

Die Morde von Matamoros

Daß Drogen und Satanismus oft etwas miteinander zu tun haben, stellte sich auch im April 1989 heraus, als in Matamoros an der mexikanisch-texanischen Grenze fünfzehn Leichen ausgegraben wurden. Dort hatte ein texanischer Drogenring fünfzehn meist junge Menschen Satan geopfert. Sie hofften, daß der Teufel sie deshalb vor der Polizei und ihren Kugeln beschützen würde.

Die Polizei beschrieb den Tatort als »menschliches Schlachthaus«. Sie entdeckten einen Kessel, in dem menschliche Knochen neben einem gehörnten Ziegenkopf im Blut schwammen. Die Köpfe der Opfer waren aufgeschlitzt und das Gehirn herausgeholt worden. Bevor die Körper vergraben wurden, wurden am Rückgrat Drähte befestigt, damit man die Knochen später herausziehen und für eine Halskette verwenden konnte.

Die Tat kam ans Licht, als der einundzwanzigjährige Student Mark Kilroy entführt und geopfert wurde. Er war zuletzt während der Frühjahrssemesterferien auf einer Party mit Freunden gesehen worden. Seine Eltern suchten ihn wochenlang und verteilten mehr als zwanzigtausend Handzettel mit der Aussicht auf eine Belohnung von 15.000 Dollar für verwertbare Hinweise.

Als die Wahrheit über die Mordserie schließlich herauskam, sagte Mrs. Kilroy: »Die Tatverdächtigen müssen vom Teufel besessen sein. Nur so kann ich ein solch unmenschliches Handeln erklären.«

James Kilroy sagte vor der Presse, der Tod seines Sohnes zeige, daß selbst gelegentlicher Drogenkonsum unter Umständen tödliche Folgen haben kann. »Das Marihunana hat Mark den Tod gebracht«.[1]

Den Justizminister von Texas, der mit der Untersuchung der Verbrechen in Matamoros beauftragt war, fragte ich nach einer Verbindung zwischen Drogen und dieser schrecklichen Tragödie.

»Durch Drogengeld kam der Kultführer zu Wohlstand und Charisma, so daß andere junge Männer angesteckt wurden. Durch satanistische Methoden gelang es ihm, sie in seinen Bann zu ziehen. Als Christ glaube ich, daß die Mörder vom Teufel besessen waren.«

»Herr Mattox, Sie haben selbst mit den Verdächtigen gesprochen. Was sind das für Menschen? Was ging in ihnen vor?«

»Ich weiß es nicht. Sie kamen aus guten Familien. Einer leitete eine Fußballmannschaft. Eine Frau war Aerobic-Trainerin. Sie haben sich alle so verhalten, wie man es von ihnen erwartete und schienen liebenswürdig, freundlich und großzügig«, erwiderte Mattox.

»Was ich in Mexiko gesehen habe, ist Wahnsinn«, fügte er hinzu. »Ich mache mir Sorgen über den wachsenden Einfluß des Satanismus. In einer zivilisierten Gesellschaft muß so etwas verboten werden.«

Der Zusammenhang zwischen Satanismus und Drogen

Drogen und Satanismus stehen schon seit Jahrhunderten in engem Zusammenhang. Archäologen stellten bereits bei präkolumbianischen Kulturen eine enge Verbindung fest zwischen der Einnahme von Drogen und der Pflege von Sadismus, Terrorismus und Menschenopfern. Auch die mittelamerikanischen Volksreligionen der Majas und Azteken forderten Menschenopfer und benutzten Drogen, um die Opfer apathisch zu machen.

Drogen setzen natürliche Hemmschwellen im Menschen herab. Zudem sind Drogenabhängige in finanziellen Nöten, um ihren wachsenden Bedarf an Nachschub zu sichern. Beide Tatsachen machen sich sadistisch-pervertierte, satanistisch-orientierte Gruppen zunutze. Die meist jugendlichen Opfer werden oft systematisch aufgesucht, mit Stoff versorgt und stufenweise in satanistische Zeremonien eingeführt, die jeweils eigene Initiationsriten kennen. Die Auswirkungen des Drogenmißbrauchs in Verbindung mit diesen Riten sind die einer Gehirnwäsche. Paradoxerweise fordern die Kulte von ihren Mitgliedern unbedingte Loyalität, auch wenn sich die teuflische Philosophie auf moralisch-ethische Anarchie gründet. Durch Drogen werden die Satansjünger abhängig und gefügig gemacht und können sich ohne Hilfe von außen nicht mehr aus ihrer Bindung an den Teufel lösen.

Die in Drogen enthaltenen Substanzen verändern das Gehirn und nehmen – in Verbindung mit der oft charismatischen Persönlichkeit eines einflußreichen Kultführers – die Satanisten völlig gefangen. In den meisten Fällen nehmen die Kultleader selbst keine Drogen. Sie könnten sonst leicht die Gewalt über ihre Mitglieder verlieren. Im nüchternen Zustand können sie dagegen gezielt manipulieren.

Das Verlockende am Satanismus ist das egoistische Ausleben der eigenen Wünsche – der gleiche Impuls, der auch viele zu Drogen greifen läßt. So entsteht ein unheiliger Bund zwischen Drogen und dem Teufel. Nicht wenige Satanisten geben, nachdem sie sich dem Teufel ganz hingegeben haben, den Drogenkonsum auf, weil die Satansanbetung ihnen effektivere und anhaltendere Befriedigung verschafft als psychoaktive Substanzen.

Larry Jones, seit 18 Jahren Kriminalbeamter und Leiter des »Cult Crime

Impact Network«, ist der festen Überzeugung, daß Drogen und Satanismus untrennbar miteinander verbunden sind.

Ich schilderte ihm, was ich von Nancy gehört hatte. Obwohl er keine Einzelheiten kannte, konnte er ihre Situation sofort erfassen:»Wenn eine satanistische Gruppe jemanden mit Drogen versorgt, ist es einfacher, zu ihren Treffen zu gehen als den Stoff zu stehlen. Daraus wird ein Teufelskreis: schließlich braucht derjenige den Stoff schon als Betäubungsmittel, damit er überhaupt aushalten kann, was er in dieser Gruppe aushalten muß.«

Nancy hatte erklärt:»Ich konnte das, was ich zu sehen bekam, nur aushalten, indem ich noch mehr Drogen nahm. Ich war so high, daß ich gar nicht mehr mitbekam, was passierte. Irgendwie schaffte ich es dann immer nach Hause und landete im Bett. Erst hinterher wurden mir die furchtbaren Dinge bewußt, die ich gesehen hatte.

Jones kommentierte dazu:»Jeder normale Mensch empfindet es als abscheulich, Blut zu trinken, aber genau das wird von manchen Kulten verlangt, wenn man ihnen beitreten will. Durch Drogen wird auch das Unvorstellbare möglich. Oft müssen sich neue Mitglieder auch Schnittwunden zufügen oder sich selbst foltern, um ihre Hingabe an den Teufel zu beweisen. Drogen helfen ihnen, den Schmerz auszuhalten.

Wer dann einmal Mitglied geworden ist, braucht noch mehr Drogen, um die Mystik der Zeremonien zu steigern«, erklärte Jones und gab den Rat:»Da solche Gruppen sich in letzter Zeit rasend schnell ausgebreitet haben, ist es umso wichtiger, daß sich Jugendliche nie, vor allem nicht auf irgendwelchen ›harmlosen‹ Parties zum Drogenkonsum überreden lassen. Mancher dufte Kumpel, der immer Drogen zur Verfügung hat, könnte auf diese Weise versuchen, andere in den Satanismus mit hineinzuziehen. Und je mehr Drogen man nimmt, desto weniger klar kann man denken. Man wird immer unvorsichtiger und merkt nicht, wohin man geführt wird.

Sean Sellers

Sean Sellers wurde zum Satanisten ohne Drogen und tötete drei Menschen, deren Geschichte im nächsten Kapitel erwähnt wird.

Von seiner Todeszelle in Oklahoma aus rief er unsere Talkshow an und sagte zu den Zuhörern:»Ich war froh über meinen Verstand und meinen Körper und wollte sie nicht mißbrauchen. Aber nachdem ich Satanist geworden war, veränderte ich mich. Ich nahm die Haltung an: ›Tu, was dir ein gutes Feeling gibt.‹

Den ersten Trip hatte ich nach einem Ritual. Mit einigen Freunden rollte ich Marihuana-Joints. Da ich das Zeug noch nie geraucht hatte, schlug es eine wie eine Bombe. Ich war wie betrunken. Der ganze Raum fing sich an zu drehen.«

»Hast du auch andere zu Drogen animiert?«

»Nein, ich weiß, daß manche das machen, aber bei mir sollten alle alles freiwillig tun. Niemandem wurden Drogen aufgezwungen, aber sie waren immer zu haben. Schließlich war ich fast immer high – auf Parties, in der Schule – Speed, Crack usw. Mich haben nicht die Drogen zum Satanismus gebracht, sondern der Satanismus zu den Drogen.«

Drogenbabys

Einer der Menschen, die ich am meisten schätze, ist Mutter Clara Hale aus Harlem, New York. Mutter Hale ist eine achtzigjährige schwarze Dame, die inmitten des New Yorker Stadtghettos lebt, das aussieht wie das ausgebombte Berlin nach dem Krieg. Trotz der schmucklosen Umgebung spürt man in ihrem Kinderheim mehr Liebe als sonstwo auf der Welt. Diese Frau, die auch von Ex-Präsident Ronald Reagan geehrt wurde, kümmert sich um die Verstoßenen der Gesellschaft, um winzige Babys von drogenabhängigen Müttern.

Die Babies sind von Geburt an drogenabhängig. Wenn andere Kinder ihre ersten Zähne bekommen, leiden sie noch unter Entzugserscheinungen. Mutter Hale lud mich in ihr Heim ein, damit ich mir ein Bild von ihrer unglaublichen Arbeit machen könnte. Ich kniete mich nieder und nahm eines ihrer Kleinen in die Arme, das nicht größer als eine Puppe war. »Dieses Baby kam zu uns, als es nur einige Tage alt war. In den ersten sechs Wochen schlief es jede Nacht in seinem Bettchen in meinem Schlafzimmer. Manchmal starrt der kleine Junge nur in die Luft, und dann weiß ich, daß er furchtbare Schmerzen hat. Sein Gehirn ist für immer geschädigt, weil seine Mutter Crack nahm.«

Mutter Hale deutete auf ein kleines Mädchen spanischer Abstammung. »Sehen Sie, wie ihr Kopf immer auf eine Seite fällt? Sie nickt immer wieder ein wie ein erwachsener Kokainabhängiger.«

Mutter Hale bemerkte meine Bewegung, drückte mich und sagte: »Oft müssen wir sie aufwecken, bevor sie einschlafen. Sonst schlafen sie für immer ein. Vor ein paar Tagen starb eines in meinen Armen.«

Am gleichen Tag besuchte ich noch das Krankenhaus in Harlem, das die weltweit größte Abteilung für aids-infizierte Kinder besitzt. Die Stationsärztin, Dr. Margaret Heagarty, zeigte mir Reihen von Kinderbettchen, in denen sterbende Kinder lagen, Kinder mit Aids, weil ihre Mütter spritzten. Man ließ sie so friedlich wie möglich sterben.

Ein spindeldürres Kind versuchte, sich in einer Gehhilfe fortzubewegen. Seine Augen starrten wild in die Gegend. »Hier hat schon der Schwachsinn eingesetzt«, erklärte Dr. Heagarty.

Viele lagen unter Sauerstoffzelten und taten unter der liebevollen ständigen Überwachung der Schwestern ihren letzten Atemzug. Ich sah eines von ihnen sterben. Der Atem wurde immer langsamer ...

»Seine Mutter injizierte Kokain«, erklärte Dr. Heagarty. »Sie konnte sich nicht um ihn kümmern und überließ ihn deshalb uns. Früher bekamen wir die Kinder, wenn sie sechs oder sieben Monate alt waren, aber jetzt bringt man sie uns gleich nach der Geburt. Jedes zehnte Baby, das hier im Zentrum New Yorks geboren wird, ist drogenabhängig.«

Mit dem Mut einer Ärztin, die direkt an der Front kämpft, sagte Dr. Heagarty im ernsten Ton:»Als Gesellschaft werden wir einmal danach gerichtet werden, wie wir die Unschuldigsten und Schwächsten unter uns behandeln.«

Was tun, wenn Drogen im Spiel sind?

Es ist nicht die Absicht dieses Kapitels, Eltern in Aufruhr zu bringen, die ohnehin völlig verstört sind, weil sie entdeckt haben, daß ihr Kind mit Drogen zu tun haben könnte. Der Schluß, daß damit gleichzeitig auch Satanismus im Spiel ist, wird in vielen Fällen falsch sein und kann mehr schaden als nutzen. Dennoch gibt es einige konstruktive Schritte, die Eltern unternehmen können, wenn sie bei einem ihrer Kinder eine Affinität zu Drogen vermuten.

Obwohl der Konsum harter Drogen auch in Europa in den letzten Jahren wieder stark angestiegen ist, hat die Mehrzahl der Teenager nach wie vor keine Probleme mit illegalen Stoffen. Die gefährlichste und auch unter Teenagern am weitesten verbreitete Droge dagegen ist der Alkohol, der nicht zuletzt in der Familie allzu sorglos konsumiert wird. Statistischen Erhebungen zufolge leben in der Bundesrepublik Deutschland etwa 1,8 Millionen Alkoholkranke, 450.000 – 800.000 (!) Medikamentenabhängige und 60.000 – 85.000 Drogenabhängige. Umgerechnet kommen auf je 100.000 Einwohner ca. 3.000 Alkoholkranke, ca. 1.200 Medikamenten- und ca. 110 Drogenabhängige.[2]

Schon die Werbung verbindet in fahrlässiger Weise Alkohol mit schönen Frauen und sportlichen Männern. Kaum eine Party findet ohne Alkohol statt. Vereine animieren ihre Jugendlichen nicht selten zu extensivem Alkoholkonsum. Jedes kleine Unwohlsein führt zum Griff nach der Tablette. Schon Schulkinder nehmen regelmäßig irgendwelche »Fitmacher«. Durch solche Gepflogenheiten wird unsere Wachsamkeit gegenüber Genußmitteln, die zu Mißbrauch führen können, abgeschwächt.

Aus einer amerikanischen Untersuchung geht hervor, daß 50 % der Teenager dort irgendwann einmal Drogen probiert haben – oft nur so zum Spaß. Davon sagten 23 %, daß Gleichaltrige sie dazu überredet hätten. 15 % gaben Fluchtmotive als Grund für den Konsum an, 10 % sagten, daß sie einfach alles satt gehabt hätten, und 4 % meinten, sie seien dazu gekommen, weil die Drogen »eben da gewesen« seien.[3]

Auch wenn die Aufklärungsprogramme der meisten Schulen Kinder und Jugendliche hinreichend über illegale Drogen informieren – die meisten Eltern wissen noch erschreckend wenig darüber –, zuwenig, um von ihren Kindern als ernstzunehmende Gesprächspartner akzeptiert zu werden.

Dazu gehört v.a., daß den Eltern die Namen der geläufigsten Rauschmittel und ihre Wirkweise bekannt sind:

Haschisch (»pot«, »Shit«) / **Marihuana** (»Gras«, »Heu«, »Tea«, »Kiff«, »pot«): Wird aus dem Harz bzw. gehackten Teilen des indischen/amerikanischen Hanfs (cannabis sativa) hergestellt. Die wirksamen Bestandteile, Abkömmlinge des Cannabinol, befinden sich in einem harzartigen Sekret, das von Drüsenhaaren an Blüten, Blättern und Stengeln ausgeschieden wird. Haschisch und Marihuana werden v.a. in Form von Zigaretten geraucht (Joint) oder in Tee oder Kaffee konsumiert. Sie gelten als Einstiegsdroge, da die Hemmschwelle gegenüber stärker wirkenden Rauschmitteln herabgesetzt wird. Cannabis führt zu Sinnestäuschungen, die auch noch Tage nach dem eigentlichen Rausch zu Fehlhandlungen führen können (lange Abbauphase). Eine irreversible Schädigung des Kurzzeitgedächtnisses ist je nach Konstitution wahrscheinlich.

Kokain/Crack (»Koks«, »Coke«): Wird aus den Blättern des Kokastrauchs gewonnen, der v.a. in Bolivien, Kolumbien und Peru angebaut wird. Reines Kokain wird geschnupft, geraucht oder injiziert. Es wirkt lokal schmerzstillend, gefäßkontrahierend und schleimhautabschwellend; zentral steigert es die Gehirnaktivität und wirkt stimulierend. Als »Künstlerdroge« oft verharmlost. Verunreinigtes Kokain kann schwere Krampfzustände bis ihn zum Herzstillstand verursachen. Schon nach kürzester Zeit besteht häufig eine extrem starke psychische Abhängigkeit, die zum raschen körperlichen Zerfall führt.

Die als Modedroge »Crack« bekanntgewordene, mit einfachen Mitteln aus Backpulver herzustellende Form des Kokains (Cocain-Base) ist in ihrer halluzinogenen, abhängigkeitsfördernden und zerstörerischen Wirkung dem reinen Kokain noch um vieles überlegen.

LSD (Lysergsäurediäthylamid, »Acid«): Eine synthetische, organisch-chemische Verbindung, die v.a. dadurch bekannt wurde, daß Ende der 60er Jahre an verschiedenen amerikanischen Universitäten Langzeitversuche über ihre Wirkung an Studenten durchgeführt wurden. LSD führt zu schizophrenieähnlichen psychotischen Zuständen mit optischen und akustischen Halluzinationen. Seine Wirkung kann nur sehr schwer abgeschätzt werden. »Horrortrips« sind relativ häufig. Die anfängliche Hochstimmung kann sehr schnell in Angstzustände und Depressionen übergehen. Noch Wochen und Monate nach der letzten Einnahme können sich in den gefürchteten »Flash-backs« Wahnvorstellungen wieder einstellen.

LSD wird in Tablettenform gehandelt, zerstoßen und geschluckt.

Angel Dust (PCP; Phencyclidin): Synthetisches Halluzinogen, das im Ruf steht, aggressiv zu machen. Es führt zu Schmerzunempfindlichkeit und damit auch manchmal zu Selbstverletzungen. In der Szene auch als Graveyard oder Loveboat bekannt. Angel Dust wird meist geraucht, kann aber auch inhaliert, injiziert oder geschluckt werden. In der Bundesrepublik ist PCP v.a. als Beimischung zu Haschisch und Marihuana im Umlauf.

Uppers: Stimulierende Substanzen wie Amphetamine, Antidepressiva u.ä. Die meisten dieser Stoffe unterliegen nicht dem Betäubungsmittelgesetz und sind daher relativ einfach zu beschaffen. Kombiniert oder in hoher Dosis angewandt ist ihre Wirkung oft unkalkulierbar (Speed, Black beauties, Football, Pep pills ...).

Downers: Tranquilizer, Schlaf- und Beruhigungsmittel, in Kapsel- oder Tablettenform. Führen in höherer Dosis zu Wahrnehmungsstörungen bis hin zum Koma. Gehandelt werden sie unter Namen wie Blue/Red Devils, Yellow Jackets (Benzooliazepine, Methaqualon, Codein ...).

Designer-Drogen: In Privatlaboratorien hergestellte synthetische Drogen, die sich meist nur an einem einzigen Punkt in ihrer Molekülstruktur von ihren Vorbildern unterscheiden, um damit der Illegalität zu entgehen. Das Ergebnis ist in vielen Fällen stärker als die Ursprungsdroge. Bekannt sind Designer-Drogen unter so klingenden Namen wie Ecstasy, China White. Gehandelt werden v.a. Amphetaminderivate (MDA, MDMA), die in ihrer Wirkungsweise Ähnlichkeit mit Meskalin haben, STP oder DOM und Fentanyl- und Mepericlin (Dolantin)-Analoga.

Opium/Morphium/Heroin: Opium, der getrocknete Milchsaft des Schlafmohns, wird v.a. in Asien viel verwendet. Es enthält etwa 12 – 15 % Morphin sowie einige andere Alkaloide, die z.T. ebenfalls in der Medizin Verwendung finden (z.B. Codein). Morphium ist reines

Morphin, das in seiner Wirkung als starkes Schmerzmittel bis heute unübertroffen ist. Heroin ist ein leicht herzustellendes, halbsynthetisches Morphinderivat, das im Körper rasch zu Morphin abgebaut wird, aber eine bessere Rauschwirkung erzielt. Seine Anwendung in der Medizin ist nicht erlaubt. Heroin (»H«) führt, ob geschnupft (»sniffen«) oder injiziert, in kürzester Zeit zu stärkster psychischer und physischer Abhängigkeit. Wird kein Stoff mehr zugeführt, treten Entzugserscheinungen in Form von Unruhe, Nervosität, Schlaflosigkeit, Schüttelfrost, Schweißausbrüchen, Erbrechen, Krämpfen und starken Schmerzen auf. Die Notwendigkeit immer höherer Dosierung führt nach und nach zum völligen körperlichen Zerfall.

Folgende Anzeichen können auf Rauschgiftkonsum hinweisen – müssen es aber nicht!

Aussehen: blaß, ungesund, verfärbte Haut, Gelbsucht.

Augen: gerötet oder feucht, verengte bzw. unnatürlich erweiterte Pupillen.

Verhalten: schläfrig, apathisch oder reizbar, ruhelos, nervös.

Befinden: Schmerzen, Jucken, Gänsehaut, Übelkeit, Durchfall, außergewöhnliches Schwitzen.

Sonstiges: langärmlige Kleidung, um Einstichstellen zu verbergen, starke Gewichtsabnahme.

Ein Problem, mit dem Eltern drogenkonsumierender Jugendlicher immer wieder konfrontiert werden, ist der Mythos, daß man Drogen ja auch »verantwortungsbewußt« nehmen könne. In den Köpfen mancher Jugendlicher spukt tatsächlich die Vorstellung, man könne Drogen gefahrlos zu sich nehmen, wenn man es nur mäßig und nicht zu häufig tue. Die Grenze wird individuell gezogen, man paßt eben auf, daß man »nicht süchtig« wird. Drogen sind Teil einer angenehmen Freizeitgestaltung. Es ist offensichtlich, daß hier aufgrund einer höchst subjektiven Definition von Sucht die wahren Gefahren für die Gesundheit übersehen werden.

Was können Eltern tun?
– Hinterfragen Sie ihre eigenen Gewohnheiten und Einstellungen zu Genußmitteln wie Alkohol, Nikotin, Kaffce etc. In welcher Weise werden die Kinder damit konfrontiert?
– Informieren Sie sich: Wo sind Ihre Kinder den Gefahren von Alkohol und Drogen ausgesetzt? Sprechen Sie mit Ihren Kindern darüber.
– Scheuen Sie sich nicht, eine oder mehrere Beratungsstellen aufzu-

74

suchen, sobald Sie irgendwelche Verdachtsmomente haben (Drogen- oder Suchtberatung, Jugendamt, Elternkreis für Suchtgefahren[4], Erziehungsberatung). Die Anschriften finden Sie in jedem örtlichen Telefonbuch. Fragen Sie notfalls bei Ihrer Krankenkasse nach.

– Selbstgerechte Ermahnungen in jeder Form sind fehl am Platz. Nehmen Sie die Nöte Ihrer Kinder ernst und versuchen Sie, die Gründe für einen evtl. Drogenkonsum herauszufinden. Das ist nicht einfach, denn es kann bedeuten, daß man zugeben muß, als Eltern versagt zu haben!

Wer sich diesen Fragen ehrlich stellt, ist bereit, konstruktiv zu handeln, um Teenager von den Drogen wegzubringen und sie damit evtl. vor dem Einstieg in den Satanismus zu bewahren. Aber das Problem erledigt sich nicht von selbst und ist in den meisten Fällen nicht ohne Hilfe von außen zu lösen. Der größte Fehler, den Eltern machen können, ist, aus welchen Gründen auch immer, abzuwarten und die Augen zu verschließen.

Je eher das Problem angepackt wird, desto erfolgversprechender ist eine Therapie. Leider gibt es in der Bundesrepublik Deutschland noch immer viel zu wenig gute christliche Therapiezentren, die neben dem körperlichen und psychischen Entzug auch neue Hoffnung und Perspektive vermitteln können.[5]

Drogenmißbrauch ist im Normalfall ein Symptom, nicht die Ursache für Probleme. Vielleicht fehlen in der Familie Liebe und Geborgenheit. Vielleicht fühlt sich ein Kind nur subjektiv in einer schweren Phase alleingelassen und vernachlässigt, oder es fällt allen Beteiligten schwer, miteinander zu reden. In vielen Familien sind sozialer Status und Ansehen so wichtig, daß die Kinder aus Protest alle moralischen Konventionen ablehnen. Das beste ist, wenn Eltern in ihrem geistlichen Leben ein Vorbild sind, ohne den Jugendlichen ihren Glauben aufzuzwingen. Das Beispiel der Eltern muß überzeugend sein. Dazu gehört auch, daß Schwächen und Fehler zugegeben werden.

Wichtig für den Zusammenhalt in der Familie sind gemeinsame Unternehmungen – was gerade in der Pubertät oft sehr schwierig sein kann. Trotzdem sollten Eltern wissen, was ihre Kinder in ihrer Freizeit tun. Sinnvolle Beschäftigungen, Jugendaktivitäten in der Gemeinde, bei denen Lebens- und Überlebensfragen genauso zum Zug kommen wie das Bedürfnis nach Spaß, Sport und Spiel, sind präventiv sicher am sinnvollsten. Kontakte zu Freunden, die Drogen nehmen, sollten, sofern irgend möglich, unterbunden bzw. abgebrochen werden. Wenn Eltern und Kinder gemeinsam danach suchen, finden sich oft auch Alternativen etwa zum Besuch eines Heavy-Metal-Konzerts, bei dem Drogen in jeder Form angeboten werden.

Immer wieder jedoch wird es Fälle geben, in denen Eltern machtlos sind, sei es, weil das Kind sich weigert, den abgebrochenen Kontakt wiederaufzunehmen und aktiv mitzuarbeiten, oder weil die Abhängigkeit schon zu weit fortgeschritten ist. Dann müssen Eltern lernen, ihr Kind vertrauensvoll in Gottes Hände zu geben.

Anmerkungen

1) »USA Today«, vom 13.4.89, S. 3. Der Fall »Matamoros« wurde auch in deutschen Zeitungen groß herausgebracht und war u.a. Anlaß, die Diskussion um eine Strafrechtsänderung wiederaufzunehmen. Bislang werden satanistisch-motivierte Straftaten nicht gesondert geahndet, die Verbreitung satanischer Ideologie und die Durchführung schwarzer Messen sind gemäß Art. 4 GG (Religionsfreiheit) erlaubt, sofern nicht andere Straftatbestände gegeben sind (ex. § 176 StGB: sexueller Mißbrauch von Kindern; § 177 StGB: Vergewaltigung; § 211 StGB: Mord/Beihilfe zum Mord; § 168 StGB: Grabschändung ...). Kein Artikel aber verbietet es, Kindern mit der grausamen Rache Satans zu drohen, falls sie Einzelheiten über bestimmte Vorgänge weitererzählen. Nicht einmal die Tatsache, daß Jugendliche durch physischen oder psychischen Druck gezwungen werden, Blut, Urin oder Exkremente zu schlucken, kann strafrechtlich angemessen verfolgt werden.
2) Infodienst der DHS (Deutsche Hauptstelle für Suchtgefahren, November 1989, S. 4).
3) Chris Lutes: »What Teenagers are saying about Drugs and Alcohol«, Tyndale House, Inc. Wheaton, Ill., 1988, S. 247.
4) Adressen und Auskünfte können auch erfragt werden bei der Deutschen Hauptstelle für Suchtgefahren, Postfach 13 69, Westring 2, 4700 Hamm.
5) Christliche Therapiezentren in der Bundesrepublik, der Schweiz und Österreich haben sich zusammengeschlossen zur »Arbeitsgemeinschaft christlicher Lebenshilfen«. Dennoch arbeitet jedes Haus unabhängig und nach eigenen Richtlinien. In folgenden Häusern wird eine Intensivbetreuung Drogenabhängiger angeboten:

1000 Berlin 51, Teen Challenge-Haus, Rütli Str. 51, 030/4 56 55 65
2000 Hamburg 55, Haus Dynamis, Godeffroy-Str. 9, 040/86 98 44

3000 Hannover 1, Neues Land, Steintorfeldstr. 11, 04242/7 03 45
3030 Walsrode 11, Therapiezentrum Krelingen, 05167/2 96
3057 Neustadt 1, Haus der Gnade, Wiesenstr. 17, 05032/13 24
3308 Glentorf, Projekt Kaffeetwete, zum Schuntertal 11,
05365/23 02
3500 Kassel 42, EC-Seelsorgezentrum, Töpfenhofweg 30,
0561/4 20 56
3509 Malsfeld, Gruppe Hoffnungsquelle, Mühlenstr. 21,
05664/80 93
3563 Dautphetal, help center e.v., Buchenau, 06466/75 50
3583 Wabern 5, Hoffnung für dich, Schloß Falkenberg,
05683/80 41
4173 Kerken, Eickmannshof, Hoog-Poelycker-Str. 2, 02831/8 81 43
5330 Königswinter 21, Haus Maranatha, Burg Niederbach,
02244/45 02
5545 Auw, Christl. Jugendhilfe Eifel, Altes Kloster, 06552/52 08
5232 Ziegenhain, Wasser des Lebens e.V., Hauptstr. 14,
02685/72 97
5880 Lüdenscheid, Haus Wiedenhof, Bahnhofstr. 22, 02351/2 16 25
6000 Frankfurt 1, Lebenswende, Wolfgangstr. 14, 069/55 62 13
6257 Hünfelden 7, Teen Challenge-Großfamilie, 06438/33 90
6900 Heidelberg 1, Jugendzentrum Neues Leben, Bergheimer Str.,
06221/1 23 50
7119 Metzdorf, Teen Challenge Stuttgart, Schlößle, 07947/77 44

In Satans Diensten

Maßlose Gewalt

»»Mit Gott will ich nichts zu tun haben! Und mit Christus erst recht nicht! Ich diene nur Satan! Heil Satan!‹ Diese Worte habe ich mit meinem eigenen Blut geschrieben. In jener Nacht habe ich während eines Rituals einen Pakt geschlossen und die Geister angerufen, sie mögen in meinen Körper kommen, während ich schlafe. Ich hatte einen Traum, in dem ich meine Eltern tötete. Als ich jedoch aufwachte, war es nicht nur ein Traum. Es war Wirklichkeit.«

Von anderen Anrufern hatte ich schon Ähnliches gehört und mich gefragt, ob man solche Geschichten glauben könnte. In diesem Fall war der Anrufer jedoch Sean Sellers, der 1986 im Alter von sechzehn Jahren des dreifachen Mordes überführt wurde. Er ist (das Urteil war bis Ende 1989 noch nicht vollstreckt) der jüngste Todeszelleninsasse im Staatsgefängnis von Oklahoma.

Ein Hörer unserer Talkshow nahm mit dem Gefängnisgeistlichen Kontakt auf und bat ihn, eine Sprecherlaubnis für Sean zu erreichen. Dann rief er uns an, ob wir auch zu einem Gespräch bereit wären.

Ich war sehr daran interessiert, Sean kennenzulernen und willigte ein. Über seinen dreifachen Mord hatte ich vieles gelesen. Sein erstes Opfer, einen Kaufhausangestellten, tötete er am 8. September 1985. Der Angestellte, Robert Bowers, hatte sich geweigert, Sellers und seinem Begleiter, Richard Howard, Bier zu verkaufen. Daraufhin entwendete Howard die 357-Magnum seines Großvaters und brachte zusammen mit Sean Robert Bowers zur Strecke. Sean schoß einmal und verfehlte. Er schoß noch einmal und verfehlte wieder. Bowers versuchte zu fliehen, aber Howard versperrte ihm den Weg. Der dritte Schuß traf schließlich. Sean und Richard verließen das Geschäft, ohne Geld oder Ware mitzunehmen – sie wollten nur das Leben des Mannes, der ihnen widersprochen hatte.

Am 5. März 1986 erschoß Sean seine Eltern. »Ich hatte eine Stinkwut auf sie (meine Eltern) wegen einem Mädchen«, berichtete Sean. »Ich machte meine abendliche satanische Andacht, bei der ich immer schwarze Unterwäsche und einen schwarzen Umhang mit Kapuze anzog. Ich zündete Kerzen und Weihrauch an. Dann rief ich meinen Hauptgeist, Ezurate, an und schlief ein.

Ich kann mich an nichts erinnern bis zu dem Zeitpunkt, als ich ihr Schlafzimmer betrat. In der Hand hatte ich den 44er-Revolver meines Stiefvaters. Mir ist bis heute nicht klar, wie ich an den herangekommen bin. Ich schoß beiden durch den Kopf.

Dann verließ ich das Schlafzimmer. Kurz darauf ging ich zurück und machte das Licht an. Ich stand vor meiner Mutter und sah zu, wie das Blut aus ihrem Kopf ins Kissen floß. Da mußte ich lachen. Es war ein Gefühl, als ob mir ein Felsbrocken von den Schultern genommen wäre – wie wenn man eine schwere Last absetzt.«

Seans Geschichte mag nicht zuletzt aufgrund seines jugendlichen Alters tragisch erscheinen, aber seine methodische Beschäftigung mit Satan und die absolute Kaltblütigkeit, mit der er mordete, sind nicht untypisch in der Geschichte des kriminellen Satanismus.

Pete Roland war ein großer, dunkelhaariger und gutaussehender junger Mann. Jeder mochte seine nette Art. Am 6. Dezember 1987 fuhren er und drei weitere Jungs – James Hary, Ron Clements und Steven Newberry – in ein Waldgebiet in der Nähe von Carl Junction, Missouri. Sie opferten eine Katze zur Ehre des Teufels. Plötzlich wandten sich die drei gegen Steven Newberry.

»Ein Opfer für Satan«, sangen sie. Angsterfüllt begann Newberry zu rennen. Die drei nahmen die Baseballschläger, die ein Teil des Rituals gewesen waren, und fingen an, wie wahnsinnig auf ihren Kameraden einzuschlagen. Ein Schläger brach dabei in Stücke. Dann zerrten Pete und seine Freunde den Leichnam zu einer Zisterne – »dem Brunnen der Hölle«. Zusammen mit der toten Katze warfen sie ihn hinein.

Einer der Baseballschläger gehörte Ron Clements und trug die Aufschrift »ultraviolence stick«; der Ausdruck stammt aus dem Kinoschlager: »A Clockwork Orange« über gewalttätige Banden in England.

Als alles vorbei war, sagte Pete, hätten sie erwartet, daß der Teufel erscheinen und ihnen große Macht verleihen würde. Statt dessen bekamen er und seine beiden Freunde lebenslänglich ohne die Möglichkeit der Begnadigung.

Im Gerichtssaal wurde den Geschworenen eine Schachtel mit Pete Rolands kostbaren Besitztümern gezeigt: ein satanisches Notizbuch mit dämonischem Gekritzel, ein geschnitzter Schädel mit durchgetriebenen Nägeln, diabolisch aussehende Rockposter und Albumcovers. Clements Verteidiger führte an, daß die Lieblingsband seines Mandanten »Megadeth« gewesen sei. Sein Lieblingslied sei »Black Friday« gewesen, in dem es unter anderem heißt: »Mein Hammer ist ein kaltes Stück von blutigem, tödlichem Stahl. Ich grinse nur, während du dich in den Schmerzen windest, die ich dir zufüge. Ich zerstückle ihre Gesichter bis zur Unkenntlichkeit.«[1]

In einem anderen tragischen Fall rief der 16jährige Derek Shaw seine Freundin an, als deren Eltern außer Haus waren, und erzählte ihr, daß er in der Nacht zuvor von Satan besucht worden sei. Der Teufel sei in einem blauen Licht erschienen und habe seine Seele gefordert. Nach dem Telefonat befahl er seinem achtjährigen Halbbruder, die Augen zu schließen, während er in das Schlafzimmer seiner Eltern ging und das Jagdgewehr seines Stiefvaters holte. Er nahm das Gewehr mit in sein Zimmer und schoß sich in den Mund. Dereks Eltern hatten den Mut, die Presse über Einzelheiten zu informieren. Sie gaben seiner seit zwei Jahren andauernden Faszination an Satansanbetung und ritueller Gewalt die Schuld am Tod ihres Sohnes. Wenige Wochen vor seinem Tod hatten sie Derek schwarze Kerzen, ein selbstgefertigtes Pentagramm und verschiedene Lehrbücher weggenommen, nach denen er offensichtlich seine Rituale durchgeführt hatte.

Ein befreundeter Pfarrer stellte lakonisch fest:»Wenn die jungen Menschen nicht mehr wissen, was sie mit ihrer Zeit anfangen sollen, beginnen sie, Kontakt mit dem Bösen aufzunehmen. Wenn man das lange genug versucht, findet man schließlich etwas, das anspruchsvoll, böse und zerstörerisch ist.«[2]

Die Schüler Satans gehören keiner besonderen Bevölkerungsschicht an. Ein großer Prozentsatz ist männlich und wird vom Machotum während der sexuellen und blutigen Rituale besonders angesprochen. Viele sind kreativ und intelligent, fast immer aber in irgendeiner Weise vernachlässigt. Im strenggeführten Satanskult finden sie häufig den festen Rahmen, den sie sonst vermissen.

Die Philosophie des Satanismus ist oft die letzte Form eines Arrangierens mit der Wirklichkeit:»Alles ist erlaubt.« Spricht man diese Jugendlichen auf ihr anarchistisches und selbstzerstörerisches Verhalten an, entgegnen sie nicht selten, es gebe keinen Unterschied zwischen dem Ausleben des Bösen innerhalb eines satanischen Zirkels und Korruption und heimlichem Terror in der hohen Politik oder vom Menschen bewußt in Kauf genommenen Umweltkatastrophen wie Tschernobyl und Bhopal.

Nach amtlichen Angaben überschreiten 95 Prozent der Jugendlichen, die mit Drogen, Black-Metal-Musik, Fantasy-Rollenspielen, Horrorfilmen und teuflischen Utensilien zu tun haben, nie die Grenze okkulter Neugierde. Nur etwa fünf Prozent befassen sich ernsthafter mit satanischen Praktiken. Aber die ein bis zwei Prozent, die sich darauf einlassen, ihre Seele an Satan zu verkaufen, machen blutige Schlagzeilen.[3]

Sean Sellers Geschichte

Wieso verehrte Sean Sellers den Teufel? Wie rutschte er in alles hinein?

Das wollte ich während unseres Gesprächs von ihm wissen. Er erzählte von seiner Kindheit und wie er allmählich in den Okkultismus eingeführt wurde. Seans Eltern ließen sich scheiden, als er ein Kleinkind war. Seine Mutter Vonda heiratete wenig später erneut. Das Ehepaar zog es vor, den Kleinen bei wechselnden Familienmitgliedern abzugeben, während sie selbst durch das Land reisten. Aufgrund der häufigen Ortswechsel konnte Sean nirgendwo richtig Fuß fassen.

Dennoch war er ein begabter Schüler, der gerne Science-fiction las. Als er zehn war, holte ihm derjenige, der gerade auf ihn aufpaßte, ein paar okkulte Bücher aus der Bücherei. »Wie alle Kinder, wollte ich angenommen sein«, erklärte Sean. »Mit dreizehn machte ich eine schlechte Erfahrung mit einem Mädchen. Ich schob einen Haß auf Gott und wurde kurz darauf einer Hexe vorgestellt, die mich faszinierte, und die mich nach einigem Überreden in ihre Künste einführte. Schließlich kam es soweit, daß ich Satan anbetete. Dabei durchströmte ein Gefühl wie Fingerkribbeln meinen ganzen Körper. In der Schule gründeten wir eine D&D-Spielgruppe. Ich spielte wie besessen, manchmal wochenlang. Ich sah mir auch oft die ›Rocky Horror Picture Show‹ an. Dort trafen sich verschiedene Satanisten. Ich gab mich durch meinen hochgekrempelten linken Hemdsärmel und meinen linken, schwarz angemalten kleinen Fingernagel zu erkennen. Durch Ninjitsu lernte ich, wie man Waffen kaschiert und Attentate ausführt. Einmal biß ich das Bein eines lebendigen Frosches im Biologieunterricht ab und aß es.

Erst später kamen Drogen hinzu. Angefangen hat es mit Marihuana. Meine nächtlichen Rituale waren so kräftezehrend, daß ich begann, tagsüber Speed zu nehmen, um mich auf den Beinen zu halten.«

Die breite Straße

»Das verlorene Paradies« der Jugend von heute wird von einer wachsenden Zahl gefallener Engel wie Sean Sellers und Pete Roland bevölkert, die die Grenzen jugendlicher Rebellion zum Bösen und Teuflischen überschritten haben. Oft beginnt es mit einer krankhaften Neugierde und entwickelt sich schnell zu einer Suche nach übernatürlichen Erfahrungen. Die Philosophie des Satanismus wird schließlich als Rebellion gegen alles interpretiert. Vandalismus, sexuelle Zügellosigkeit und perverse Rituale sollen die Nerven der Erwachsenen strapazieren.

Alles beginnt mit einer Faszination durch Black-Metal-Musik, Fantasy-Rollenspiele oder spiritistische Praktiken. Äußerliche Merkmale folgen: schwarze Kleidung, schwarzgefärbtes Haar, Schmuckstücke (umgekehrte Pentagramme und Kreuze, Ziegenköpfe und die Zahl 666). T-Shirts, auf denen Dämonen oder Black-Metal-Bands abgebildet sind, gehören zur alltäglichen Kleidung (besonders aber am dritten Donnerstag jeden Monats, da dieser Tag Satan geweiht ist). Manche Teenager malen ihre Fingernägel schwarz an, dadurch wird der satanische Gruß noch wirkungsvoller.

In Kellern, Speichern, Scheunen oder Bauruinen wird schließlich ein Altar für den Teufel gebaut. Mögliches Zubehör sind Trinkbecher, schwarze Kerzen, Schädel, Messer, Knochen und okkulte Bücher.

Kultgruppen plündern Gräber, um an authentisches Material heranzukommen. Spätestens in diesem Stadium kommen bei der überwiegenden Mehrzahl Drogen ins Spiel, besonders Amphetamine (anregende Wirkung, dem körpereigenen Adrenalin verwandt) und Halluzinogene (bewirken Sinnestäuschung). Rituale, in denen Blut getrunken wird, sind der nächste Schritt.

Das gefährlichste Stadium ist erreicht, wenn Kinder anfangen, ihr eigenes »Buch der Schatten« zu schreiben, meistens ein Spiralnotizbuch mit Metal-Rock-Liedtexten, Zitaten aus der Satanischen Bibel und anderer schwarzer Literatur, Slogans in der Rückwärts-Sprache, satanische Symbole, groteske Zeichnungen, Gedanken über Selbstmord oder genau ausgearbeitete Pakte mit Dämonen.

Blutige Rituale

Eines Tages rief ein Teenager namens Israel in unserer Talkshow an. Er identifizierte sich als Mitglied der Bande »S.O.S.«, die Abkürzung bedeute »Servants of Satan« (Satansdiener), sagte er.

Ich wollte wissen, was sie für den Teufel machten, um einen solchen Bandennamen zu rechtfertigen.

»Viel«, antwortete Israel. »Wir beten zum Beispiel Satansidole an, hören Rockgruppen wie die Slayers und verehren Dämonen.«

»Und was noch?« bohrte ich weiter. – »Wir töten Hunde und Katzen – wir opfern sie, verstehen Sie?« erwiderte er ruhig. »Wir holen sie von Nachbarn. Wichtig ist, daß das Töten langsam geht. Damit man das Schreien nicht hört, binden wir ihnen die Mäuler zu.«

Israels Abgebrühtheit ließ mich schaudern. »Wer gibt dir das Recht, unschuldige Tiere zu töten?« fragte ich. »Satan«, antwortete er. »Ich habe ihm vieles geschworen. Ich habe ihm meine Seele verkauft.«

»Woher habt ihr die Idee mit dem Blut?« fragte ich. – »Es ist vorgeschrieben«, erklärte Israel. »Es ist ein irres Gefühl. So wie in den Horrorfilmen, in denen Leute sagen, daß Bosheit ›köstlich‹ sei. – Aber das ist noch nicht alles. Teilweise kommt die Idee sicher daher, daß die Satanisten glauben, daß etwas um so böser ist, je abartiger es ist. Das Trinken von Blut ist für jeden normalen Menschen etwas Abscheuliches und wird von Gott verdammt. Deshalb paßt es gut zu den Sachen, die wir sonst so machen. Am Anfang war es nur ein irres Gefühl. Jetzt brauche ich es richtig.«

Die Satanische Bibel

Viele Teenager, die bei »Talk Back« anrufen, zitieren aus der *Satanischen Bibel* als Quelle ihres Wissens. Sie wurde von dem Gründer der Satanskirche, Anton Szandor LaVey, geschrieben und umfaßt 272 Seiten. 1969 veröffentlicht, wurde sie sofort zum Bestseller. An manchen amerikanischen Schulen wurde sie sogar häufiger verkauft als die Bibel.

Das Buch beginnt mit einer Erklärung LaVeys, wie er zu einer hedonistischen (d.h. als höchstes ethisches Prinzip gilt das Streben nach Sinnenlust und Genuß) Lebenseinstellung kam. Als Sechzehnjähriger spielte er Keyboard auf einem Karnevalsfest und beobachtete »Männer, die am Samstag nach halbnackten Mädchen schielten und am nächsten Sonntag, wenn ich in der Kirche die Orgel spielte, wieder brav in der Kirchenbank neben Frau und Kindern saßen und ihre Karnevalssünden bereuten. Aber am nächsten Sonntag würden sie wieder dabeisein. Da wußte ich, daß die christliche Kirche auf Heuchelei gegründet ist und daß der fleischlichen Natur des Menschen zu ihrem Recht verholfen werden muß.«[4]

Am Anfang des Buches verdeutlichen die Neun Satanischen Thesen LaVeys Lehre. Man muß sie kennen, um die Grundlage des modernen Satanismus zu verstehen. Ein Großteil des Hasses und der Gewalt, die von Jugendlichen ausgeübt wird, geht auf dieses Buch zurück.

Dies sind die Neun Satanischen Thesen:

1. Satan verkörpert Genuß statt Enthaltsamkeit.
2. Satan verkörpert wirkliches Leben statt geistlicher Entrückung.
3. Satan verkörpert vollkommene Weisheit statt heuchlerischer Selbsttäuschung.
4. Satan ist freundlich zu denen, die es verdienen, statt seine Liebe an Undankbare zu verschwenden.
5. Satan fordert Rache, nicht das Hinhalten der anderen Wange.
6. Satan übernimmt Verantwortung für die, die selbstverantwortlich leben, um psychische Schmarotzer kümmert er sich nicht.
7. Der Mensch ist ein Tier wie jedes andere, manchmal besser, sehr viel häufiger aber schlechter und bösartiger als jeder andere Vierbeiner.
8. Satan verkörpert alle sogenannten Sünden, denn sie allein führen zu körperlicher, geistiger oder emotionaler Befriedigung.
9. Satan ist der beste und treueste Freund der Kirche. Ihm allein ist zu verdanken, daß sie noch immer existiert.

Wer die Bibel kennt, stellt fest, daß einiger dieser Aussagen den Prinzipien christlichen Glaubens so diametral entgegengesetzt sind, daß biblische Gebote einfach umgedreht werden. Christus sagte seinen Jüngern, sie sollten auch die andere Wange hinhalten (Mt 5,39). Die *Satanische Bibel* sagt: »Satan fordert Rache, nicht das Hinhalten der anderen Wange.«

LaVey geht noch weiter: »Selbsterhaltung ist das höchste Gesetz. Wer die andere Wange hinhält, ist ein jämmerlicher Feigling!«[5]

In den Sprüchen und im Römerbrief lesen wir: »Wenn deinen Feind hungert, gib ihm zu essen; dürstet ihn, gib ihm zu trinken« (Spr 25,21.22; Röm 12,20). Die *Satanische Bibel* sagt dagegen: »Satan ist freundlich zu denen, die es verdienen, statt an Undankbare seine Liebe zu verschwenden«.

»Warum sollte ich meine Feinde nicht hassen?« fragt LaVey. »Wenn ich sie liebe, setze ich mich doch ihrer Willkür aus, oder?«[6]

Wenn sich ein Jugendlicher diese Erklärungen immer wieder einpaukt, wird er sie schließlich in die Tat umsetzen, so wie Sean Sellers es tat.

Lüge und Wollust und alle anderen biblischen Sünden werden in der *Satanischen Bibel* ausdrücklich gefördert. LaVeys Ideologie orientiert sich am Lustprinzip: »Das Leben ist eine einzige große Lust – und Enthaltsamkeit ist der Tod. Es gibt keinen Himmel voller Herrlichkeit und keine Hölle des Verderbens ... es gibt keinen Erlöser!«[7]

Seite für Seite tobt LaVey gegen Gott wie ein verwöhntes Kind gegen die Anweisungen seiner Eltern. Alle christlichen Tugenden macht er zur Zielscheibe seines Spotts, ebenso wie die Weißmagier, die ihre Macht zur Zerstörung nicht ausnutzen. Er gibt den Dämonen »höllische Namen« und verkündet, daß für Satanisten jede Form gelebter Sexualität statthaft sei, solange sie »nicht jemanden betrifft, der nicht mit hineingezogen werden möchte«.[8] Sadismus jeder Ausprägung ist erlaubt.

Auch Menschenopfer werden mit einer wohlüberlegten Formulierung gebilligt. LaVey besteht darauf, daß es nur um eine »symbolische« Zerstörung des Opfers geht, »durch die Wirkung eines Zaubers oder Fluches, der seinerseits wieder zur physischen, geistigen oder psychischen Zerstörung des Opfers führt, die jedoch nicht auf den Zauberer zurückgeführt werden kann«.[9] »Unter keinen Umständen«, betont LaVey, »würde ein Satanist ein Tier oder ein Baby opfern«[10].

Trotz dieser Beteuerungen beschreibt LaVey das »ideale Opfer« und sagt: »Diese rasenden Menschen verdienen es, daß man sie fertigmacht.« Er fügt hinzu: »Rasende Hunde bringt man auch um, dabei verdienten sie Hilfe weitaus mehr als Menschen, die große Worte spucken und sich anpassen, wo vernunftwidriges Verhalten gefordert wäre – daher hat jedermann das Recht, sie (symbolisch) zu zerstören, und wenn dein Fluch den tatsächlichen Tod nach sich zieht, dann freu' dich, daß du als Werkzeug des Teufels die Welt von einer Plage befreit hast.«[11]

Jugendliche, die sich sowieso schon in einem Teufelskreis von Rebellion und Haß befinden, können durch solche Lektüre leicht auf den Gedanken kommen, sie hätten das Recht, jemandem zu schaden und oder ihn gar zu töten.

Die *Satanische Bibel* schließt mit genauen Anweisungen, wie eine Teufelsanbetungszeremonie durchzuführen ist. Alle Lichtquellen außer Kerzen sind verboten. Eine unbekleidete Frau liegt ausgestreckt auf dem Boden oder einem Tisch, ihre Füße zeigen nach Norden. Ihr Leib dient als Altar. Die Luft wird durch das Klingeln einer Glocke gereinigt, und Luzifer wird angerufen.

Auch werden die »Glaubensartikel« des Satanismus erwähnt, die sog. »19 Schlüsselsätze Henochs«, die den »Satanischen Lobpreis« bilden.[12] LaVey zitiert diese Sätze sowohl in der ursprünglichen Sprache Henochs als auch in den Worten seiner eigenen Auslegung.

Satanische Rituale

1972 veröffentlichte Anton LaVey ein Begleitbuch zur *Satanischen Bibel*, die *Satanischen Rituale*, ein Handbuch zur Praxis des Satanismus. LaVey behauptet, wir lebten im Zeitalter Satans und verspricht seinen Nachfolgern, es sei ihnen erlaubt, »die Götter der Tiefe anzurufen, ohne dabei Schuld auf sich zu laden oder geschädigt zu werden.«[13] Durch das Befolgen der dargestellten Riten und Zeremonien erhält der Leser Macht und Kontrolle über sein Schicksal.

LaVey erklärt: »... Innerhalb der satanischen Rituale lassen sich zwei Bereiche unterscheiden: Rituale, die auf etwas abzielen ... und Zeremonien, bei denen eines Ereignisses gedacht, ein Gott oder Mensch gewürdigt werden oder einer Entwicklung gepriesen werden soll. Kurz gesagt, ein Ritual dient dazu, etwas zu erreichen, während eine Zeremonie neue Kräfte freisetzt.«[14] Auf der Grundlage der Philosophie der *Satanischen Bibel* vergleicht LaVey in den *Satanischen Ritualen* die Zeremonien mit einem Bühnenstück. Die Zeremonienkammer wird zur Bühne. Schwarze Kerzen schaffen eine mystische Atmosphäre. Die Hauptdarsteller sind der

Priester und seine Helfer, die anderen Darsteller sind die Zuschauer. Oft tragen sie schwarze Umhänge mit Kapuzen. Der Erfolg hängt von der Glaubensstärke der Teilnehmer und ihren magischen Fähigkeiten ab. »Eines der wichtigsten Gebote im Satanismus ist: Satan will ernsthafte und gelehrige Schüler, nicht unsere rührselige Anbetung!«[15] Bei der Durchführung der Rituale greift LaVey auf alte heidnische Riten zurück, bei denen sich die Teilnehmer u.a. auf ihre tierische Vergangenheit besinnen und tierisches Verhalten annehmen. Die Anleitungen zur »schwarzen Messe« basieren auf den Ritualen Catherine DesHayes, die im 17. Jhd. als Kräuterhexe und weise Frau bekannt war.

Die *Satanischen Rituale* schließen mit einem Kommentar, den La Vey »The Unknown Known« nennt, und in dem er prophezeit: »Das zwanzigste Jahrhundert hat uns für die Zukunft und das kommende Zeitalter des Feuers vorbereitet ... Das Kind lernt laufen, und im ersten Arbeitsjahr dieses Zeitalters – d.h. 1984 – werden wir auf festen Füßen stehen und im nächsten Jahr – 2002 – werden wir erwachsen sein.«[16]

LaVeys Philosophie führt ganz automatisch zu Verbrechen und Gewalt. Satanisten sind entschlossen, alle Zehn Gebote der Bibel zu brechen: Lüge, Mord, Bosheit, falsches Zeugnis, Zwietracht ...[17] Deshalb werden auch das rituelle Opfer (bei dem Blut getrunken wird) und die Aufforderung zu Gewalt und selbstsüchtigem Verhalten gerne und genauestens verfolgt.

Einige Tips für Eltern

Sollten Sie bei Ihrem Kind eines der o.g. Anzeichen bemerken, dann halten Sie das nicht für eine harmlose, vorübergehende Neugierde. Falls diese Neugierde nur ein Mittel ist, um Ihre Aufmerksamkeit zu erlangen, dann schenken Sie Ihrem Kind diese Zuwendung. Ihr Eingreifen könnte aber auch noch konkreter nötig werden.

Wenn Ihr Kind Black Metal hört, reicht es nicht, ihm dies einfach nur zu verbieten. Nehmen Sie sich die Zeit, gemeinsam die Liedtexte durchzugehen und zu übersetzen, damit Ihrem Kind klar wird, welchem Einfluß es sich aussetzt.

Die Verlockung des Satanismus für Jugendliche heute besteht in der Macht, die ihnen dadurch angeblich geschenkt wird. Unsere Gesellschaft bietet der Jugend heute nie gekannte Freiheiten, aber im Verhältnis dazu nur wenig Macht. Satankulte verheißen Macht über die Eltern, die Lehrer und die gleichaltrigen »Feinde«. Außerdem haftet dem Bösen von jeher ein besonderer Nervenkitzel an. Es ist reizvoll und abenteuerlich, das Böse herbeizurufen. Durch das dabei ausgeschüttete Adrenalin im Körper kann die Anrufung des Bösen zur Sucht werden.

Auf meine Frage, wieso vielen Jugendlichen der Satanismus so attraktiv erscheint, erklärte mir ein auf dieses Gebiet spezialisierter Kriminalbeamter: »Ich werde nie vergessen, was ein jugendlicher Satanist einmal zu mir sagte: ›Wozu soll ich denn leben? Wir leben heute und tun, was wir wollen. Ein Morgen gibt es nicht.‹ In gewisser Weise hat er ja recht. Sehen Sie sich unsere Gesellschaft doch an, die Scheidungsrate, die vielen alleinerziehenden Mütter und Väter, beide Eltern gehen arbeiten ... Es gibt kein Familienleben mehr. Die Kinder haben zu viel freie Zeit und langweilen sich.«

Eine Kriminaldezernentin aus San Francisco sagte mir während einer Diskussion: »Unsere Welt ist apathisch und gleichgültig geworden. Wir kümmern uns mehr um uns selbst als um den anderen. Wir leben in einer Gesellschaft, in der Gewalt und Negativismus vorherrschen. Unsere Kinder sehen das als normal an und geraten deshalb in satanische Kulte hinein.«

»Wie können Eltern erkennen, ob ihr Kind in Gefahr ist?« fragte ich sie. »Oft haben die Jugendlichen Angst und verstehen nicht, was in der Welt passiert«, erwiderte sie. »Dann verlieren sie sich in Black Metal und Fantasy. Fiktion und Wirklichkeit vermischen sich. Oft nehmen Eltern dieses Stadium nicht ernst genug und denken, das sei nur eine vorübergehende Phase. Irgendwann verschließen sie dann die Augen vor der Situation des Kindes und hören auf, mit ihm zu reden. Dadurch können sie nicht mehr unterscheiden, ob ihr Kind nur rebelliert oder ob es ernsthaft in Schwierigkeiten ist.«

Anton LaVey hat seine eigene Ansicht, wieso Teenager Satanismus dem christlichen Glauben vorziehen: »Wer will denn schon zur Sonntagsschule gezerrt werden, wenn es eine Religion gibt, die es einem erlaubt, Rockkonzerte zu besuchen und zu leben, wie man will?«

Gefahrenzeichen

Bei der Beratung gefährdeter Kinder und Jugendlicher taucht immer wieder ein ähnliches Grundmuster von Verhaltensstörungen auf:
- Die schulische Leistung läßt stark nach.
- Isolation, Aggression und Wutausbrüche nehmen zu.
- Der Freundeskreis verändert und verkleinert sich auf eine ausgewählte Gruppe.
- Sportliche und andere bisherige außerschulische Aktivitäten werden vernachlässigt.
- Selbstmordgedanken werden geäußert oder niedergeschrieben – meist in zusammenhängender Gedichtform.

- Ein geheimer Terminkalender wird geführt mit oft unerklärlichen Tätigkeiten zur Nachtzeit.
- Wunden durch Selbstverletzung tauchen am Körper auf, ein Kalender für regelmäßig durchgeführte Rituale wird geführt.
- Die Freizeit wird dem Studium satanischer Literatur gewidmet, die oft von Hand zu Hand ausgeliehen wird. Bücher wie *Necronomicon, Die Satanische Bibel* oder die *Bücher des Blutes* werden verschlungen.

Diese Anzeichen treten v.a. dann auf, wenn ein Kind zuviel sich selbst überlassen ist und nicht weiß, was es mit seiner Zeit anfangen soll. Langeweile ist der Tummelplatz des Teufels. Ein Kind, das nicht durch kreative Aktivitäten gefordert wird, ist ein leichtes Opfer.

Der Psychiater, der Pete Rolands Fall untersuchte, beschreibt diesen Umstand so: »Roland war wie eine leere Tafel, bereit, von wem auch immer, beschrieben zu werden.«[19]

Anmerkungen

1) Great Falls Tribune vom 14.2.1988, S. 4.
2) Chris Wood: »Suicide and Satanism«, aus: MacClean's, 30.3.1987.
3) Diese für die USA gemachten Angaben gelten in etwa auch für die Bundesrepublik Deutschland. Genaue statistische Erhebungen liegen nicht vor. Verwiesen sei noch einmal auf die Untersuchungen von Prof. J. Mischo, Freiburg, deren Ergebnisse in »Materialdienst der EZW, Sonderdruck Nr. 17 aus 12/88 und 3/89« nachzulesen sind.
4) Anton Szandor LaVey: The Satanic Bible, Avon Books, New York, 1969.
5) a.a.O., S. 33.
6) a.a.O., S. 33.
7) a.a.O., S. 30.
8) a.a.O., S. 67.
9) a.a.O., S. 88.
10) a.a.O., S. 89.
11) a.a.O., S. 90.
12) a.a.O., S. 156.
13) Anton LaVey: The Satanic Rituals, Avon books, New York, 1972, S. 14.
14) a.a.O., S. 17.

15) a.a.O., S. 19.
16) a.a.O., S. 220.
17) Vgl. Sprüche 6,16–18.
18) Judith Graffam, in:»The Press Enterprise« vom 12.4.1987, S. 8.
19) Claire Safran, in:»Woman's Day« vom 22.11.1988, S. 152.

Kindesmißbrauch und Menschenopfer

Menschenopfer haben eine lange und blutige Tradition. Die Tötung von Menschen als Sühneopfer geht bis auf die Kanaaniter des Nahen Ostens, die ihrem Gott Moloch huldigten, und die Azteken Mittelamerikas, die ihre dem Kriegs- und Sonnengott Huitzilopochtli geweihten Tempel mit dem Blut unzähliger Menschen besprengten, zurück. Berichte über Menschenopfer finden sich aber auch bei den alten Griechen, Hindus und Druiden. Manchmal diente das Opfer zur Sühnung der Schuld einer ganzen Gruppe, oder aber zur Besänftigung der Götter nach einer Naturkatastrophe.

Moderne Menschenopfer, die innerhalb der satanischen Zirkel zuzunehmen scheinen, sind häufig gut vorbereitet und extrem grausam. Aleister Crowley, auf dessen Lehren sich heutige Orden überwiegend berufen, schrieb:»Die stärkste spirituelle Wirkung geht von einem Opfer aus, das außergewöhnlich starke und reine Kraft besitzt. Ein männliches, noch vollkommen unschuldiges Kind mit voraussichtlich hoher Intelligenz ist in jedem Fall das befriedigendste und geeignetste Opfer«.[1]

In dem in den USA erschienenen Buch »The Black Arts« (Lehrbuch der Schwarzen Kunst) heißt es:»Wenn in der Schwarzen Magie von der Tötung eines Kindes gesprochen wird, ist damit ein richtiges Menschenkind gemeint ... es gibt eine Tradition, die besagt, daß das wirksamste Opfer für Dämonen das Menschenopfer ist«.[2]

Mißbrauchte und vermißte Kinder

Sektenforscher und Polizeibeamte stimmen darin überein, daß eine nicht unbedeutende Zahl vermißter Kinder zu Menschenopfern geworden sind. Nach den Schilderungen einiger weniger Überlebender werden die Kinder entführt und massiv eingeschüchtert. Mit Hilfe von

Drogen unterzieht man sie einer Gehirnwäsche, bevor sie schließlich geopfert werden. Man hämmert ihnen ein, daß sowieso keiner ihre Geschichte glauben würde und daß ihre Eltern sie so niemals wiederhaben wollten. Mit ausgeklügelten Techniken versucht man, die Gedanken und das Verhalten der Kinder und Jugendlichen zu beherrschen.

Die Schändung von Kindern spielt für Satanisten eine große Rolle. Je hilfloser das Opfer, desto größer der Beweis ihrer Hingabe an den Teufel. Und je reiner das Opfer für Satan, desto mehr Macht erhalten seine Jünger von dem Gott der Finsternis. Mitch White, Polizeibeamter aus Beaumont, Kalifornien, schätzt, daß »95 % aller dort vermißten Kinder Opfer okkult motivierter Entführungen sind.«[3]

Überall in Amerika, Europa, aber auch auf allen anderen Kontinenten werden Kinder Opfer abscheulicher Verbrechen. In Kalifornien wurden z.B. eine 37jährige Babysitterin und ihr Freund angeklagt, die von ihnen betreuten Kinder sexuell mißbraucht zu haben. Ihre drei-, sechs- und achtjährigen Opfer litten unter Alpträumen, Verhaltensstörungen und Entzugserscheinungen, nachdem sie von den beiden gefangengehalten und regelmäßig vergewaltigt worden waren. Außerdem wurden sie gezwungen, unbekleidet bei der Opferung ihrer Tiere, Hasen, Katzen und Vögel zuzusehen.[4]

In einem anderen polizeilich festgehaltenen Fall ritueller Mißhandlung mußten die Opfer Blut trinken und Kot essen. Eines der Kinder sagte aus, einen Jungen namens Bobby gesehen zu haben, der in einem Käfig gefangengehalten wurde, bevor er geköpft und von Erwachsenen verzehrt wurde. Alle Kinder mußten längere Zeit medizinisch behandelt werden, weil sie unter Depressionen, Selbstmordgedanken und Regressionserscheinungen litten.[5]

Vor 20 Jahren gründete Dianne Core in Großbritannien die Organisation »Childwatch«, die sich vornehmlich mißhandelter und mißbrauchter Kinder und ihrer Eltern annimmt. 1987 wurde die Organisation erstmals auf mögliche Verbindungen zwischen Pädophilie-Ringen und satanischen Organisationen aufmerksam. »Nach einem längeren Telefongespräch brachte die Mutter einen 11jährigen Jungen zu mir ... Er setzte sich und erzählte mir eine Geschichte, die mir die Haare zu Berge stehen ließ. Dabei war ich aus meiner jahrzehntelangen Erfahrung mit mißbrauchten Kindern an allerhand gewöhnt ... In meiner Naivität glaubte ich, es müsse sich um einen Einzelfall handeln und schrieb einen kurzen Artikel darüber, ohne Namensnennung, der in verschiedenen überregionalen Tageszeitungen veröffentlicht wurde. Einige Tage danach erhielt ich säckeweise Post. Von betroffenen El-

tern, auch von Kindern, die von satanischen Gruppierungen mißbraucht worden waren. Sie schrieben mit ungelenker Schrift, vielfach
anonym, so daß ich hilflos war und nur in wenigen Fällen etwas unternehmen konnte. Und natürlich erhielt ich Drohbriefe von Satanisten.
Ich hatte in ein Wespennest gestochen, und was ich erfahren hatte, war
nur die Spitze eines Eisbergs ...«[6] Auch aus Frankreich und der Bundesrepublik sind Fälle dieser Art bekanntgeworden.

Viele Verbrechen dringen nie an die Öffentlichkeit, weil sie schlicht
zu unglaublich sind. Satanische Kultmitglieder denken sich abstruse
widernatürliche Formen der Kindesmißhandlung aus, denn je unvor-
stellbarer das Verbrechen, desto weniger wird man dem Opfer Glauben
schenken. Äußerst schwer nachzuweisen sind v.a. die in Polizeiproto-
kollen immer wieder erscheinenden Aussagen junger Mädchen, sie sei-
en mißbraucht und zu Schwangerschaften gezwungen worden. Um
keinen Verdacht zu erregen, werden die Kinder dann im fünften oder
sechsten Monat abgetrieben, mißhandelt und geopfert.

Das Verbrechen der 90er Jahre?

Robert Simandahl, Polizeibeamter in Chicago, nennt satanisch motivierte
Schwerverbrechen und Morde »das Verbrechen der 90er Jahre«.[7] Junge Mörder wie Sean Sellers sind Einzelgänger, bei denen emotionale Störungen zu
kriminellen Handlungen führen. Die schlimmste Bedrohung geht jedoch von
Mitgliedern organisierter Kulte aus, die von Erwachsenen gesteuert werden
und die Gewalt bewußt als Ausdruck ihres satanischen Glaubensbekenntnisses
ausüben.

Ein Teenager namens Arthur rief bei »Talk Back« an und sagte, er gehörte
zu einem solchen Kult. »Ich gehöre zu LEDA«, erklärte er. »Das ist ein Kurz-
wort und bedeutet soviel wie ›Die geile Herrschaft der Tiere‹.«

So absurd Arthurs Geschichte auch klang, er schien es ernst zu meinen.
»Wir glauben an den gewaltsamen Umsturz aller Regierungen und an die tota-
le Anarchie«, sagte er. »Dann werden wöchentliche Menschenopfer eingeführt. Zwar bestehen wir zur Zeit nur aus 134 Leuten, aber wir sind eine mäch-
tige internationale Gruppe. Unser Hauptquartier ist in Paris.«

»Warum habt ihr euch den Namen LEDA gegeben?« wollte ich wissen.

»Weil Bestialität eine unserer Grundlagen ist. Wir haben ein Schwein ge-
kreuzigt, um unsere Hingabe an den Teufel zu beweisen.«

»Da ihr schon Tiere getötet habt, würdet ihr auch Menschen töten?« – »Na
klar, um unser Ziel zu erreichen, tun wir alles. Wir wollen zur Hölle fahren.
Wir glauben nicht an die Liebe.«

92

Teenager, die von zu Hause ausgerissen sind, lassen sich von satanischen Gruppen am leichtesten einfangen. Oft haben sie bereits Mißhandlung und Vernachlässigung erfahren und kennen die Folgen des Bösen, so daß sie meinen, nichts mehr verlieren zu können. Sie glauben, daß sie – da das Böse sowieso alles durchdringt und den Sieg davonträgt – sich ihm genausogut anschließen könnten. Sie sehen sich selbst als Opfer einer von Gott verlassenen, feindlichen Gesellschaft, in der nur der Stärkste etwas zählt, und halten den Satanismus für ein Mittel, endlich oben mitzuschwimmen. Sie lernen auch, daß es sie das Leben kosten kann, wenn sie die Gruppe wieder verlassen wollen. Wer mit dem Gedanken spielt, den Kult zu verlassen, bekommt häufig Fotografien vorgelegt, die bei Zeremonien von ihm gemacht wurden, und wird damit erpreßt.

Arthurs Geschichte mag unerhört erscheinen, aber es gibt eine unbekannte Zahl solcher Kultringe, die im Verborgenen arbeiten. Sie unterscheiden sich dadurch von den offen agierenden Teufelsanbetungskulten wie der »Satanischen Kirche«, die jede Verantwortung für Verbrechen an Minderjährigen bestreiten.

Indizien weisen auf überregional, z.T. international operierende Zirkel hin, die Kinder mißbrauchen und nicht selten mit Drogen- und Pädophilie-Ringen in Verbindung stehen.[8]

Wie Rauschgiftkartelle legen diese satanischen Kulte Wert auf eine strenge Hierarchie. Die Führer kommen aus allen Lebensbereichen, Geld und Einfluß sind vorhanden. Manche Opfer sagten in der Seelsorge, der Grund für ihr Schweigen sei, daß sie einflußreiche Persönlichkeiten beschuldigen müßten, denen man viel eher glauben würde als einem Teenager, der mit Black Metal, Drogen oder Alkohol zu tun gehabt hatte.

Es existieren glaubwürdige Hinweise darauf, daß einflußreiche Satanisten sogar das Strafrechtswesen in den USA infiltriert haben.[9] Vollzugsbeamte geben unter vier Augen zu, von Vorgesetzten Weisung erhalten zu haben, die Untersuchung von satanischen Verbrechen einzustellen. Andere klagen über politische Einschränkungen und unnötige Zwänge.

Das Ausmaß der satanischen Verflechtungen ist schwer zu ermessen. Nach Schätzungen eines Experten gibt es z.B. etwa 60.000 ernsthafte Satanisten in ganz Nordamerika, von denen sich ca. ein Drittel in Kalifornien befinden.[10]

Strafverfolgung

Es ist schwer, okkulten Verbrechen auf die Spur zu kommen und sie vor Gericht zu beweisen. Es gibt bei dieser Art Verbrechen kein festes Vorgehensschema, das es den Kriminalbeamten leichter machen würde, da die Opfer oft willkürlich herausgegriffen werden. Häufig existieren keinerlei Beweismittel, da die Opfer verbrannt oder zerstückelt und dann begraben werden. Das größte Hindernis für die Strafverfolgung sind jedoch paradoxerweise die westlichen Rechtssysteme selbst. Zahlreiche Fälle müssen eingestellt werden, da die Ausübung satanischer Praktiken per se nicht strafbar ist.[11]

Auch sträuben sich viele Richter, kleine Kinder als Zeugen anzuerkennen. Selbst wenn medizinisch nachweisbare Spuren eines Verbrechens vorhanden sind, schenkt man einem Kind, das aussagt, unter Drogen gesetzt und zum Zuschauen bei blutigen Zeremonien gezwungen worden zu sein, nur schwer Glauben. Außerdem ähneln diese Schilderungen oft blutigen Horrorfilmszenen, so daß die Übergänge zwischen Hollywood und Wirklichkeit nicht zweifelsfrei festzustellen sind.

Was können wir tun?

Verbrechen dieser Art können verhindert werden, wenn wir aufhören, tatenlos zuzusehen. Polizeibeamte, Sozialarbeiter, Pfarrer, Erzieher und Eltern müssen in der Lage sein, Symptome von Mißhandlung zu erkennen und betroffene Kinder richtig zu beraten. Wer gezwungen ist, sein Kind tagsüber anderen anzuvertrauen, sollte es jederzeit unangemeldet besuchen können. Die Kinder sollten wissen, daß ihr Körper nur ihnen selbst gehört, und daß niemand, nicht einmal ein Familienmitglied oder Verwandter, es an bestimmten Stellen berühren darf. Auch sollten sie wissen, daß sie mit niemandem ohne Absprache mitgehen sollten, egal wie freundlich, hilfsbereit – oder bekannt – derjenige ist. Das Verbot, von keinem Fremden Schokolade anzunehmen, reicht nicht aus.

Bei ungewöhnlichen Merkmalen am Körper (besonders im Genitalbereich) des Kindes sollte sofort der Arzt konsultiert werden. Verhaltensänderungen (Schlafgewohnheiten, Alpträume, Bettnässen, Sprache etc.) sollten ernstgenommen werden. Wenn das Kind auf einmal eine vulgäre Sprache benutzt, sollte man versuchen, der Quelle dieser Sprache auf die Spur zu kommen.

Kinder sollten außerdem wissen, daß Gott ein liebender und allmächtiger Gott ist, der auch verzeiht; kein strenger Richter, der nur darauf wartet, daß das Kind etwas falsch macht. Kindesentführer versuchen nämlich, ihre Opfer einer Gehirnwäsche zu unterziehen und ihnen einzureden, daß Gott sie für das, was sie z.B. in einer satanischen Gruppe getan haben, bestrafen wird, so daß es keinen Sinn habe, wenn sie versuchten zu entkommen.

Eine neue Nummer eins

»Ich bin die Nummer eins. So nenne ich mich selbst, weil ich die Nr. 1 in meinem Leben bin. Ich werde töten. Einfach so. Nicht nur für den Teufel. Nur so, weil ich Nr. 1 bin.«

Sein wirklicher Name war John, wie sich im Laufe des Gesprächs herausstellte. Er hatte bereits Tiere getötet und für sich selbst die Frage nach dem Bösen so beantwortet: Wenn ich mich gut fühle, wenn ich stehle, quäle und töte, dann können diese Dinge nicht schlecht sein. John war verheiratet und hatte eine 6jährige Tochter, die er in seinem »Glauben« unterzog. Nach einem halbstündigen Gespräch mit unserer Telefonseelsorgerin gab John zu, noch nie in seinem Leben Liebe erfahren zu haben. »Als ich drei Jahre alt war, drückte meine Mutter meine Hand auf eine heiße Pfanne, um mich zu bestrafen«, erzählte er. »Aber das war nicht das Schlimmste. Sie hat mich öfter bis fast zur Bewußtlosigkeit geschlagen. Immer war ich irgendwo im Weg.«

Die Seelsorgerin versuchte John in mehreren Gesprächen zu erklären, daß er die Instabilität und Lieblosigkeit seiner Mutter nicht zu seinem Problem machen dürfe, so furchtbar ihre Grausamkeit auch gewesen sei. Indem er ihr abnormales Verhalten übernehme, verlängere er nur seinen Status als Opfer. Behutsam wies sie ihn auf Christus hin. Sie las John vor, wie Jesus von denen mißhandelt worden war, die seine Botschaft der Liebe hätten annehmen sollen. »Gott versteht deinen Schmerz besser als alle Menschen«, sagte sie. »Auch er litt völlig ungerechterweise. Aber seine Botschaft, die er uns vorlebte, war, mit Liebe auf Haß zu antworten. Das ist die einzige Chance, auch für dich. Sonst zerstörst du dich, deine Tochter, deine ganze Familie.«

Es waren etliche Gespräche nötig, bis John eine Bibel zur Hand nahm und selbst darin las. Er begann zu verstehen, daß auch ihm vergeben werden konnte und daß ein Leben aus der Kraft der Vergebung und Liebe besser ist, als der Verlockung des Bösen nachzugeben.

John ist sicher eine Ausnahme. Er krempelte sein ganzes Leben um. Heute versucht er als Straßenprediger selbst gefährdete junge Menschen zu erreichen. Sein Beispiel zeigt aber, daß das gelebte und nach außen sichtbare Böse vieler Jugendlicher in Wirklichkeit ein Hilferuf ist.

»Jesus ist jetzt Nummer eins in meinem Leben, denn er weiß am besten, was gut für mich ist«, erklärte John vor kurzem als Gast meiner Sendung.

Ohne daß die abgebrochene Verbindung des Menschen zu Gott wiederhergestellt wird, ist eine Rettung aus dem Satanismus nach unserer mehrjährigen Erfahrung nicht möglich.

Anmerkungen

1) Aleister Crowley, »Magic in Theory and Practice«, Castle Books, New York, S. 95.
2) Richard Cavendish, »The Black Arts«, New York 1967, S. 272.
3) »Satanism«, Veritas Youth Magazine, 3/4 88, S. 17.
4) Nevada Appeal Nr. 86, 23.8.85.
5) The Denver Post vom 8.8.88, S. 1 ff.
6) Dianne Core, Vortrag während eines USA-Aufenthalts im April 89 in Atlanta.
7) »Networking to Beat the Devil«, Newsweek vom 5.12.88, S. 29.
8) Minneapolis Star Tribune v. 27.9.87, S. 1.
9) Newsweek, aaO., S. 29.
10) The Bakersfield Californian, 9/86, S. 9.
11) Vgl. Fußnote 1, Kapitel 7.

Wurzeln des modernen Satanismus

Mephistos Manifest

»Ich bin Satanistin. Ich füge anderen Schmerzen zu. Ich zerstöre sie.«
Kay war nicht die erste Siebzehnjährige, die in unserer Talkshow so etwas sagte. Doch dann nahm das Gespräch eine seltsame Wendung.

»Haben Sie meinen Brief bekommen?« fragte sie. »Den Brief mit dem Blut drauf?«

Der Brief war am Tag zuvor gekommen. Ich bat eine Mitarbeiterin, ihn aus meinen Akten zu fischen. In der Zwischenzeit versuchte ich, Zeit zu schinden.

»Wer hat dich darauf gebracht, hier anzurufen?« fragte ich, ohne auf Kays Antwort im mindesten vorbereitet zu sein.

»Die beiden Geister, die ich anrufe. Der eine heißt ›Haß‹ und der andere ›Lüge‹. Ich höre oft Ihre Sendung. Sie sind vielleicht witzig, Mann! Der beste Witz des Tages!«

Meine Sekretärin legte mir Kays Brief auf den Tisch. »Auf deinem Briefumschlag ist ein umgekehrtes Kreuz. Und auf dem Brief steht: ›Satan herrscht!‹ Du hast Messer darauf gemalt. Sie sehen aus, als ob Blut von ihnen tropfen würde.« Ich betrachtete die Stelle genauer. »Sieht in der Tat aus wie echtes Blut.«

»Genau«, erwiderte Kay stolz. »Mein Blut. Ich habe mich während einer Zeremonie extra für Sie geschnitten.«

»Da unsere Zuhörer nicht wissen, was in deinem Brief steht, will ich es ihnen vorlesen. Es ist ein Gebet an Satan: ›Du bist wunderbar. Du gibst mir so viel. Ich möchte, daß du in mein Herz kommst. Ich brauche dich. Ich möchte dir dienen. Übernimm die Herrschaft in meinem Leben.‹ Und dann hast du unterschrieben: ›In Treue ergeben, Deine Jüngerin.‹ Hast du das selbst geschrieben?« wollte ich wissen.

»Mit ein bißchen Hilfe von ›Lüge‹ und ›Haß‹«, antwortete Kay. – »Die haben dir wahrscheinlich auch bei dem P.S. geholfen: ›Wenn Sie Satan bekämpfen, seien Sie auf der Hut. Er ist stärker als Sie. Das ist keine leere Drohung, sondern eine ...‹«

Kay unterbrach mich: »... sondern ein Gelöbnis.« – »Du erinnerst dich noch an die Worte?«

»Schließlich habe ich sie ja geschrieben, oder? Außerdem meine ich es ernst.«

So ernst wie Kay meinen es viele Teenager mit ihrer Hingabe an den Teufel und seine Lügen. Die Gründe dafür liegen nicht nur in der natürlichen Suche der Jugendlichen nach einem klaren Konzept für ihr

Leben. Erst durch das Aufleben okkult-religiöser Bewegungen in unserer Kultur wurde auch der Satanismus wieder attraktiv. Einige dieser Bewegungen fördern eine Doktrin des Hasses, die besonders vernachlässigte und orientierungslose Jugendliche anspricht. In diesem Zusammenhang stellt sich die alte theologische Frage: Gibt es den Teufel wirklich? Oder ist er nur ein Mythos, ein Monstrum menschlicher Fantasie? Oder ist er, wie Carl Jung glaubte, der Archetypus, das Urbild alles Bösen?

Gibt es Satan wirklich? Der Begründer des Methodismus, John Wesley, bejahte diese Frage eindeutig. »Es wird nichts Böses getan oder gesprochen ohne die Hilfe des Teufels, der eine starke und geheime Macht besitzt. Alle Werke des Bösen sind Werke des Teufels«, meinte Wesley.

Und Luther meinte in einer seiner vielen Tischreden: »Groß ist die Macht des Satans in der Welt ..., der auch ein Gott ist, aber der Verdammnis und alles Bösen. Darum sollst du den Teufel, der ein Lügner und Mörder ist, wohl unterscheiden von dem wahren, rechten Gott.«

Heute denken viele – Geistliche eingeschlossen – anders. Sie sagen, der Glaube an einen persönlichen Teufel entspringe mittelalterlichen Vorstellungen und sei nichts weiter als der Versuch, die Existenz des Bösen bildhaft zu umschreiben. Die Gesellschaft im allgemeinen und die Jugend im besonderen wird der Authentizität des Bösen gegenüber desensibilisiert. Nur wenige merken, daß jeden Tag ein intensiver, unsichtbarer geistlicher Kampf ausgefochten wird.

In seinem Buch *People of the Lie* (leider nicht auf deutsch erhältlich!) beschreibt der Psychiater M. Scott Peck seine Wandlung vom Skeptiker, der nicht an die Existenz des Teufels glaubte, zum aktiven Teilnehmer an Geisteraustreibungen. Peck schreibt: »Bei den beiden Befreiungsdiensten, deren Zeuge ich war, gab sich jedes Mal ein Geist klar und deutlich als jemand zu erkennen, der entschieden gegen menschliches Leben und Wachstum ist. Er befahl beiden Patienten, sich umzubringen.«[1] Peck kommt zu dem Schluß: »Ich kenne keine passendere Bezeichnung für Satan als ›Vater der Lüge‹.«[2]

Leider teilen die meisten Menschen in den westlichen Industrienationen diese Auffassung über Satan und die Wirklichkeit der geistlichen Welt nicht. Ein Theologe hat einmal gesagt, daß der beste Trick des Teufels darin bestehe, die Menschen davon zu überzeugen, daß er nicht existiert.

Die Bibel beschreibt Satan unmißverständlich als personhaftes Wesen, das, von Gott abgefallen, die Menschen versucht und betrügt. Er besitzt die Macht, Wunder zu vollbringen, eine Kunst, die er am Ende dieses Zeitalters zur Schau stellen wird, wenn seine Marionette, der Antichrist, die Welt beherrschen wird. Die Bibel warnt die Christen vor seiner feinen Tücke und ermahnt die Jünger Jesu, sich nicht durch die Listen des Teufels einfangen zu lassen. Den Christen ist aber auch verheißen, daß die Herrschaft des Teufels begrenzt ist, da Christus Satans Macht über den Tod durch seine Auferstehung bereits überwunden hat. Eines Tages werden alle Werke des Teufels – Sünde, Rebellion, Finsternis, Bosheit, Betrug und Mord – zerstört werden.

Teenies beten den Teufel an

Die biblische Sicht vom Bösen unterscheidet sich sehr von der Ansicht der Jugendlichen heute. Die jungen Satanisten, die in meiner Talkshow anrufen, halten Luzifer für einen super Kumpel, der teuflische Vergnügungen für sie bereithält. Die Hölle ist ein ewiger Vergnügungspalast, in dem ein Orgasmus dem nächsten folgt. Das Böse ist für sie nicht schlimmer als ein Lausbubenstreich, der außer augenzwinkernder göttlicher Mißbilligung keine Folgen nach sich zieht. Und vor allem sehen sie in Satan jemanden, der sich mehr um sie kümmert als Gott oder ihre Eltern, da er ihnen grenzenlose Befriedigung statt nüchterner Mäßigung verspricht.

Für junge Satanisten ist der Teufel ein Freund, der ihnen Geld, Drogen, Sex, Nervenkitzel – und, bei entsprechender Loyalität – Bestätigung und Zuwendung bietet. Wo die Eltern und die Gesellschaft »nein« sagen, sagt der Teufel »ja«. Wo Gott sagt: »Warte«, sagte Satan: »Du kannst es haben, hier und jetzt!«

Da unsere Kinder in einer Gesellschaft aufwachsen, in der alles »instant« zu haben ist, glauben sie, der Teufel liefere »mikrowellenfertige« Racheportionen, schnelle Heilung für langwierige Übel und sofortige Befriedigung statt Erfüllung in einer fernen Zukunft. Der Slogan der Rolling Stones in den siebziger Jahren – »You can't always get what you want« (Du kannst nicht immer kriegen, was du willst) – scheint für die Jugend der neunziger Jahre wieder passé. Die Einkaufsstraßen unserer Städte lassen sie glauben, jeder Laune nachgeben zu müssen. Die Anbetung des Teufels ist für sie eine Abkürzung auf dem Weg zur Befriedigung ihrer »natürlichen« Instinkte.

In einer Zeit der organisierten Rebellion kämpft Satan für ein Glaubensbekenntnis des Egoismus. Seit dreißig Jahren gibt es Bücher und Seminare, durch die man lernen kann, noch erfolgreicher zu werden. Auch wenn es vielfach nicht offen ausgesprochen wird, geht es dabei doch immer darum, selbst zur »Nummer Eins« zu werden. Lüge, Täuschung, Habgier und Ellenbogengewalt sind akzeptierbar, wenn sie zur Befriedigung führen. Das letzte Ziel der Satanisten ist es, selbst zu Göttern zu werden – ausgestattet mit Luzifers Leidenschaften und Zielen.

Eine weitere Verlockung ist das Erlangen eines »aphrodiesischen« Zustands. Durch die Teilnahme an Opferzeremonien gelingt es den Satanisten, auch ohne Drogen »high« zu werden. Sie erfahren das Böse pur, was eine Bewußtseinsänderung bewirkt, die einem durch Halluzinogene erzeugten Zustand nahekommt. In vielen nicht organisierten Satanskulten werden demnach Drogen eingesetzt. Weihgefäße, in denen Belladonna oder Opium verbrannt wird, spielen eine wichtige Rolle bei den Zeremonien. Wie bei fast allen Jugendreligionen gehören Drogen und Alkohol auch beim Satanismus einfach dazu.

Satanistische Literatur

Unterstützung bekommt das kulturelle Klima okkulter Akzeptanz durch einen blühenden Büchermarkt, der sich das Dunkle der menschlichen Natur und die Exzesse des Bösen zunutze macht. Der englische Schriftsteller Clive Barker erinnert sich an eine Mordszene aus Hitchcocks Thriller »Psycho«, den er mit 15 Jahren gesehen hatte: »Damals dachte ich, daß ich das auch gerne mit Menschen machen würde (ihnen Angst einjagen). Das ist so ein irres Gefühl.« Über seine sechs »Bücher des Blutes«,[3] in denen es um menschenfressende Schweine und Mörder, die sich auf U-Bahn-Stationen ihre Opfer suchen, geht, sagt Barker: »Ich habe mich immer auf die Seite der Dämonen gestellt. Der Held führt ein Schattendasein. Wie es ihm ergeht, ist mir egal. Ich interessiere mich nur für die dunklen, geheimnisvollen Gestalten, mit denen der Held zu kämpfen hat.«[4]

Wie jeder Horrorfan weiß, ist Stephen King der Meister der Furcht und des Todes. Durch Titel wie »Nebel«, »ES«, »Angst« u.v.a. hat King mehr als 60 Millionen Bücher verkauft. Seine Handlungen leben von Telekinese, Spuk und parapsychologischen Kräften, stets sind Vampire, Poltergeister und ausgesuchte Psychopathen im Spiel. King erklärt, warum ihn diese Dinge faszinieren: »Es gibt etwas in uns, das unbezwingbar das Dunkle unserer Gefühlswelt hervorrufen will.«[5] Barker und King benutzen satanische Phänomene, um ihre Literatur zu verkaufen. Darin unterscheiden sie sich in keiner Weise von den Black-Metal-Stars, deren primäres Ziel Reichtum und nicht die Teufelsanbetung selbst ist.

100

Die verschiedenen Hand- und Lehrbücher der Magie gehen dagegen ans Eingemachte. Sie verstehen sich nicht als Dichtung, sondern geben praktische Anleitung für den Satanslehrling. Solche Handbücher wurden bereits Mose, Salomo, Albertus Magnus und verschiedenen Zauberern der Zeitgeschichte zugeschrieben. Sie beschreiben Rituale, Zeremonien und verschiedene okkulte Praktiken. Die bekanntesten sind: *Shemhamphorasch* (ein hebräisches Wort mit einer Liste der 72 »wichtigsten« Geister und ihrer Aufgaben), *Oupnekhat* (Sanskrit), das *sechste und siebte* (mittlerweile auch achte und neunte) *Buch Mosis*, das hebräische Buch *Henoch*, *die Goetia* (die Schlüssel Salomonis), die *Satansbibel*, *Necronomicon I u. II, Liber al vel Legis* (Crowleys Gesetzbuch) und *Aradia* (die Lehre der Hexenkunst).

Die Schlüssel Salomonis sind das bekannteste Buch dämonischen Lobpreises der Antike. Der jüdische Historiker Josephus aus dem ersten Jahrhundert bezog sich auf ein okkultes Buch, das angeblich von König Salomo mit genauen Anweisungen für Geisterbeschwörungen verfaßt worden war. Angeblich sei es von Teufeln selbst zusammengestellt worden. Im 18. Jahrhundert, dem Jahrhundert der Blütezeit des Satanismus an den europäischen Höfen, existierten unzählige französische und lateinische Versionen davon. Die bekannteste heutige Fassung wurde von Aleister Crowley überarbeitet und herausgegeben.

Das Buch Henoch gehört zu den Apokryphen und wird dem biblischen Henoch zugeschrieben. Es gründet sich auf eine ungewöhnliche Interpretation von Genesis 6,4: »Die Gottessöhne gingen ein zu den Töchtern der Menschen, und sie gebaren ihnen Kinder.«
Das Buch Henoch behauptet, diese »Gottessöhne« seien gefallene Engel gewesen, die den schönen Frauen, die sie verführten, die Künste der Hexerei beigebracht hätten. Im Buch Henoch werden auch die Namen der rebellierenden Engel erwähnt, deren Mission es sei, die Menschheit zu quälen.

Das Necronomicon. Die weltweit auflagenstärksten Bücher auf dem Gebiet des Satanismus dürften die *Satanische Bibel* (vgl. Kapitel 1) und *Necronomicon* sein. Letzteres beruht auf der Erfindung des amerikanischen Okkult- und Horrorkrimiautors Howard Phillips Lovecraft (1890–1937). Lovecraft entwickelte eine Mythologie um den »gefürchteten Cthulu«, in dem die Mächte des Bösen und der Finsternis aus einer anderen Zeit und einem anderen Kosmos die Welt zu kontrollieren drohen. Ihr legendäres heiliges Buch ist das *Necronomi-*

con, das Buch der Toten Namen. Lovecraft behauptete, es sei von dem »verrückten Araber Abdul Alhazred« zusammengestellt worde. In Wirklichkeit stammt vermutlich alles aus Lovecrafts Feder, der auch in seinen anderen Geschichten immer wieder daraus zitiert.

Eine Gruppe von Schriftstellern und Forschern unter der Leitung des okkulten Gelehrten Colin Wilson arbeitete gemeinsam an der gegenwärtigen Ausgabe des *Necronomicon*: *Das Buch der Toten Namen* wird vermarktet als neu entdecktes Meisterwerk okkulter Literatur. Wilson versucht nahezulegen, daß Lovecrafts Erfindung tatsächlich ein historisches Fundament gehabt haben könnte. Namhafte Okkultisten behaupten, ein ähnliches Werk habe jahrhundertelang existiert und sei in dem *»Buch über das Wesen der Seele«* begründet, das von einem arabischen Mystiker namens Alkindi verfaßt sein soll. Andere sagen, das *Necronomicon* gründe sich tatsächlich auf *Al Asiz*, einem antiken arabischen Buch über Dämonen.[6]

Die heute geläufige Ausgabe des *Necronomicon* enthält eine Widmung an Aleister Crowley. Auch dem »Dämon PERDURABO« (ein Name, den Crowley sich selbst zuschrieb) wird Dank erwiesen. Das Vorwort endet mit der Aufforderung: »Wir treten ein ins Neue Zeitalter des gekrönten und siegreichen Kindes, Horus, das Kind, das in uns geboren wird in dem Augenblick, in dem wir die lauernde Gefahr in unseren Seelen überwinden.«[7]

Das *Necronomicon* wird oft von Teenagern zitiert, die bei »Talk Back« anrufen. Obwohl sie meist wenig über seinen Ursprung wissen, sind sie fasziniert von der Ausstrahlung des Bösen. Das Buch verdreht die biblische Geschichte von der Rolle Luzifers und mißt dem »gehörnten Gott« den ersten Rang unter »den Alten« zu.[8] Lovecraft warnt auch davor, daß durch die darin enthaltenen uralten Formeln der Beschwörung Dämonen erscheinen könnten, die seit 6.000 Jahren nicht heraufbeschworen wurden. Sind sie einmal da, erweisen sich »gewöhnlicher Exorzismus und Verbannungsformeln als höchst unzureichend, um sie wieder loszuwerden.«[9]

Teenager sind oftmals blind für den fiktiven Hintergrund solcher Formeln und Rituale und nehmen Wort für Wort für bare Münze.

Satanistische Gruppen

Satansanhänger lassen sich im allgemeinen in zwei Gruppen einteilen: Die einen sind neurotisch, narzißtisch verletzbar und scheinen ohne jedes Rechts- und Sozialempfinden zu handeln. Meist handelt es sich dabei um Einzelgänger, die um sich eine Handvoll Gleichgesinnter scharen. Sie plündern Gräber, opfern Tiere, verstümmeln sich selbst, feiern Sexorgien, schänden Kirchen und halten Blutzeremonien ab. Ihre Glaubensdoktrin ist meist nicht formal festgelegt; sie entwickelt sich im Laufe der Zeit. Die meisten jugendlichen Satanisten fühlen sich zu dieser Form der Teufelsanbetung hingezogen.

Die zweite Gruppe gehört zu einer organisierten, institutionalisierten Form des Satanismus. Ihre Philosophie besteht im ritualisierten Abreagieren negativer Gefühle, durch das ungezügeltes Verhalten gerechtfertigt wird. Satanismus ist eine Religion, die darauf stolz ist, zurückzuschlagen, statt die andere Wange hinzuhalten. Sowohl die selbstgebastelten als auch die institutionalisierten Gruppen drücken in Ritualen ihre Verachtung für den christlichen Glauben aus, den sie glauben bekämpfen zu müssen.

Das bekannteste Ritual ist die schwarze Messe, die im Mittelalter als Parodie auf die christliche Messe entstand. Ein den griechischen Dämonengott Mendes darstellender Ziegenbock oder eine obszöne Abbildung Christi dient als Blickfang. Schwarze Kerzen werden angezündet und der Kelch mit Blut gefüllt. Eine nackte Frau dient als Altar; über ein Pentagramm auf ihrem Leib werden die Geister angerufen. Die Hostie wird entheiligt, und Rückwärtsgebete werden gesprochen. Traditionellerweise sind alle Feiernden nackt bis auf einen mit satanischen Symbolen geschmückten Umhang. Findet ein Menschenopfer statt, wird das Blut des Opferkindes mit dem Inhalt des Trinkbechers vermischt und dem Teufel geweiht.

Die meisten Teenager nehmen an solchen Zeremonien nicht teil, da sie spontane, selbstausgedachte Rituale der formalen Anbetung Luzifers vorziehen. Sie schreiben ihr eigenes Protokoll des Bösen und folgen lediglich allgemeinen Richtlinien. Nicht gebundene Satanisten wollen in der Regel ihren Wunsch zu opponieren, sich unmoralisch, kriminell oder anarchistisch zu verhalten, durch kultische Verbrämung rechtfertigen. Oberstes Ziel organisierter Satanisten ist es dagegen, Luzifer wieder den Platz einzuräumen, der ihm (in ihren Augen) ursprünglich als Herrscher des Universums gebührte.

Die Satanskirche

Anton LaVey begann seine Karriere als Tierdresseur und Karnevalsentertainer, und machte sich einen Namen als exzellenter Hypnotiseur und Gedankenleser. Am 30. April 1966, in der Walpurgisnacht, rasierte LaVey seinen Kopf kahl und verkündete die Gründung des Magischen

Zirkels, einer geheimen rituellen Gruppe, aus der schließlich die Satanskirche hervorging.

Der desillusionierte Karnevalist LaVey ernannte sich selbst zum »schwarzen Papst des Satanismus«: »Da die Anbetung des Fleisches Lust gebiert, müßte es einen Tempel herrlicher Wollust geben.« LaVey befaßte sich intensivst mit okkulten Phänomenen und fing an, regelmäßige Treffen einzuberufen, in denen er seine Vorstellungen über Vampire, Hexerei und Sex vorstellte. Er kam in die internationale Presse, weil er an seiner dreijährigen Tochter eine Satanstaufe durchführte und eine Beerdigung für einen Matrosen abhielt. Selbst Berühmtheiten wie Sammy Davis jr., der lange Zeit ein Satansmedaillon um den Hals trug, zählten sich öffentlich zu LaVeys Freunden. LaVey behauptete, auch die Schauspielerinnen Jayne Mansfield und Marilyn Monroe intim gekannt zu haben.

Hinter LaVeys Satanismus, Marke Eigenbau, steckt mehr Theater als Substanz. Er besteht auf der genauen Einhaltung seiner Zeremonien und enttäuscht alle, die sich von der Mitgliedschaft in der Satanskirche endlose orgiastische Ausschweifungen erhoffen. Zwar liegt eine nackte Frau auf dem Altar, aber auch das dient lediglich der Show. LaVey selbst erklärte freimütig, daß es in Wirklichkeit keinen Teufel gebe. Luzifer sei nur eine Metapher für die dunklen Wünsche im Menschen.

Die Doktrin der Satanskirche ähnelt eher einer lustvollen Psychotherapie als einer religiösen Hingabe an das Böse. Für LaVey ist der wahre Feind des Menschen die Schuld, die ihm durch die Bibel eingeredet wurde. Konsequenterweise wird individuelle Freiheit nur dann erreicht, wenn Sünde regelmäßig und bewußt praktiziert wird.

LaVey gibt offen zu, daß er an nichts Übernatürliches glaubt und stützt sich auf Aleister Crowleys Schule der Magie, die versuchte, sich parapsychologischen Phänomenen wissenschaftlich zu nähern (vgl. S. 109ff.).

Die Satanskirche rekrutiert ihre Mitglieder aus verschiedenen okkulten Gruppen und wuchs auf diese Weise in den siebziger Jahren sehr schnell an. Heute sind in allen größeren Städten der Vereinigten Staaten Ortsgruppen zu finden.

Die höchsten Feiertage sind die Geburtstage der Mitglieder. Weitere wichtige Feiertage sind die Walpurgisnacht (30. April) und der Abend vor Allerheiligen (31. Oktober). Alle Rituale werden von erfahrenen Priestern geleitet. Während ihrer Ausbildung werden ihnen neben dem Studium der Satansbibel auch Autoren wie Nietzsche, Machiavelli und Rand ans Herz gelegt.

Nach der freimütigen Selbstdarstellung der Satanskirche wagten sich bald auch konkurrierende Organisationen ans Licht der Öffentlichkeit, u.a. die Kirche der Satanischen Bruderschaft, der Ordo Templi Orientis, der Ordo Saturni, und der Temple of Seth, der von dem früheren LaVey-Anhänger Michael Aquino gegründet wurde. Vor einigen Jahren zog sich LaVey zurück und überließ seiner Frau die Leitung der Satanskirche. Seine älteste Tochter Karla übernahm die Sprecherrolle, die danach von der jüngeren Tochter Zena übernommen wurde.

Auch heute noch pflegt der über 60jährige Anton LaVey seinen schlechten Ruf, aber mit den Aktivitäten der Satanskirche hat er nur noch wenig zu tun. Lediglich sein Rundbrief, *Der Pferdefuß*, existiert nach wie vor.

Die Satanskirche hat auf die satanische Praxis heutiger Jugendlicher wenig direkten Einfluß. Die meisten Teenager schließen sich ihr nur an, wenn auch ihre Eltern schon Mitglieder waren, aber sie werden sehr stark von den in der *Satanischen Bibel* dargelegten Ritualen und Lehren beeinflußt. Für Teenie-Satanisten ist Anton LaVey der wenig umgängliche Großvater der Teufelsanbetung, der der okkulten Expansion den Weg gebahnt hat.

Der Temple of Seth

Der aktivste Sprößling der Satanskirche ist Dr. Michael Aquinos »Temple of Seth«, den er nach dem ägyptischen Gott des Todes so benannte. Während LaVey mittlerweile das Rampenlicht scheut, ist Aquino oft in Fernseh-Talkshows in Begleitung seiner Frau und Mitarbeiterin, Lilith Sinclair (Pat Wise), zu sehen. Als Oberstleutnant der Reserve spezialisierte er sich in psychologischer Kriegsführung, was ihm als Satanist von Nutzen sein dürfte. Als ehemaliger Verbündeter LaVeys war es Aquinos Aufgabe, spezielle Rituale für die Satanskirche auszuarbeiten.

Aquino behauptet, Seth sei ihm am 21. Juni 1975 erschienen. Seiner Meinung nach sei Seth auch identisch mit dem Geist Aiwaz, der Aleister Crowley erschienen war. Jetzt initiiere Seth seinen eigenen Äon, eine Zeit satanischer, spiritueller und intellektueller Aufklärung. Aquino hat seine buschigen Augenbrauen so gezupft, daß sie ihm ein finsteres Aussehen geben. Dazwischen hat er sich die Zahl 666 auf die Stirn tätowiert. Diese Selbstbezeichnung als Antichrist entspricht der Aleister Crowleys. Aquino macht da weiter, wo der britische Satanist aufhörte.

Während LaVey eher die Rolle eines Werbetrommlers spielte, der alle Verbindungen zum eigentlichen Bösen bestritt, nimmt Michael Aquino den Teufel viel ernster. Aquino scheint für sich und seine Anhänger eine Art Synthese aus der Lehre der Scientology-Kirche und der Lehre Werner Ehrhards gebildet zu haben, wenn er sagt, daß Seth-Anhänger durch einen als »Xepering« (ägypt.: entstehen, werden zu) bekannten Prozeß des Immer-Mehr-Wissens zu Göttern werden. Da Aquinos Vorgehen intellektbestimmt ist, zieht er vorwiegend Menschen aus aufstrebenden weltoffenen Bevölkerungskreisen an. Zum Glück folgen nur wenige Teenies Aquino nach, sein hoher Bekanntheitsgrad verleiht der Sache des Satanismus jedoch Glaubwürdigkeit.

Nach einer Anklage wegen fortgesetzter Kindesmißhandlung und -vergewaltigung mußte sich Aquino 1989/90 in den USA vor Gericht verantworten. Das Urteil stand bei Fertigstellung des Buches noch aus.

Der geistliche Kampf findet in den Familien statt

»Ich habe meine Seele an den Teufel verkauft«, ist die stereotype Aussage vieler Teens in unserer Talkshow.

Während ein Großteil der Jugendlichen den Teufel ernst nimmt, ist dies bei vielen Eltern nicht der Fall. Entweder sehen sie in ihm einen Kobold mit gezinktem Schwanz und Pferdefuß, oder sie halten ihn für einen Mythos, ein Relikt aus dem Mittelalter und ein beliebtes Symbol der Karikaturisten. Deshalb merken die meisten Eltern auch nicht, daß sie sich in einem geistlichen Kampf um ihr Kind befinden. Das macht die Sache so gefährlich.

Von seiner Todeszelle aus sprach Sean Sellers überzeugend über die Täuschungsmanöver des Teufels. Ich fragte ihn, welchen Rat er Teenies geben würde, die ihre Seele an den Teufel verkauft haben.

Er schrieb mir folgendes auf:

»Der Teufel bringt dich dazu, Dinge zu tun, die dir natürlicherweise zuwider sind. Ich war ein sensibles Kind, habe Musik und Gedichte geschrieben. Ich war ein guter Schüler und Sportler. Ich liebte die Natur und das Leben und wollte Tierarzt werden. Aber Satan hat das alles zunichte gemacht.

Wenn *du* nicht für den Teufel bist, ist *er* gegen dich. Satan zu dienen, hört sich am Anfang vielleicht gut an. Du kriegst alles, was du willst. Aber am Ende ist es ganz furchtbar. Satanisten glauben, sie könnten sich auf die Hölle freuen, weil dort was los ist, aber der Teufel zerstört ihr Leben, bevor sie überhaupt ankommen. So kriegen sie die Hölle schon auf Erden.«

Sean beschrieb mit lebhaften Worten, wie er schließlich zum Killer wurde: »Meine Zuneigung zu meinen Eltern und meiner Freundin war plötzlich wie weggeblasen«, erklärte er. »Sie wären mir egal. Schließlich hatte ich überhaupt kein Gefühl mehr für irgend jemanden. Kein Mitleid, kein Gewissen. Es begann aber ganz unmerklich, ganz allmählich«.

»Wie sollten sich Eltern verhalten, die entdecken, daß sich ihr Kind für Okkultes interessiert?« fragte ich ihn bei unserem nächsten Telefonat.

»Nicht in Panik geraten«, erklärte Sean. »Denn dann wenden sich die meisten erst recht von zu Hause ab. Eltern sollten versuchen, herauszufinden, ob es sich nur um oberflächliche Neugierde oder um ein ernsthafteres Interesse handelt. Falls es nur um Experimente geht, sollten die Eltern erklären, wie gefährlich dieses Experimentieren sein kann, und daß es das Leben zerstören kann.«

»Und wenn mehr dahintersteckt? Wenn ein Jugendlicher bereits ernsthaft in satanische Praktiken verstrickt ist?«

»Zuerst sollte man sich vergewissern, also nach ernsthaften Anzeichen suchen, z.b. Narben, Tätowierungen, dämonische Zeichnungen, satanische Utensilien wie Knochen und Pentagramme«, erläuterte Sean. »Dann sollten sich die Eltern ehrlich fragen, ob sie ihr Kind vielleicht vernachlässigen, und daran etwas ändern. Auch halberwachsene Kinder brauchen Zeit und viel Zuwendung. Auch ein kratzbürstiger Jugendlicher muß wissen, daß er geliebt wird.

Aus eigener Erfahrung weiß ich, daß Regeln und so was meist nicht eingehalten werden, aber versuchen sollte man es trotzdem – daß das Kind erklärt, mit wem es weggeht, wohin und wie lange. Wenn die Kinder merken, daß ihre Eltern ernsthaft um sie (und nicht um ihren guten Ruf) besorgt sind, klappt es vielleicht doch.«

»Wie fühlt man sich in der Todeszelle?« fragte ich Sean.

»Meine Zelle ist fünf Meter lang und besteht aus einem Tisch, einem Waschbecken, einer Toilette, einem vergitterten Fenster und einer vergitterten Tür«, antwortete er. »Ein Telefon gibt es auch, aber die Schnur ist draußen im Flur festgemacht. Dieses Gespräch führe ich von meiner Zelle aus. Einmal täglich darf ich eine Stunde lang auf den Hof. Den Rest der Zeit verbringe ich hinter den Gittern meiner vier Wände.«

Es wollte immer noch nicht in meinen Kopf, wieso Sean Sellers als halbes Kind mit fünfzehn Jahren so brutal töten konnte. Ich drang deshalb weiter in ihn: »In der Zwischenzeit bist du Christ geworden. Was ist der Unterschied zwischen deinem früheren und deinem jetzigen Leben?«

»Wie die meisten Satanisten glaubte ich, daß Satan gut und Gott böse sei. Ich hatte das Gefühl, daß Satan sich um die Menschen kümmert, im Gegensatz zu Gott, der nur faule Versprechungen macht. Ich liebte Satan. Ich wollte ihm dienen. Erst nachdem das alles passiert war, verstand ich, daß Satan die Menschen nur zerstören will.«

»Gibt Satan seinen Anhängern das Recht, mit jedem abzurechnen, dem sie eins auswischen wollen?«

»Ja, die Goldene Regel des Christentums wird auf den Kopf gestellt«, erwiderte Sean. »Wenn jemand dich verletzt, schlägst du zurück. Freundlichkeit ist nur bei denen angebracht, die es verdienen, bei allen anderen wäre es Verschwendung.«

Während der Verhandlung schwieg Sean meistens und sagte aus, er könne sich an das Verbrechen nicht erinnern. Erst nach dem Schuldspruch begriff er, was ihn zu der grausamen Tat getrieben hatte, und er litt unter furchtbaren Schuldgefühlen.

»Satan nimmt sich nichts, was der Mensch ihm nicht freiwillig gibt«, gestand Sean ein, »und ich gab ihm alles. Wenn ich mich nicht mit ihm eingelassen hätte, säße ich heute nicht hier. Jeder, der mit dem Teufel spielt, verliert. Der Teufel benutzt dich und läßt dich nach Gebrauch wieder fallen.«

Für Sean änderte sich das Leben an einem Märztag 1987. Er saß im Stadtgefängnis von Oklahoma City. Frei von Drogen begann Sean endlich, sich für sein Handeln schuldig zu fühlen. Jemand hatte ihm eine Bibel gegeben. Er öffnete sie und begann zu lesen. Auf jeder Seite sprangen ihm Verse über Liebe und Vergebung in die Augen.

»Gott hat schon mehr Mördern vergeben. Vielleicht vergibt er sogar mir«, dachte er. Er fiel auf die Knie und schluchzte. Er bat Gott, ihm zu vergeben und sein Leben zu verändern.

Nach einem Gottesdienst der Gefängnisseelsorge suchte der Seelsorger Sean in seiner Zelle auf. Jeden Dienstag trifft sich Sean nun mit einer Gruppe zum Gebet und Bibelstudium.

»Ich habe gelernt«, sagt Sean, »daß nur Gott dich wiederherstellen kann, wenn der Teufel dich verändert hat. Nur er kann ein Herz anrühren, das vom Okkultismus zerstört wurde.«

Zurück zu Kay, deren Geschichte wir am Anfang des Kapitels hörten. Sie brauchte, genau wie Sean, Liebe. Nach einiger Zeit unterbrach ich ihre endlosen Drohungen und ihre Prahlerei und sprach den wirklichen Grund ihres Anrufs an.

»Kay, in Wirklichkeit möchtest du Satan doch gar nicht dienen. Aber du bist so verletzt, verwirrt und durcheinander, daß du dich selbst haßt. Du hast das Gefühl, daß keiner dich mag. Im Satanismus hoffst du, einen Sinn für dein Leben zu finden.«

»Sind Sie Psychologe oder so? Mich mag wirklich keiner. Aber ich brauche die anderen auch nicht«, antwortete sie.

»Kay«, fuhr ich fort, »die Versprechungen des Bösen sind immer die gleichen: Reichtum, Liebe, Befriedigung, Macht. Aber der Teufel kann diese Dinge – wenn überhaupt – nur für eine kurze Zeit erfüllen. Du betrügst dich selbst, wenn du glaubst, du brauchst niemanden sonst.«

Im Gegensatz zu ihrem protzigen Auftreten am Anfang war Kay merkwürdig still geworden. Trotz ihrer gegenteiligen Beteuerungen hatte ich ihr Verletztsein erkannt. Im Grunde wartete sie nur darauf, daß jemand sie und ihre Verteidigung des Teufels entlarvte.

»Ich weiß, warum du heute angerufen hast. Es tut dir nämlich leid, diesen Brief mit den Drohungen und Flüchen geschrieben zu haben.«

»Stimmt«, sagte Kay nur.

»Und du hast gehofft, ich würde dich festnageln und dir sagen, daß du noch eine Chance hast, wie ich es schon bei anderen getan habe.«

»Naja. Was soll ich dazu sagen? Es tut mir leid, daß ich den Brief geschrieben habe.«

»Ich nehme deine Entschuldigung an. Aber weißt du, bei wem du dich eigentlich entschuldigen müßtest?«

»Yeah.«

»Bei wem?«

»Jetzt sagen Sie bestimmt ›Gott‹.«

»Genau. Entschuldige dich bei ihm. Bitte ihn um Verzeihung.«

»Woher weiß ich überhaupt, daß er zuhört?«

»Kay, wenn ›Haß‹ dich schon gehört hat, als du ihn anriefst, und er ist nur ein kleiner Geist, wieviel eher wird Gott dich hören, wenn du bereust.«

Heute noch habe ich den blutverschmierten Brief, den Kay mir vor zwei Jahren schickte. Aber ich habe auch noch andere bedeutungsvolle Dinge von ihr. Handarbeiten, in die sie Zeit und Liebe investierte: ein rotes Herz mit der Aufschrift: ›Ich hab' Dich gern‹, ein Weidenkörbchen mit Perlenverzierung und ein Bild von ihr in feierlichem Kostüm bei der Schulabschlußfeier. Nie hätte sie gedacht, einmal das Collegeniveau zu schaffen. Heute studiert sie an einer bekannten christlichen Fakultät.

Kays Geschichte ist sicher nicht repräsentativ. Ihre 180°-Wendung zum Glauben erscheint wie ein Wunder. Und doch war nichts weiter nötig als die Bereitschaft, im Vertrauen auf Gottes Führung hinter die Kulissen eines jungen Menschen zu schauen und herauszufinden, warum das Gute gegen das Böse und die Wahrheit für die Lüge eingetauscht worden war.

Anmerkungen

1) Scott M. Peck: People of the Lie, New York, 1983, S. 204.

2) Ebd., S. 207.

3) Clive Barker: »Die Bücher des Blutes«, Bd. 1–6, in blutrote Seide gebunden. Linkenheim.

4) »Meet Horror's Heir apparent«, USA today, 22.8.1986, S. 4.

5) Stephen King: Angst, Gespräche über das Unheimliche, Linkenheim, 1989.

6) Aus: Encyclopedia of Occult and Parapsychology, 2. Auflage, Bd. 2, Gale Research Company, Detroit, Michigan, 1984, S. 939.

7) Necronomicon, Avon Books, New York, 1977, S. X. Dt. Ausgabe Necronomicon I und II, Oldenburg, 1988.

8) Ebd., S. XXVIII.

9) Ebd., S. LIII.

Aleister Crowleys Credo

Aleister Crowley wurde 1875 in England geboren und entwickelte sich zum unrühmlichsten Schwarzmagier aller Zeiten. Schon als Kind muß er unausstehlich gewesen sein, da ihm seine Mutter den Spitznamen »das Tier« gab – in Anlehnung an das Tier aus der Offenbarung, das mit zehn Hörnern und sieben Häuptern aus dem Meer stieg und Gott lästerte.[1] Paradoxerweise zog Crowleys Vater als christlicher Wanderprediger einer streng fundamentalistischen Gruppe, der Plymouth Brethren, durch England.

Crowley glaubte bald ernsthaft, das Tier der Offenbarung zu sein und erklärte deshalb Gott offene Feindschaft. In seinem autobiographischen Werk »Confessions – Die Bekenntnisse«[2] und seiner Geheimlehre »Magick«[3] spricht er von seiner Mission, die darin bestehe, den christlichen Glauben zu zerstören und durch die Religion der Thelema zu ersetzen.[4]

Crowley war im hermetischen Orden der Goldenen Dämmerung aktiv, der von Mitgliedern der englischen Großloge und der SRIA, einem englischen Ableger der Gesellschaft der Rosenkreutzer, gegründet wurde. Dieser Orden lehrte, wie man Talismane weiht, magische Zirkel gründet und Astralreisen durchführt. Seine Mitglieder lernten, die Kabbala zu lesen und anzuwenden.[5]

Wie die Kabbalisten glaubten die Mitgliedder der Goldenen Dämmerung, sie erlangten durch magische Formeln Macht über Dämonen. Sie glaubten auch, durch eine höhere Intelligenz, die »aufgestiegenen Meister«, geleitet zu werden. Crowley nahm den Ordensnamen »PERDURABO« an, »ich werde ausharren«. Schon nach relativ kurzer Zeit wurde Crowley aus dem Orden ausgeschlossen, weil er dafür berüchtigt war, jedes nur mögliche ethische Gesetz zu brechen – von Unzucht bis zu Mord –, und mit seinen Ansichten auch in der Öffentlichkeit nicht hinterm Berg hielt.

Mit 28 Jahren fuhr Crowley nach Kairo. Dort erschien ihm ein Geist, der sich ihm als sein heiliger Schutzengel AIWAZ vorstellte. Der Geist Aiwaz beschrieb sich selbst als Vertreter einer Großen Weißen Bruderschaft spiritueller Wesen, die auf die Erde gekommen waren und sie regierten (!). Aiwaz ließ Crowley wissen, daß ein neues okkultes Zeitalter begonnen habe und zweitausend Jahre dauern würde.

Crowley faßte seine Lehren im »Gesetz von Thelema« zusammen: »Dieses Buch ist ein einfacher Verhaltenskodex. Tue, was du willst, soll das ganze Gesetz sein. Das Gesetz ist die Liebe, die Liebe unter dem Willen. Es gibt kein Gesetz außer dem ›Tue, was du willst‹.«[6]

In seinem »Liber al vel Legis« teilt er die Geschichte in drei Zeitalter ein. Das erste Zeitalter ist der Äon der ägyptischen Naturgöttin Isis, der Frau und Schwester des Osiris. In dieser Zeit, bis 500 v.Chr., bestimmte das Matriarchat und die ägyptische Mythologie das menschliche Zusammenleben. Das zweite Zeitalter ist das des Totengottes Osiris. Während dieser Epoche, die mit den Blütezeiten des Judentums, Buddhismus, Islams und Christentums zusammenfiel, wurde das gesellschaftliche Leben vom Mann bestimmt. Seit dem Jahr 1904 lebt die Menschheit im Zeitalter des Falkengottes Horus, Sohn des Osiris und der Isis und ägyptischer Kind-Gott des Lichts. Seit dieser Zeit regiere das wirkliche Selbst des Menschen und nicht irgendwelche Autoritäten, Priester und Götter.

Crowleys Glaubensbekenntnis war einfach: »Sei stark, o Mensch! Folge deinen Lüsten. Genieße alles, was deine Sinne aufnehmen! Fürchte dich nicht. Kein Gott wird es dir versagen.« Crowley lebte, was er predigte. Man beschuldigte ihn der Homosexualität, der Pädophilie und jeder erdenklichen sexuellen Perversion. Aus der hinduistischen Form des Tantra-Yoga übernahm er Vorstellungen, die der Sexualität magische Kräfte zumessen.

Zurück in Großbritannien übernahm Aleister Crowley die Leitung eines okkulten Ordens, der sich auf die Gesetze von Thelema berief, und als »Argenteum Astrum« oder »Orden der Großen Weißen Bruderschaft« bekannt wurde. Jedes Mitglied mußte zunächst einen Eignungstest durchlaufen, bei dem ein unbekanntes und unverständliches Symbol durch eine Vision oder Astralreise entschlüsselt werden sollte. Bestand der Antragsteller diese Prüfung, wurde er als Novize aufgenommen. Ein Jahr später konnte er dann, wenn alle Regeln eingehalten worden waren, zum Neophyten (gr.: der Neugepflanzte) aufsteigen und so die Kontrolle über seinen »Lichtkörper« gewinnen. Die höchste Stufe hatte der Zeleator (lat.: der Eifrige) erreicht. In den zwanziger und dreißiger Jahren bewirkte Crowley in England das, was Anton La Vey mit seiner Lehre der Teufelsanbetung später in Amerika erreichte.

Während des Ersten Weltkriegs verlegte Crowley seine Aktivitäten nach Amerika. Die Presse beschrieb ihn als den »abartigsten Menschen der Welt«. Er hielt sich auch in Italien auf, wurde aber des Landes verwiesen, weil man ihn der Opferung von Kindern bei okkulten Ritualen bezichtigte.

Crowley bestand darauf, daß Wahrsagerei denselben Aussagewert wie jede wissenschaftliche These habe und erklärte, daß die Anrufung von Geistern kein subjektives Phänomen sein dürfe, sondern von auffälligen Gerüchen und sichtbaren Erscheinungen begleitet werden müsse. Er widmete sein ganzes Leben »der Rettung des Okkultismus von dem schlechten Ruf, der ihn zu einem Gegenstand der Aversion gerade für die gemacht hat, die durch ihre Begeisterungsfähigkeit und Offenheit am meisten befähigt wären, Nutzen aus ihm (dem Okkultismus) zu ziehen ...«[7]

Gegen Ende seines Lebens war Crowley nicht mehr in der Lage, zusammenhängend zu sprechen. Er starb 1947, verarmt und drogenabhängig. Trotz seines unrühmlichen Endes folgen immer noch Tausende von Menschen in Amerika und Europa seiner Lehre, die ein ausschweifendes Leben als den Weg zur geistlichen Erkenntnis proklamiert. Ozzy Osbourne widmete ihm einen Song. Der erfolgreiche Rockgitarrist Jimmy Page kaufte sein Haus, und die Beatles bildeten sein Gesicht auf dem Cover ihres Albums Sergeant Pepper ab. Sowohl Anhänger als auch Kritiker okkulter Literatur stimmen fast einstimmig überein, daß die Satanische Bibel Anton LaVeys stark von der Lehre Crowleys beeinflußt ist. Verschiedene namhafte Schriftsteller ließen und lassen sich von Crowleys Gedankengut inspirieren. Auf seine Philosophie »Tue, was du willst« berufen sich nicht zuletzt eine Reihe von Massenmördern.

Crowleys Philosophie im Leben heutiger Teenager

Dean war neunzehn und ein entschiedener Nachfolger Crowleys. Er rief in »Talk Back« an und erklärte: »Ich bin ein Crowley-Schüler und befinde mich eine Stufe über den Satanisten und mehrere Stufen über den Christen. Ich bin ein thelistischer Magier«.

»Sprichst du mit Luzifer persönlich?« wollte ich wissen.

»Nein«, erwiderte Dean, »aber ich spreche mit allen seinen Günstlingen und allen Dämonen der Höllenhierarchie.«

»Welche Opfer bringst du dar?«

»Nur Tiere«, antwortete Dean. »Menschen sind wertlos, solange sie nicht die zehnte Stufe der Crowleyschen Erleuchtung erreicht haben.«

»Aber Crowley endete doch tragisch«, gab ich zu bedenken. »Nur nach seinem eigenen Willen zu handeln, hat ihn drogenabhängig, geschlechtskrank und zum Schluß wahnsinnig gemacht.«

»Das stimmt schon«, erwiderte Dean. »Aber ich werde nicht so enden. Und wenn ich sterbe, komme ich in die Hölle.«

»Die Bibel sagt, die Hölle bedeute Qual ohne Ende!«

»Das klingt nur für euch so. Aber ich habe in meinem Leben schon genug gelitten. Mein Vater hat mich und meine Mutter geschlagen. Mit vierzehn setzte er mich auf die Straße. Da habe ich mich Crowleys Lehren zugewandt, und durch sie habe ich gelernt, daß man ohne Liebe leben kann.«

Wie für so viele jugendliche Satanisten wurden Crowleys Anweisungen für Dean zum Ersatz für die Heilung seiner zutiefst verletzten Persönlichkeit.

Spiritualismus und Theosophie

Die Entwicklung der Lehre Aleister Crowleys muß im Rahmen der seiner Zeit vorausgehenden, sich entwickelnden okkulten Ideologie der Theosophie verstanden werden. Die bedeutendste Okkultistin des 19. Jahrhunderts, die Russin Helena Petrovna Blavatsky, behauptete nach einer Tibetreise, körperlosen höheren Wesen begegnet zu sein, die sie *Mahatmas*[8] nannte. Ihre Lehre zur Kommunikation mit der spirituellen Welt verschlüsselte sie in den Büchern »Entschleierte Isis« und »Die Geheimlehre«. 1875 gründete sie zusammen mit zwei ihrer Bewunderer, William Quan Judge und Colonel Henry Steel Olcott, die Theosophische Gesellschaft in New York.

H.P. Blavatsky beschloß, die »unerklärlichen Gesetze der Natur« und die geheimen Kräfte im Menschen zu erforschen. In ihrer spirituellen Kosmologie unterstanden bestimmte Gottheiten einem Herrn der Welt, der Geistern wie Meister Morya, Meister Koot Hoomi und Jesus befehligte.

Eine amerikanische Gesellschaft für parapsychologische Forschung prüfte Frau Blavatskys Behauptungen und befand sie für nicht haltbar. Man beschuldigte sie der Zauberei, der Hypnose und der Scharlatanerie. Von der Öffentlichkeit geächtet, starb Helena Petrovna Blavatsky 60jährig in London – arm, verbittert und einsam.

Obwohl die Theosophische Gesellschaft in ihrer Lehre um eine Anbindung an das Christentum bemüht ist, stehen die wesentlichen Thesen in direktem Gegensatz zu christlichen Aussagen. Für die Theosophen des 19. Jahrhunderts war Gott gleichbedeutend mit der unendlichen Intelligenz, die Sünde ein kirchlicher Mythos und das Ausharren Christi am Kreuz »ein Beispiel für den Geist eines Märtyrers«.

Die Theosophische Gesellschaft bestand auch nach dem Tod H.P. Blavatskys fort und erlebte um die Jahrhundertwende einen neuen Aufschwung. Rudolf Steiner war 1902–1913 Generalsekretär der Deutschen Theosophischen Gesellschaft, bevor er sich aufgrund inhaltlicher Differenzen mit der Gründung der »Anthroposophischen Gesellschaft« von ihr trennte. Die T.G. fand zahlreiche Nachahmer auf spritistischem Gebiet. Der amerikanische Schriftsteller Whitman schwärmte davon, Teil eines ewigen kosmischen Bewußtseins zu sein und schrieb »Songs of Myself«. Der irische Lyriker und Dramatiker William Butler Yeats war Großmeister der »Goldenen Dämmerung«, die auch Crowley in ihren Bann gezogen hatte. Der Nobelpreisträger Yeats nahm an Seancen teil, führte okkulte Experimente durch und versuchte einmal, den Geist einer toten Blume wiederzuerwecken. Auch Sir Arthur Conan Doyle, der Erfinder des Sherlock Holmes, glaubte fest an spiritistische Phänomene.

Die Macht der Magie

Alle Schulen des Okkultismus teilen den gemeinsamen Glauben an die Macht der Magie (das Dienstbarmachen übersinnlicher Kräfte) und die Möglichkeiten der Divination (Vorhersage, Wahrsagerei).

Als »Nährmutter« moderner Gruppierungen gilt vielfach die Kabbala,[9] ursprünglich eine jüdische Geheimlehre des Mittelalters. »Jüdische und christliche Religion, Astrologie, Tarot und Alchimie haben unzählige Väter, aber nur eine Mutter: Die Kabbala. Das Mütterchen hat sich schon in vielen Körpern gezeigt. Mütterchens Körper nennt man ›Religionen‹ oder ›Philosophien‹.«[10]

Ihre Anhänger sehen die hebräische Kabbala als »wichtigste und leistungsfähigste esoterische Tradition des Westens. Keltischer, griechisch-römischer und germanischer Pantheon, Astrologie, Alchimie sowie alle Mythologien und religiösen Kulte des Westens lassen sich mühelos in das kabbalistische System eingliedern.«[11]

Kabbalisten führen den Ursprung ihrer Lehre auf geheime Talmud-Dokumente zurück. Wahrscheinlich entstand die Kabbala in der Provence zwischen 1150 und 1250. Von dort verbreitete sie sich zunächst in Spanien. Als Hauptwerk der Kabbala gilt das dort entstandene pseudopigraphische Buch Zohar (Lichtglanz), in dessen Kanon auch Texte der altjüdischen Gnosis übernommen wurden. Die Kabbala kennt Gott als den Urgrund allen Seins. »Alles ist in Einem, und Eines ist in Allem.« Wichtiger als die Göttlichkeit selbst sind die zehn Sephiroth (Krone, Weisheit, Verstand, Gnade, Gericht, Erbarmen, Ewigkeit, Pracht, Fundament, Reich) als dynamische Kräfte der sich manifestierenden Gottheit. Die Welt gilt als Spiegelbild der göttlichen Weisheit.

Die Sephiroth entsprechen numerologisch deutbaren Punkten (Zahlen) auf dem Baum der Kabbala. Sie werden auch als Tore verstanden, durch die der Mensch eintreten kann, um das Mysterium Gottes zu erfassen.

»Der Besitz des kabbalistischen Schlüssels öffnet jeder Religion die Zukunft, den Erfolg, den Himmel. Wer diesen Schlüssel besitzt, muß ihn vor seinem Tod an einen Würdigen weitergeben, sonst wird er bestraft.«[12]

Kabbalisten bedienen sich im allgemeinen der divinatorischen Systeme des Tarots und der Numerologie. Die hebräische Sprache gilt, aufgrund der aus ihr entwickelten Zahlen- und Buchstaben-Mythologie als inspiriert.

»Heutige Kabbala-Interpretationen beruhen fast immer auf dem System der Okkultisten des Order of the Golden Dawn u.ä. Gruppen, und haben mit der orthodoxen Auslegung kaum noch etwas zu tun.«[13]

Der am weitesten verbreitete Geheimorden ritueller Magie ist der »Ordo Templi Orientis« (OTO), der ursprünglich zur Jahrhundertwende von Karl Keller gegründet und in England von Aleister Crowley geleitet wurde. Auch L. Ron Hubbard, Gründer der Scientology-Kirche, soll lange Zeit Mitglied des OTO gewesen sein, auch wenn seine Kirche heute jede Verbindung abstreitet. Dennoch werden Fertigkeiten der verschiedenen OTO-Grade in Scientology-Kursen gelehrt.

Die internationale Organisation der OTO strukturierte sich nach dem Vorbild der Freimaurer. Den bestehenden zehn Graden der OTO fügte Crowley noch einen elften Grad der Homosexualität hinzu als Bestandteil der rituellen Sexualmagie des Tempels. Der Wiener Karl Keller bereiste den Fernen Osten und studierte die tantrische Sexualphilosophie der hinduistischen Yogis. Als er zurückkehrte, verband er diese Philosophie mit freimaurerischen Ritualen.

Bei den OTO-Zeremonien wurde das Baphomet (s. Anhang) offen als Quelle sexueller Macht zur Schau gestellt. Die Ordensmitglieder glaubten, daß sie sich, wenn sie während der magischen Zeremonien sexuell erregt wurden, nur mit bestimmten Göttern und Göttinnen identifizieren müßten, um deren erotische Kraft zu erhalten. Nach Crowleys Überzeugung bestand die letzte magische Eignungsprüfung in der Fähigkeit, mit unsichtbaren astralen Wesen, insbesondere mit Dämonen, Geschlechtsverkehr haben zu können (Inkubus bzw. Sukkubus).

Im Kielwasser der New-Age-Bewegung und des okkultistischen Aufbruchs entstehen in allen westlichen Staaten ständig auch neue thelemitische Orden. Die meisten von ihnen beziehen sich in irgendeiner Form auf Lehre und Schriften Aleister Crowleys. Der Gründer des deutschen »Thelema-Orden des Argentum Astrum« und Übersetzer vieler Crowley-Bücher, Michael Eschner, begreift sich selbst als Reinkarnation Crowleys. Schriften wie »Liber al vel Legis«, »Magick« und »Liber 777« gelten als inspiriert. Überwiegendes Dogma ist das Crowley'sche Leitmotiv: »Tue, was du willst, soll sein das ganze Gesetz. Liebe ist das Gesetz, Liebe unter Willen, mitleidlose Liebe.« Nicht wenige »Selbstbefreiungs«-Gruppen und esoterische Gesellschaften bedienen sich einer Variante dieses Gesetzes, selbst wenn eine direkte Verbindung zum Satanskult nicht beabsichtigt wird.

Christen werden von Ordensmitgliedern gewarnt: »Jesus wird niemals wiederkommen, das ist ein Wunschtraum und war nie so beabsichtigt. Aber der CHRISTUS, der Logos des Äon, der neue Weltenlehrer, ist schon gekommen. Er heißt Aleister Crowley, das Tier 666.«[14]

Teenager, die »Talk-Back« anrufen, haben sich oft eine Philosophie aus Theosophie, Spiritualismus, östlichen Religionen und Magie zusammengebastelt. Ein Anrufer namens Jason folgte dem Glauben, Jesus sei ein Medium und Luzifer ihm gleichgestellt. »Der christliche Gott raubt und stiehlt«, sagte Jason. »Das Christentum ist ein zweitausend Jahre alter Mythos.«

»Woher weißt du das?« wollte ich wissen.

»Die Geister sagen mir das. Ich rede oft mit ihnen.«

»Wie intensiv hast du mit Magie zu tun?« fragte ich.

»Eine Zeitlang war ich Hoherpriester«, gab Jason zu. »Das Werk Crowleys mit der Goldenen Dämmerung gefällt mir gut.«

Wie immer, wenn Anrufer anfangen, Crowleys abartiges Verhalten zu loben, erinnerte ich ihn daran, daß Crowley homosexuell und ein Sadist und Mörder war.

»Hast du einen Dämon?« fragte ich weiter, um mehr über Jasons Interesse an Geistern herauszufinden.

»Nein, nicht mehr. Ich bin ihn losgeworden, indem ich ihm gesagt habe, er soll gehen. Das gehört zu der Kraft des ›Yin‹ und ›Yang‹, des Negativen und des Positiven. Alles, was ich tun muß, um das Negative zu verjagen, ist, das Positive anzurufen. Ich habe nun alles in der Hand.«

Wie Jason glauben viele Schüler der Magie, daß ihnen die okkulten Künste erlauben, ihr Schicksal zu bestimmen, indem sie die Realität manipulieren. Bestimmte Gottheiten und Geister, die entweder real existierend oder archetypisch verstanden werden, werden angerufen. Die Zeremonie ist individuell bis ins Kleinste ausgefeilt. Besondere Kleidung, Gesang, Bewegung, Meditation und heilige Utensilien gehören dazu.

Der Hingegebene kann den Namen eines spirituellen Wesens oder eines aufgestiegenen Meisters annehmen. Man unterscheidet grob zwischen einer »Invokation«, bei der kosmische Kräfte herbeigerufen werden und einer »Evokation«, bei der Kräfte aus der Tiefe des Selbst heraufbeschworen werden.

Magie im engeren Sinn ist kein evangelisierendes Glaubenssystem, da angeblich nur eine kleine Elite in der Lage ist, die esoterischen Zusammenhänge zu verstehen. Die meisten werden entweder hineingeboren oder durch ein intensives Studium okkulter Phänomene hineingelockt. Aber fast alle Anhänger haben eines gemeinsam: ungelöste persönliche Probleme, durch die sie für magischen Mystizismus empfänglich werden.

»Wie bist du denn dazu gekommen, Crowley zu verehren?« fragte ich Jason. »Alle in unserer Familie glauben an die Kraft der Magie. Mit 6 Jahren fing ich an, Drogen zu nehmen«, antwortete er. »Weil ich störte, gab mir jemand Marihuana. Mit 14 hing ich dann an der Nadel.«

»Wer war das?« hakte ich nach. »Das ist doch egal!« erwiderte Jason ärgerlich. Er wollte nicht darüber sprechen, öffnete sich aber schließlich gegenüber einem unserer Telefonseelsorger. Nicht nur Drogen und Okkultismus waren ein Problem in dieser Familie. Jemand, den er sehr liebgehabt und dem er vertraut hatte, hatte ihn sexuell mißbraucht.

»Du hast zugegeben, daß dich die Geister fertigmachen. Außerdem behauptest du, alles über das Christentum zu wissen. Bist du zu stolz, um zuzugeben, daß die okkulte Magie, die du betreibst, schädlich ist, und daß du Gott und seine Vergebung brauchst?« fragte ich ganz direkt.

»Nicht zu stolz«, antwortete er. »Aber ich kann das alles nicht mehr glauben. Schauen Sie sich doch um. Hier regiert Luzifer.«

»Hast du denn schon mal daran gedacht, dein Leben Gott zu übergeben?« wollte ich wissen. »Doch, ja, das habe ich sogar schon mal getan. Aber jetzt habe ich Gott gelästert und das ist schließlich die Sünde, die nicht vergeben werden kann.«

»Das glaube ich nicht«, versicherte ich ihm. »Wenn du das getan hättest, wäre dir alles egal und du würdest nicht hier anrufen, um über geistliche Dinge zu reden.«

»Trotzdem kann ich Ihren Gott nicht anbeten. Das Problem ist nicht er, das sind die Leute. Ihr Gott läßt sich viel zu viel gefallen.«

Leider war unsere Unterhaltung an diesem Punkt zu Ende. Jason war nicht bereit, die Gefahren der Anrufung von Geistern und der Philosophie Crowleys zu überdenken. Aber Jason hatte das Problem auf den Punkt gebracht.

In den Gesprächen mit Teenagern unterschiedlichster Prägung taucht ein Motiv immer wieder auf: Ihre Ideale wurden enttäuscht und es war niemand da, der sie an der Hand genommen und ihnen neue Hoffnung gegeben hätte. Es ist nicht Gott, den die jugendlichen Teufelsanbeter ablehnen, es sind seine Geschöpfe.

Es wäre zu einfach, Crowley, Blavatsky, oder irgendeinen asiatischen Guru für den geistlichen Zerfall einer Generation verantwortlich zu machen.

Wir müssen uns klarmachen, daß viele junge Menschen deshalb »auf dem Holzweg« sind, weil wir sie nicht so geliebt haben, wie es unsere Aufgabe gewesen wäre.

Anmerkungen

1) Vgl. Offenbarung 13,1.
2) Aleister Crowley: Confessions – die Bekenntnisse I und II, Bergen 1986/87.
3) Aleister Crowley: Magick I und II, Bergen 1986/87.
4) Thelema, griech.: von »thelein« = wollen; Name eines imaginären Klosters ..., in welchem Männer und Frauen untergebracht werden, die nicht nach irgendwelchen Gesetzen ... leben, sondern einzig nach ihrem freien Willen und Gutdünken (nach: Lexikon der Geheimwissenschaften, ...).
5) Kabbala, hebr. QBL = von Mund zu Ohr (Überlieferung).
6) Aleister Crowley: The Book of the Law, Thelema Publications, King's Beach, S. 9. Deutsch von Michael Eschner, Bergen 1986.
7) Nach John Symonds: Aleister Crowley-Man, Myth & Magic, An Illustrated Encyclopedia of the Supernatural, New York, 1970, S. 559–563.
8) Mahatma = große Seele, zuweilen auch erhabene Wesen, die die Meisterschaft über ihre niederen Instinkte erlangt haben und daher unbeschwert vom Fleisch des Menschen leben und im Besitz von Wissen und Macht sind (nach: Lexikon der Geheimwissenschaften).
9) Der Begriff »Kabbala« wurde seit dem 13. Jahrhundert als Bezeichnung für die sich allmählich zu einer eigenen Schule der Literatur entwickelnde jüdisch-gnostische Geheimlehre verwendet. Bis heute ist die Kabbala kein einheitliches System, vielmehr haben ihre Anhänger eine Vielzahl von Entwürfen vorgelegt.
10) Katja Wolff, »Der kabbalistische Baum«, München 1989, S. 9.
11) Katja Wolff, »Der kabbalistische Spiegel«, München 1989, S. 7.
12) A. Morin, »Die geheimen Kräfte unseres Lebens«, Hamburg 1988.
13) A. Richardson, »Einführung in die mythische Kabbala«, Leck, 1987.
14) Aus: The Newaeon Newsletter, Vol. 1, Nr. 1, vom 22.12.77, S. 1.

Hexenzauber und Magie

Mit 16 wurde sie Zauberin. Ihr schwarzer Umhang, ihr dunkles Augen-Make-up, das Pentakel und das »athame«, das zweischneidige Zeremonienmesser, lassen sie hexenähnlicher erscheinen, als die meisten modernen Hexen. Laurie

Cabot wurde zur offiziellen Hexe von Salem, Massachusetts, getauft. Mit unermüdlichem Eifer kämpft sie für ihre Religion.

Und doch ist Laurie Cabot nur eine medienmanipulierte Karikatur.

In »Talk Back« erreichen uns Anrufe von Satanspriesterinnen wie Cracinda oder Salina. Fast immer ist es der Wunsch, auszusteigen, der sie zum Anruf motiviert.

Cracinda: Sie war Mitte zwanzig und verfügte über reichlich Erfahrung. Das Ziel ihres Lebens hatte bisher darin bestanden, Christen zu schaden, den christlichen Glauben zu zerstören. Sie gehörte nicht zu den Teenagern, die durch eine Zeitungsanzeige, einen Film oder das Cover eines Romans auf Hexerei aufmerksam wurden. Sie wurde in der Kunst der Hexerei erzogen. Als Kind schon wurde sie immer wieder daran erinnert, daß es ihre Pflicht sei, die Hexerei zu erlernen, daß ihre Vorfahren schon seit Generationen dem Hexenkult angehörten.

Ruhig und entschlossen berichtete Cracinda von ihrem Wunsch, die Welt der Hexerei hinter sich zu lassen. »Man zwang mich, meine erstgeborene Tochter während einer Initiationsfeier Satan zu opfern, als sie 6 Monate alt war. Jetzt habe ich meinen 9jährigen Sohn, und ich möchte nicht, daß er in meine Fußstapfen tritt. Ich weiß, daß ich den Meister wechseln muß, wenn ich ihm helfen will.«

Salina: Sie war eine Hohepriesterin, die ebenfalls an Blutopfern teilgenommen hatte. »Ich bin ein Medium und habe mich mit Nekromantie und Dämonologie beschäftigt. Helfen Sie mir, Bob«, wandte sie sich an mich. »Salina ist nicht mein richtiger Name. Es ist der eines Geistes.«

»Haben Sie Zeremonien mitgemacht, bei denen Sie Ihre Seele verkauft haben?« wollte ich wissen.

»Ja, mit meinem Blut. In meine Handfläche habe ich ein Pentagramm mit einem aufgehenden Mond und einem Stern geritzt«, erklärte Salina. »Bitte, warnen Sie die Hörer. Das ist mehr als ein Nervenkitzel. Sie kommen da nicht mehr raus.«

»Möchten Sie denn aussteigen?« – »Ja, aber ich habe Angst, daß ich dann sterben muß. Mit dem Teufel kann man nicht spielen. Ich habe zuviel gesehen und gehört. Sie werden mich nicht am Leben lassen.«

Hexen-Revival

Die wohl schillerndste Figur im Reigen der Magie ist die Hexe. Als Teufelsbuhlerin verfolgt, als weise Frau glorifiziert, mystifiziert und entmystifiziert, von der Kirche geächtet und von Intellektuellen belächelt, erlebt die Hexe in ihren vielfältigen Erscheinungsformen seit Jahren einen weltweiten Boom. Die kleine Hexe Bibi Blocksberg im Kinderzimmer, die Satanspriesterin Ulla von Bernus im Fernsehen und die Philosophie-Dozentin Heide Göttner-Abendroth an der Uni München tragen bei zu der Renaissance des Hexentums in allen Teilen der Bevölkerung.

Ganz grob lassen sich die »neuen Hexen« in vier Bereiche unterteilen:
1) die Satanspriesterin,
2) die »Zauberin«, wie sie als Schadhexe, Kräuterweiblein, weise Frau aus der volkstümlich-abergläubischen Überlieferung bekannt ist,
3) die in rituellen Kulten organisierte Hexe,
4) die radikale Feministin.

Während die Vertreter der ersten drei Gruppen eine Verbindung zu Satanismus und Dämonenglauben oft bewußt herstellen, lehnen die feministischen und einige kultisch organisierte Hexen jede Verbindung zum Teufelsglauben ab. Sie verstehen sich als Angehörige eines »Natur-Hexentums«, verfechten ausschließlich »weiße Magie«[1] und huldigen der »Großen Göttin«. »Diese Göttin ist stets konkret gegenwärtig, sichtbar und fühlbar. Denn sie ist die Erde, auf der die Menschen leben, oder der Kosmos, den sie überblicken ... sie ist zugleich das Netz der geistigen, psychischen und körperlichen Kräfte im Menschen selbst.«[2]

Die tiefgreifenden Fragen und Probleme, die ein solcher Feminismus aufgreift, sprengen den Rahmen dieses Buches. Sie sollen daher an dieser Stelle nicht weiter ausgeführt werden.

Die Geschichte des mitteleuropäischen Hexentums

Das Hexentum des Mittelalters trägt neben unverkennbar schamanistischen Zügen (wie sie aus mesopotamischen, kanaanitischen und ägyptischen Quellen bekannt sind) auch Elemente einer urtümlichen keltischen Naturreligion in sich.

Als die Kinder Israel das verheißene Land Kanaan besetzten, trafen sie dort auf ein hochentwickeltes System magischer Beschwörung. Eine Beschäftigung damit oder eine Inanspruchnahme dieser Kräfte wurde ihnen jedoch aufs strengste untersagt (5. Mose 18,9–14; 3. Mose 19,31). König Saul verlor sein Leben, weil er die Wahrsagerin von Endor befragte (1. Chronik 10,13).

Dagegen wurde in Griechenland und Rom die weiße Magie von den Machthabern ausdrücklich begrüßt und gefördert. Bestimmte Göttinnen wie Diana/Artemis oder Hecate wurden mit schwarzer Magie und nächtlichen Blutopfern in Verbindung gebracht.

Als die Römer begannen, Nordeuropa zu erobern, trafen sie in Gallien und Britannien auf den Druidenkult.[3]

Zur Zeit Caesars bildeten die Druiden einen geschlossenen Stand, der sich mit dem der Ritter die Herrschaft über das übrige Volk teilte. Als altheidnische Priester waren sie die Hüter einer matriarchalischen, naturverbundenen religiösen Geheimlehre, als Kräuter- und Sternkundige betätigten sie sich als Heiler und Wahrsager. Zu ihren Heilmitteln gehörten Mistelzweige und Schlangeneier. Beide sollten dazu dienen, Astrallicht anzulocken und dessen Kräfte verfügbar zu machen.

Entscheidend für die Entwicklung des mittelalterlichen Hexenkultes war sicherlich die Tatsache, daß so ein spiritueller Rahmen außerhalb der patriarchalischen Religionen geschaffen wurde. »Die teuflische Kunst der Hexen, die außerhalb der moralischen und bürgerlichen Gesetze steht und sich aus einem religiösen Konzept entwickelte, muß als Auflehnung gegen Gesetz und bestehende Ordnung, als Zuflucht zu den von den Ahnen verehrten Gottheiten gesehen werden. Der Aberglaube, der Versuch, mit Hilfe des Teufels zu überleben, und der Wunsch, die Ereignisse zu beherrschen und sich zum Herrn über Leben und Tod der Feinde zu erheben, sind die grundlegenden Motive.«[4]

Lange Zeit war die Kirche unschlüssig in ihrem Verhalten gegenüber den sich immer mehr etablierenden Hexenkulten. Noch um 785 erklärte die Synode von Paderborn: »Wer vom Teufel verleitet ... behauptet, daß es Hexen gibt, und sie auf dem Scheiterhaufen verbrennt, wird mit dem Tod bestraft.«[5]

Erst 1484 gab Papst Innozenz VIII. mit der Hexenbulle »Sunnis desiderantes affectibus« erstmals Befehl zur Inquisition. Drei Jahre später veröffentlichten die Dominikanermönche Institoris und Sprenger mit dem »Malleus Maleficarum« einen Kommentar mit ausführlichem Strafcodex zu diesem päpstlichen Edikt. Der Malleus Maleficarum, der berüchtigte »Hexenhammer«, leitete eines der dunkelsten Kapitel der Kirchengeschichte ein. Ihren Höhepunkt erreichte die paranoische Verfolgung und Exekution der Hexen zwischen 1590 und 1630. Die Vermutung drängt sich auf, daß hier die tiefen Ängste der Kirche gegenüber einem sich revolutionär verändernden naturwissenschaftlichen Weltbild ihren Ausdruck fanden. »Als Auslöser von Verfolgungen sind (außerdem) mehrfach regionale Agrarkrisen nachweisbar, während die heute von feministischer Seite ins Spiel gebrachten verhütungskundlichen Kenntnisse jedenfalls bei den Prozeßopfern als unbewiesen angesehen werden.«[6]

Die letzte deutsche »Hexe« wurde 1775 in Kempten verbrannt.

Der Wicca-Kult

Die Anhänger der verschiedenen Wicca-Kulte sind Vertreter einer »neuheidnischen naturmystischen Kultbewegung«,7 die in sich magische und naturreligiöse Elemente vereinigt. Wiccas »sehen die ERDE als ihre Mutter an, die MONDIN als Tochter der ERDE + Hüterin der Pflanzen + der Frauen, + hinter allem steht das Leben selbst, die Existenz, die Lebenskraft + Lebensenergie, welche wir als Große Göttin bezeichnen.«[8]

Eine entscheidende Rolle spielen rituelle Zeremonien, die dazu dienen sollen, ein kosmisches Kräftepotential für die Gruppe nutzbar zu machen. Da im Wicca-Kult den Mondphasen erhebliche Bedeutung zugemessen wird, findet eine Zusammenkunft, ein »Hexensabbat«[9] vornehmlich an Vollmond statt. Unterschieden werden, nach den drei Aspekten der Großen Göttin, die Phase des zunehmenden (»Jungfrau«), des vollen (»Mutter«) und des abnehmenden Mondes (»Greisin«). Die wichtigste Phase ist der Vollmond, an dem das Maximum des kosmischen und psychischen Energieflusses erreicht sein soll.

Höhepunkte des Jahres sind die beiden Äquinoktien (Tag- und Nachtgleiche am 20./21. März und 22./23. September), die Winter- und Sommersonnenwende (am 21. Juni und 21. Dezember) und die Walpurgisnacht (am 30. April), die auf eine Fruchtbarkeitsfeier zu Ehren der Diana zurückgehen soll.

Sexualität gilt als heilig, der Geschlechtsakt als sakrale Handlung, als Teil des »Großen Ritus« zur Verschmelzung mit der Großen Göttin. Doch den »Päpsten« des Wicca-Kultes, den Engländern Gardner und Sanders, wird, wie Crowley, nicht nur von Außenstehenden sexuelle Besessenheit vorgeworfen.

Margret Murray

Mit ihrem Buch »The Witch Cult in Western Europe« versuchte sie 1921, eine lückenlose Linie des Hexenkultes von den urzeitlichen Naturreligionen um die Große Göttin (Magna Mater) bis ins 20. Jahrhundert aufzuweisen. Da fast alle verfügbaren Quellen des Mittelalters mystisch verbrämt und von Gegnern des Hexentums verfaßt wurden, ist die Haltbarkeit ihrer Thesen mehr als fraglich. Dennoch trug ihr Werk viel zur Verbreitung einer positiven kreativ-weiblichen Hexenreligion bei.

Gerald Gardner

Er wurde 1884 in England geboren. Während eines mehrjährigen Aufenthalts als Pflanzer in Borneo war er fasziniert von dem Schamanismus der Eingeborenen. Zurück in England begann er, sich gemeinsam mit der Tochter der Theosophin Anne Besant intensiv mit Okkultismus zu beschäftigen und wurde schließlich in die Geheimnisse der Magie eingeführt. Er trat dem »Ordo Templi Orientis« bei und war jahrelang eng mit Aleister Crowley befreundet.

Die Veröffentlichung seines Buches »Witchcraft Today« führte nach dem Abschaffen der englischen Hexengesetze 1951 zu einer raschen Verbreitung dieser Kunst in England. Heute finden sich »Gardnerianer« v.a. im Süden Englands und in den USA.

Auf der Isle of Man betrieb Gardner ein Hexenmuseum und bildete Lehrlinge in der »Hexenkunst« aus. Jeder Hexensabbat wird von einem Hohenpriester und einer -priesterin geleitet. Nur Paare werden aufgenommen. Die Anbetungszeremonien, durch die der Zugang zum Göttlichen ermöglicht werden soll, finden nackt statt (»Himmelskleidung«), und durch Tanz, Rezitation und Meditation werden »magische Energien« aufgebaut. Auf Anraten Crowleys, den er mit der Erfindung neuer Formen beauftragt hatte, nahm Gardner auch rituelle Geißelungen, drei Grade des Fortschritts und ein als »Drawing Down of the Moon« bezeichnetes Ritual in seine Zeremonien auf. Gardnerianer berufen sich – wie alle Wicca-Anhänger – auf die Große dreieinige Göttin der Fruchtbarkeit und der Reinkarnation.

Alex Sanders

Der ehemalige Schüler und spätere Nachfolger Gardners bezeichnet sich selbst als »König der Hexen«. Seinen immensen materiellen Wohlstand führt der inzwischen über 70jährige auf einen inzestuösen Sexualritus (mit seiner Schwester, die 6 Monate später an Krebs starb) zur schwarzmagischen Beschwörung des Dämons Asmodeus zurück, der Reichtümer garantiere.[10] Im Gegensatz zu den meisten Gardnerianern geben die »Alexandriner« zu, auch Schwarze Magie zur »Läuterung ihrer Feinde« anzuwenden.

Ausprägungen des Wiccakultes in Deutschland

Fast alle Anhänger des Wiccatums sind Verfechterinnen der weißen Magie, die jede Verbindung zum Teufel oder Dämonentum belächeln. Sie verstehen sich nicht als Feinde des Christentums, sondern als eigenständige Religionsform. Ihr Ziel ist es »nicht, Gott zu erkennen, sondern Gott zu sein«[11] und die Tiefen des eigenen Seins auszuloten. Sie wollen »das Leben ... lieben, ... schützen, ... erhalten und ... fördern«, »Liebesaffären eingehen zu den Bäumen und Blumen, den Tieren, dem Wind und den Wolken«, »Feste ... feiern für das Leben, die Große Göttin, für ERDE und

MONDIN, und sich in Lust und Liebe ... erfüllen.«[12] Der Übergang zum radikalen Feminismus und New Age ist fließend.

Viele ernsthafte Wicca-Jünger sind in sogenannten Hexencoven organisiert. Ein Coven besteht aus maximal zwölf Mitgliedern und einem/r Hohenpriester/in. Diese »Vollzahl« wird angestrebt, um ein Höchstmaß an Energie anzuziehen. Die magische Zahl 13 wird zurückgeführt auf die 13 Mondphasen des Jahres und auf die urzeitliche Anbetung des gehörnten Gottes, bei der 13 Teilnehmer in einem heiligen Zirkel von 2,75 m Durchmesser tanzten. Jeder Coven ist mehr oder weniger autonom, was Ziele und Rituale betrifft, mit Ausnahme der Gruppen, die ihre Initiierung einem anderen Coven verdanken. Die Mitgliedschaft wird in der Regel durch Einladung und anschließende Initiation erworben. Fortschritte können durch das Erreichen von Graden erzielt werden.

Weit verbreitet unter den Wicca-Anhängern ist das 1899 erschienene Buch des Britischen Ethnologen Charles Leland, »Aradia – die Lehre der Hexen«, das seit 1979 auch in deutscher Sprache erhältlich ist. Leland beschreibt darin Formeln und Rituale, die ihm von der sizilianischen Hexe als Vermächtnis Aradias, einer Tochter Luzifers und der Diana, übermittelt worden seien. »Wahrscheinlich ist Aradia eine Verballhornung des Namens Herodias, der Mutter Salomes, die in der christlichen Welt als ganz böse Frau gilt.«[13]

Von Lelands Buch abgeleitet ist das »Book of Shadows«, das v.a. in den USA verbreitet ist, seit einiger Zeit aber auch bei uns immer mehr Leser findet.

Das 1983 erschienene Buch der amerikanischen Psychotherapeutin Miriam Simos (unter ihrem Kultnamen Starhawk), »Der Hexenkult als Urreligion der Großen Göttin«, mit magischen Übungen, Ritualen und Anrufungen wird v.a. von ihren Anhängern als Handbuch zur Organisation und Durchführung ihrer Feiern benutzt.

Satanspriesterinnen und andere freiwirkende Hexen

Im Gefolge des allgemeinen Hexenbooms wagen sich vermehrt auch Satanspriesterinnen und Schadzauberinnen ans Licht der Öffentlichkeit. Sie berufen sich ganz bewußt auf eine Verbindung mit Satan und seinen Dämonen. Ihre Dienste bieten sie in Illustrierten und Zeitungen offen an. Ihre publikumswirksamen Utensilien und Rituale präsentieren sie in Rundfunk und Fernsehen. Gerichtlich können sie nicht belangt werden, da Magie, wie es in den Urteilstexten übereinstimmend heißt, »nicht funktioniert«. Satanspriesterinnen und sonstige nichtorganisierte Hexen sind die eigentlichen Vertreterinnen der Hexenzunft, wie sie im Volksaberglauben verankert sind. Entsprechend sind die (nicht gerade billigen) »Dienste«, die sie anbieten: Liebeszauber, um die Gefühle des/der Geliebten positiv zu beeinflussen, Heilzauber, um chronische Krankheiten zu vertreiben, und schwarzmagische Beschwörungen zur Verfolgung und »Läuterung« ungeliebter Menschen. Letztere werden, wie in anderen schamanistischen Religionen, mittels Bild- oder Analogzauber ausgeführt.

Welch starken Zulauf auch diese Gruppe von Hexen hat, zeigt das Buch von Gisela Graichen, »Die neuen Hexen«, das Interviews der Autorin mit verschiedenen Hexen enthält.

Die Auswirkungen des Hexenbooms auf Jugendliche

Die Hexen von heute sind attraktiv geworden. Sie haben keine Warzen auf der Nase und reiten (mit Ausnahme von Bibi Blocksberg) nicht auf Besenstielen durch die Luft. Ökobewegungen und Umweltschutzkreise beklagen, daß der Mensch den spirituellen Kontakt mit den Zyklen der Erde und dem Rhythmus der Natur verloren habe. Die Interpretation der Hexen und ihr Anspruch, sie könnten diesen Bruch zwischen Mensch und Natur heilen, klingt wie ein Rettungsanker. Eine »Natur«-religion, die ihre Wurzeln in alten vegetationskultischen Gemeinschaften hat, die Mütterchen Erde als Göttin anbetet und mystische Wahrheiten verkündet, verbindet religiöses Sehnen mit rationaler Naturverbundenheit.

In der Hexenbewegung verwischen sich die verschiedenartigsten Strömungen von Feminismus, liberaler Theologie, östlicher Mystik, Ökologie-Bewegung und New-Age-Denken bis hin zu Schamanismus und Dämonologie. Jugendliche, die in diesen Strudel hineingeraten, machen häufig keinen Unterschied zwischen ernsthafter Teufelsanbetung und Hexenidealen. Sie verbinden Rituale aus beiden Bereichen zu einer unheilvollen Mischung.

Die Faszination durch das Hexentum erfolgt meist in einem Alter, in dem sich die Bindung zwischen Eltern und Kind zu lösen beginnt und die Kontakte schwieriger werden. Entsprechend spät werden Gefahrenzeichen erkannt. Wie sich schon bei Drogen gezeigt hat, kann man Kinder vor derlei Einflüssen nicht abschotten. Es gibt aber Bereiche, die schon in früher Kindheit unbemerkt Weichen stellen können.

Die niedliche kleine Hexe, die kindlich-naiv nur Gutes hext; Bibi Blocksberg, das Mädchen von nebenan, das zwar etwas seltsam aber aufregend anders lebt – und vor allem jeder Notlage gewachsen ist; die guten Hexen und Zauberer, die dafür sorgen, daß die »kleinen Ponies« ihre Abenteuer bestehen ... – es ist fast unmöglich, Kinder von ihnen fernzuhalten. Der positive Eindruck, den diese Figuren hinterlassen, die kindliche Sehnsucht, ihre Fähigkeiten zu besitzen oder in Anspruch zu nehmen, sollte aber frühzeitig in altersgerechten Gesprächen aufgearbeitet werden. Auch wenn die Kinder dem magischen Weltbild irgendwann entwachsen, – in Sinnkrisen greifen viele Menschen wieder auf positiv belegte Eindrücke aus der Kindheit zurück.

Anmerkungen

1) Im Gegensatz zur »schwarzen« verstehen ihre Anhänger die »weiße Magie« als wohltätige oder sogar göttliche Magie, die frei ist von Selbstsucht, Machtgelüsten oder Gewinnstreben und sich allein darauf konzentriert, Gutes in der Welt im allgemeinen und am Nächsten im besonderen zu tun. In der Praxis wird darüber hinaus alles als »weiße Magie« deklariert, was nicht direkt dem Fluch oder der Rache dient.
2) Heide Göttner-Abendroth, »Du Gaia bist ich«, in: Luise Pusch (Hg.), Feminismus – Inspektion der Herrenkultur, Frankfurt 1983, S. 187.
3) Gälisch: »Eichenkundige«.
4) Arturo Castiglioni, in: Moderne Universalgeschichte der Geheimwissenschaften. Bd. 2, ..., S. 15.
5) Theologisches Lexikon ..., Stichwort: »Hexen«.
6) H.J. Ruppert, »Die Hexen kommen«, Magie und Hexenglaube heute.
7) Begriff, mit denen die Vertreter sich in ihren Publikationen selbst definieren.
8) Aus der Selbstdarstellung eines deutschen Wicca-Covens nach: Annette und Friedrich-Wilhelm Haack, »Jugendspiritismus und - satanismus«, München, 2. Auflage 1989, S. 72.
9) Sabbat – eine Verbindung zum jüdischen Begriff des Sabbat ist fraglich. Wahrscheinlicher ist eine Herleitung von »Sabazios«, einer phrygischen Gottheit, dem Schutzgott der Orgien.
10) Nach H.J. Ruppert, a.a.O., S. 46. Mit Asmodeus ist vermutlich der Dämon Aschomdai aus dem apokryphen Buch Tobit gemeint.

11) Starhawk, »Der Hexenkult als Urreligion der Großen Göttin«, Freiburg, 2. Auflage 1985, S. 285.
12) A. und F.-W. Haack, a.a.O., S. 73.
13) Gisela Graichen, »Die neuen Hexen«, Hamburg 1986, S. 79.

Magische Volksreligionen

»Voodoo (»Wudu«) war die erste Religion überhaupt. Sie ist über 140.000 Jahre alt. Ich habe fünf Jahre lang in Haiti Voodoo praktiziert«, beendete Gloria ihr Plädoyer.

»Ich war auch schon in Haiti«, antwortete ich ihr. »Ich habe selbst Voodoo-Zeremonien miterlebt, und hatte nicht den Eindruck, es handele sich dabei um wohlwollende religiöse Exerzitien, wie du es gerne darstellst. Ich habe gesehen, wie Menschen durchs Feuer gelaufen sind, Glas gegessen und ihre Wangen mit Messern durchstoßen haben. Der Teufel helfe ihnen dabei, sagen sie.«

»Ach, Bob, das ist Kleinigkeitskrämerei«, erwiderte Gloria herablassend. »Was Sie Teufel nennen, nenne ich die Sieben Großen Mächte. Sie agieren in Haiti, Brasilien und Mexiko. Die Menschen verlassen sich auf sie. Wie können Sie sagen, es seien Dämonen?«

»Was denn sonst? Vielleicht mythologische Konzepte?« fragte ich zurück.

»Nichts sonst. Es gibt sie einfach, das ist alles.«

»Nach der Bibel sind alle anrufbaren Geister Vasallen des Teufels«, erwiderte ich.

»Ich habe Kontakt zu verschiedenen Geistern gehabt, ohne von ihnen besessen zu werden. Sie können da ja gar nicht mitreden.«

»Da wäre ich mir nicht so sicher«, gab ich zurück. »Ich stand daneben, als ein Voodoo-Priester einen seiner Anhänger in Trance versetzt und ihn dazu gebracht hat, eine lebende Taube zu essen. Es war abscheulich!«

»Wenn er rohes Vogelfleisch essen will, ist das doch seine Sache«, gab Gloria zurück. »Ich habe jedenfalls mit den Sieben Mächten gesprochen, und sie sind nicht böse.«

Hinter dem heutzutage so modisch gewordenen Satanismus-Trip verbergen sich häufig religiöse Urformen, die zu allen Zeiten Menschen in ihren Bann gezogen haben. Der in den westlichen Ländern praktizierte Satanismus ist nur eine Facette am vielseitigen Juwel des Bösen.

In Uganda folgen die Rebellen der achtundzwanzigjährigen Priesterin Mama Alice, die entschlossen ist, die Regierung zu stürzen. Ihre Anhänger glauben, die Kugeln des Feindes könnten sie nicht treffen, wenn sie sich mit dem Öl eines bestimmten Baumes einrieben. Steine würden zu Granaten, wenn sie im Gedenken an Mama Alice hochgeworfen würden. Alice behauptet, unter dem Einfluß eines heiligen Geistes zu stehen, den sie »Lakwena« nennt. Obwohl sie nur gebrochen Englisch spricht, behauptet sie, durch ihren Geist könne sie in vierundsiebzig Sprachen kommunizieren. Nachdem einige ihrer Männer getötet worden waren, bot sie an, sie wieder von den Toten aufzuwecken.[1]

In den modernen Industriestaaten ist es zwar nicht mehr üblich, Priesterinnen zu folgen, doch auf volksreligiöse Elemente und alten Aberglauben trifft man auf Schritt und Tritt. Selbst rational denkende nüchterne Menschen sind davon nicht ausgenommen. Weit verbreitet ist der Brauch, bei einer Aussage oder Behauptung, die nicht zutreffen soll (d.h. die man nicht »heraufbeschwören« will), »toi, toi, toi« zu rufen und mit den Fingerknöcheln an einen hölzernen Gegenstand zu klopfen.[2]

Auch die Horoskopsucht gehört in diesen Bereich: Weitaus der größte Teil der Bevölkerung liest regelmäßig oder zumindest zeitweilig Horoskope. Kaum eine Zeitung verzichtet darauf. In Heirats- oder Kontaktanzeigen ist fast immer auch das jeweilige Sternzeichen angegeben, um Fehlkonstellationen von vornherein zu vermeiden. Auch die Angst vor der schwarzen Katze am Morgen oder der Zahl dreizehn an der Zimmertür erfuhr eine Renaissance. In vielen Hotels fehlt die Zahl sowohl bei der Zimmer- wie auch der Stockswerksnumerierung.

Selbst der Belletristik-Markt lebt derzeit von Aberglaube und Magie. Bücher wie »Der Name der Rose« oder »Das Foucault'sche Pendel«, die sich mit aufklärerischem Anspruch mit historischem Okkultismus beschäftigen, wurden über Nacht zu Bestsellern.

Und Michael Ende läßt seiner Faszination an Magie freien Lauf mit dem Kinderbuchtitel »der satanarchäolügenialkohöllische Wunschpunsch«.[3]

Ähnliche Züge trägt der volkstümliche Aberglaube auch in anderen hochentwickelten Ländern. Wenn ein junges Mädchen in Japan eine Armbinde trägt, bedeutet dies nicht unbedingt, daß sie sich verletzt hat. Unter Umständen leidet sie nur an gebrochenem Herzen. Übernatürliche Kräfte werden überall auf der Welt zur Rettung einer unglücklichen Liebe bemüht. Japanische Schulmädchen schreiben sich den Namen des Liebsten auf die Innenseite des linken Arms und bedecken die Stelle drei Tage lang mit einer Armbinde. Innerhalb einer Woche soll dann der Wunsch, den Jungen zu gewinnen, in Erfüllung gehen. Ein anderer japanischer Brauch schreibt vor, den Namen des gewünschten Geliebten auf einem Radiergummi festzuhalten. Wenn auch diese Methode versagt, kann noch ein kleiner weißer Stern auf den Nagel des linken kleinen Fingers gemalt werden.[4]

Ausgesprochenen Zaubersprüchen und Verwünschungen soll magische Kraft innewohnen. Sie werden benutzt, um ungeliebten Menschen zu schaden oder ihnen »einen Denkzettel« zu verpassen. Schon von jeher bedienten sich Menschen der Magie, um Kontrolle über die Kräfte und den Lauf der Natur zu erlangen.

Als Sklavenhändler westafrikanische Sklaven nach Amerika verschleppten, entwurzelten sie damit auch den hochentwickelten Schamanismus der Eingeborenen. Die Welt der Afrikaner war von einer Vielzahl guter und böser Geister besiedelt, die durch ausgefeilte Zeremonien besänftigt und im Zaum gehalten wurden. Anders als bei ihren meist »christlichen« Herren, durchdrang die Religion (und Magie) das tägliche Leben der Afrikaner.

In der Neuen Welt (als Ordnungsprinzip) verboten die Sklaventreiber die Ausübung Schwarzer Magie und andere Formen der Geisterbeschwörung – nicht aus Sorge um das Heil ihrer Sklaven, sondern aus Angst vor übermächtigen Kräften, die den Afrikanern aus dem Umgang mit Geistern erwachsen könnten. Um die verbotenen Kontakte dennoch weiter pflegen zu können, entwickelten die Sklaven ein kompliziertes Netz geheimer Zeremonien, die sie nachts im Verborgenen praktizierten. Gegenstand ihrer Anbetung waren gewöhnlich Naturgeister, bei besonderen Anlässen nahmen sie auch Kontakt zu Verstorbenen auf und erwiesen verdienstvollen Vorfahren die Ehre.

Schwarze Magie

Die Schwarze Magie, die Kunst der Beschwörung, ist die gewalttätigste und grausamste Form aller okkulten Praktiken. Sie geht davon aus, daß alle Wünsche des Menschen nach Zorn, Rache, Lust und Macht ritualisiert und befriedigt werden müssen. Zur Schwarzen Magie zählen u.a. magisches Bannen, magische Verfluchungen oder Verfolgungen und Schadzauber wie Haß-, Abwehr- und Todeszauber. Schwarzmagier betonen, daß man sich einigen der Geister, als den »Herren der Finsternis«, vorsichtig nähern muß. Werden sie auf falsche Art und Weise angerufen, können sie gefährlich werden. Die Zahl der Alchimisten und Spiritisten in Literatur und Geschichte ist groß, die unautorisiert oder unsachgemäß Rituale durchgeführt und damit dunkle Kräfte herbeigerufen haben sollen, die den Anrufer zum Selbstmord oder Wahnsinn trieben.

Schwarzmagier behaupten aber auch, es gebe mehrere Methoden, sich selbst vor diesen bösartigen Kräften zu schützen. Vielfach wird ein magischer Schutzzirkel errichtet, bevor körperlose Wesen herbeigerufen werden. Auch Fetische und Zauberformeln sollen die Angriffe des Bösen auf die eigene Person abwehren. Interessant ist die Beobachtung verschiedener Ethnologen, die überwiegend zu dem Schluß kamen, daß Flüche und Zauberformeln v.a. dann wirksam werden, wenn die Personen, auf die sie gerichtet sind, grundsätzlich daran glauben. Die Schwarzmagier selbst weisen immer wieder darauf hin, daß ihre Macht bei gläubigen Christen versage.

Kultreligionen

Der Voodoo-Kult, der von afrikanischen Sklaven nach Westindien gebracht wurde, ist die bekannteste und am weitesten verbreitete Form der Schwarzen Magie. Auch wenn dieser Zauberkult überwiegend auf Haiti beheimatet ist, findet man seine Ausläufer auch in den Vereinigten Staaten und Europa. In Florida erhielt eine Studentin im dritten Collegejahr die Erlaubnis, dem Unterricht fernzubleiben, um an einer Zeremonie teilzunehmen, bei der sie zur Voodoo-Priesterin geweiht wurde.[5] Mittels Zeitungsanzeige vertreiben dubiose Firmen Heil- und Befreiungstränke, die neben Rheuma auch böse Geister, Gerichtsverfahren und lästige Liebhaber vertreiben sollen.

In South Carolina gründete eine Gruppe Schwarzer aus Harlem das »Yoruba-Dorf« des Oyo Tunji, um dort den Voodoo-Kult zu pflegen. Das Dorf steht unter der Führung Oyo Tunjis, der in Kuba in den Voodoo-Kult eingeführt worden war, und er hat verschiedenen Göttern geweihte Tempel errichtet.[6] Es gibt heute schon mehr strenge Voodoo-Anhänger in New Orleans als auf Haiti!

Voodoo

Voodoo (von »vodoun«, einem Dahomey-Ausdruck für Schutzgeist) ist mehr als nur eine Volksreligion. Spätestens seit dem Sklavenaufstand von 1791 sind Politik und Religion auf Haiti eng miteinander verwoben. Der Aufstand unter der Führung Henri Christophes begann mit einer Voodoo-Zeremonie an einem heißen Augustabend. Um von den verhaßten Franzosen freizukommen, gelobten die Aufständischen, als Nation Satan die Treue zu halten. Beobachter der chaotischen politischen Verhältnisse auf Haiti fragen sich, ob dieser Pakt jemals aufgehoben wurde.

Jahrelang herrschte Francois Duvalier oder »Papa Doc« diktatorisch über das Land und schüchterte die Bevölkerung mit seinen schon legendären Voodoo-Kräften ein. Das einfache Volk glaubte, er sei die Inkarnation des Baron Samedis, des Voodoo-Totengottes. Duvalier nannte seine Sicherheitskräfte nach den berüchtigten haitischen »Bogey-Männern«, die unerzogene Kinder entführt haben sollen: Tontons Macoutes. Zur Einschüchterung seiner Rivalen hatte Papa Doc immer den Schädel eines Feindes auf seinem Schreibtisch stehen.

Nach Duvaliers Tod 1971 übernahm Jean-Claude, »Baby Doc«, die Herrschaft. Er änderte die Farben der haitischen Flagge um in das Rotschwarz der Voodoo-Geheimkulte. Als Baby Docs Macht abzubröckeln begann, bat er Voodoo-Priester um Hilfe, um die Unruhen besser zu kontrollieren.

Zombismus

Der Film »The Serpent and the Rainbow«, der die Geschichte des Haitianers Clairvius Narcisse nacherzählt, führte vielen Menschen zum ersten Mal die Realität des Voodoo-Kults vor Augen. Narcisse starb 1962 im Albert-Schweitzer-Krankenhaus auf Haiti, wo auch der klinische Tod festgestellt wurde.

1980 erschien ein Mann, der behauptete, Narcisse zu sein, bei der Schwester des Toten, Angelina. Sie war 18 Jahre zuvor an seinem Sterbebett gesessen. Er räumte ihre Zweifel aus, indem er sie mit einem Kosenamen anrief, der nur engsten Familienangehörigen bekannt war, und den seit dem Tod des Bruders keiner mehr benutzt hatte. Der Mann gab an, sein Bruder hätte versucht, ihn während eines Streits zu töten. Ein Voodoo-Zauberer hätte ihn als Zombie benutzt, nachdem er ihn aus dem Sarg gezogen hatte. In »The Serpent and the Rainbow« ist es ein mächtiger Zaubertrank, der den vorübergehenden Trancezustand Narcisses verursacht hat. Die Geschichte des Clairvius Narcisse diente in der Folgezeit als Vorlage für das gesamte Genre der erfolgreichen Zombie-Filme.

Zombismus ist die extremste Voodoo-Praxis. Der Zustand wird durch einen kräftigen »Zaubertrank« hervorgerufen, der u.a. Teile eines bestimmten Pufferfischs und einer Krötenart beinhaltet. Die so gewonnene Substanz enthält Halluzinogene, Narkotika und andere psychoaktive Substanzen, die das Herz-Kreislauf- und Nervensystem beeinflussen und häufig irreversibel schädigen. Zauberer sagen, ein Zombie müsse innerhalb von acht Stunden ausgegraben werden. So lange soll der Körper überleben können, bevor er im Grab erstickt. Der Zombie, als lebende menschliche Hülle, wird dann als Sklave ausgebeutet, sobald er die akute Intoxikation überwunden hat.

Praktiken und Riten

Voodoo-Priesterinnen (Mambos) und Priester (Hougans) vertreiben Gris-Gris-Beutelchen, um Liebe und Wohlstand anzulocken. Die bei uns bekannten Voodoo-Puppen werden nicht üblicherweise als Fetische gebraucht. Statt dessen dienen Schlangen und Hähne als kultische Tiere. Die meisten Voodoo-Priester streiten ab, schwarze Magie zu betreiben, obwohl sie andererseits sagen, alle Hougans müßten die schwarze Magie erlernen, bevor sie die weiße Magie voll verstehen könnten. Ein Voodoo-Priester auf Haiti erklärte das so: »Um einen Knoten lösen zu können, muß man zuerst wissen, wie man ihn knüpft.«

Jedem Voodoo-Gläubigen wird bei der Geburt oder Initiation ein Geist zugeteilt, der ihn bewahrt und leitet. Seine Identität offenbart der Schutzgeist während eines von einem Voodoo-Priester durchgeführten Initiierungsrituals. Die weitere Beziehung zu diesem als Gott verehrten Geist verläuft sehr persönlich. Ein gutes Leben ist garantiert, wenn man seinen Gott gut behandelt. Die meisten Nachfolger reservieren einen Teil ihres Hauses für einen kleinen Altar, auf dem eine Statue ihres Gottes steht. Beschwichtigt wird der Geist, indem man ständig seine Lieblingsspeise und sein Lieblingsgetränk auf den Altar stellt.

Das Ziel des Voodoo-Zeremoniells ist es, die Loa, d.h. die Voodoo-Geister, anzurufen, die dann von einem oder mehreren Versammlungsteilnehmern Besitz ergreifen. Die Loa können sanft sein, wenn der Rada-Ritus gebraucht, oder blutig, wenn die Petro-Zeremonie verwandt wird. Ein großer Meister, der Daballah, thront über allen Loa. Pentagramme dienen als weibliches, der Davidstern als männliches Symbol.

Eines Abends hatte ich in der haitischen Stadt Port-au-Prince die Gelegenheit, einer authentischen Voodoo-Zeremonie beizuwohnen. Es war Vollmond und eine ruhige, schwüle Nacht. Als ich ankam, lud mich der leitende Priester ein, ganz vorne Platz zu nehmen. Ich wartete über eine Stunde, während einige Männer auf ihren Trommeln unaufhörlich afrikanische Rhythmen schlugen. Schließlich trafen die Zeremonieteilnehmer ein. Sie begannen zu tanzen, ekstatisch aufreizend, immer hemmungsloser. Ein Tänzer und eine Tänzerin simulierten einen Geschlechtsakt.

Während sich der Abend seinem Höhepunkt näherte, wurden nach und nach alle Tänzer besessen. Haitianer nennen einen Voodoo-Tänzer, der besessen wird, jemanden, der von »einem Pferd geritten« oder buchstäblich »bestiegen« wird. Der Betroffene verliert jede motorische Kontrolle und fällt für kurze Zeit in eine Art Starrkrampf. Danach ist er zu übernatürlichen Taten fähig.

Ein großer Eingeborener trat an ein kleines Feuer in der Mitte. Er nahm ein rotes glühendes Stück Feuerholz in die Hand und steckte es sich mit Flammen voran in den Mund. Dann biß er das Ende des brennenden Stückes ab und kaute die Glut langsam, scheinbar ohne Schmerzen zu empfinden oder sich zu verbrennen. Als nächstes nahm er ein Dutzend etwa sieben Zentimeter lange Nadeln und durchbohrte damit seine Wangen; dort ließ er sie stecken, was ihm das Aussehen eines menschlichen Nadelkissens verlieh. Schließlich nahm er ein leeres Glas, biß ein Stück davon ab, kaute dieses Stück und schluckte es. Ich befand mich während der ganzen Zeit nicht weiter als zwei Meter von ihm entfernt, machte Photos und paßte genau auf, ob irgendwelche Tricks angewandt wurden. Zum Abschluß der Zeremonie setzten die Teilnehmer ihre ekstatischen Tänze noch mindestens eine Stunde lang fort, bis der gequälte Führer in einen tiefen Trancezustand fiel und weggetragen wurde.

Der Rest der Zeremonie bestand aus Tieropfern und dem Genuß lebender Tauben und Hühner. Am interessantesten war die abschließende Besänftigung der Voodoo-Götter. Der Priester kniete nieder, vor sich eine Schüssel mit Puder. Er ließ kleine Pudermengen durch seine Finger rieseln und erhielt so ein kompliziert aussehendes Muster auf dem Boden. Als er meinen verwunderten Blick sah, erklärte er: »Ich schaffe das Symbol, um die Göttin des Wassers, Agua, herbeizurufen.« Er deutete auf den wolkenlosen Himmel.

Sobald er das rituelle Motiv fertig hatte, ertönte ein ohrenbetäubender Donner, und Blitze zuckten am Himmel. Plötzlich wurden wir von einem wolkenbruchartigen Regen durchtränkt.

Als ich schnell versuchte, meine Kameraausrüstung vor dem Regen in Sicherheit zu bringen, lächelte der Priester nur und sagte: »Wundern Sie sich nicht. Agua kündet ihr Kommen immer so an.«

Einflüsse des Voodoo-Kults in westlichen Ländern

Der Voodoo-Kult als solcher wird nur sehr selten von jugendlichen Satanisten als Religion praktiziert. Einzelne Elemente des Kultes sind dagegen immer wieder zu finden. Zu den bekanntesten Praktiken zählt der Voodoo-Glaube an die magische Kraft von Puppen oder Körperteilen mit denen man weit entfernten Personen Gutes oder Böses antun kann. Ich habe mit Teenagern gesprochen, die mit einem Gegner abrechnen wollten und sich einer Haarlocke, eines Fingernagels oder eines Kleidungsstücks des Betreffenden bemächtigt haben, um ihr Opfer mittels Symbol- oder Analogzauber zu »verhexen«.

Auch die Kultvorstellung, durch Blutopfer Götter beschwichtigen zu können, ist ein wesentlicher Bestandteil des Satanismus. Viele Jugendliche, die Hunde oder Katzen töten, sind erst durch ein Buch oder einen Film wie »Angel Heart« oder »The Serpent and the Rainbow« auf den Geschmack gekommen.

Ich sprach mit Gloria, dem Mädchen, das an die Sieben Großen Mächte glaubte, über mein Erlebnis bei dem bereits erwähnten Voodoo-Ritual. »Wer, meinst du, steckt hinter den entwürdigenden Riten bei Voodoo-Zeremonien? Ich habe gesehen, wie Voodoo-Jünger wie Hunde bellten, sich im Schlamm rollten und eine Begattung simulierten. Sie benehmen sich wie Affen und imitieren alle möglichen Tiere. Das ist unmenschlich und erniedrigend.«

»Bob, verstehen Sie doch, wenn jemand von einem Geist besessen wird, dann handelt der Geist und nicht die Person. Die Menschen sind in dem Moment geistig völlig abwesend. Sie wissen noch nicht einmal, was vor sich geht.«

»Woher willst du denn so sicher sein, daß diese armen Menschen nicht von einer bösen Macht manipuliert werden?«

»Ich bin als Christ aufgewachsen. Dann ging ich einmal zu einer Voodoo-Zeremonie. Ein Priester nahm meine Hand und zog mich in die Mitte des Kreises. Dann gossen sie Rum in den Feuergraben. Flammen zischten hoch. Ein Geist warf mich ins Feuer, und die Flammen züngelten um meinen Oberkörper. Ich fühlte nichts. Das überzeugte mich von der Kraft des Voodoo.«

»Was für ein Gott ist das denn, der dein Leben riskiert, indem er dich ins Feuer wirft?« wollte ich wissen.

»Er wollte mir dadurch doch nur zeigen, daß er mich vor allem beschützen kann.«

»Was sagen die Voodoo-Geister über das Christentum?« fragte ich Gloria. »Sie sagen, es gibt keine Sünde. Man kann auch nicht verlorengehen. Wenn ich heute einen Fehler mache, kann ich im nächsten Leben wiederkommen und es besser machen.«

»Die Bibel sagt aber, daß wir sterben und vor dem Gericht Gottes stehen werden«, insistierte ich. »Die Vorstellung der Reinkarnation ist das, was die Bibel in 1. Timotheus 4,1 als ›teuflische Lehre‹ bezeichnet. Was ist, wenn die Voodoo-Geister dich belügen?«

»Ich habe mich entschieden«, erwiderte Gloria. »Was bei jener Zeremonie mit mir passiert ist, überzeugt mich mehr als die Bibel.«

Santeria

Santeria ist ein Ableger des Voodoo und entstand unter den schwarzen Sklaven in den spanischen Kolonien, u.a. in Kuba. Der Kult blüht heute in den Vereinigten Staaten unter Kuba-Amerikanern und Puertoricanern.

Eine der Hauptlehren des Santeria besagt, daß die heiligen Götter durch Blutopfer beschwichtigt werden müssen. Deshalb schlachten die Santeros (Santeria-Priester) regelmäßig Tiere. Das ist auch der Polizei in Florida und New York nicht verborgen geblieben, die zunehmend mit an Bäume genagelten Ziegenköpfen und auf Feldwegen verstreuten Eingeweiden zu tun hat. Santeria hat mit Voodoo einige Yoruba-Götter gemeinsam, z.B. Ogun, Daballah und Erzulie. Insgesamt werden sieben Gottheiten angebetet. Palo Mayombe ist eine noch dunklere Variante des Santeria, die alle Spielarten der Schwarzen Magie offen vertritt.

Macumba

Die brasilianische Spielart des Voodoo ist Macumba (oder auch Umbanda oder Candomblé). Im 16. Jahrhundert wurden angolesische Bantu und nigerianische Yoruba von den Portugiesen nach Brasilien verschleppt, um dort die Zuckerrohrplantagen zu bearbeiten. Mit sich brachten sie einen hochentwickelten Zauber- und Geisterkult, dessen Ausübung ihnen von der katholischen Kirche untersagt wurde. So entstand Macumba als synkretistische Religion auf der Basis des römisch-katholischen Mystizismus. Die westafrikanischen Gottheiten der Sklaven verschmolzen mit den Heiligen ihrer Herren. Die höchsten Götter sind die Orixá mit dem Schöpfergott und Himmelsherr Oxalá. Dessen Sohn Olorun wird mit Jesus Christus gleichgesetzt. Maria entspricht der Meeresgöttin Yemnajá (im Voodoo Agua).

Nicht zuletzt als Gegenbewegung zu der von Dom Helder Camara begründeten Theologie der Befreiung, nimmt die Anhängerschaft des Macumba immer mehr zu. Sie wurde 1988 auf ca. 40 Mio. Brasilianer geschätzt (Gesamtbevölkerung 140 Mio.). Auf offiziellen Formularen ist Macumba als eigenständige Konfession angegeben.

Eines Abends besuchte ich in Rio de Janeiro eine der vielen Macumba-Kirchen der Stadt. Es war ein unauffälliges, weißgetünchtes Gebäude, in einer dunklen engen Straße. Niemand achtete auf mich. Offensichtlich war der Anblick eines neugierigen Touristen nichts Außergewöhnliches.

Ich setzte mich auf eine grobe Holzbank. Der Altar an der Stirnseite quoll über von durcheinanderstehenden Statuen verschiedener Orixá-Gottheiten und katholischer Heiliger. Alle Besucher waren weiß gekleidet und beteten ein Bild Oloruns an. Die leitende Priesterin, die Mutter der Götter, überwachte das Ganze und rauchte währenddessen fortwährend dunkle Zigarren. Hin und wieder ging sie auf einen der Teilnehmer zu und hüllte ihn von Kopf bis Fuß in Zigarrenrauch ein.

Die Teilnehmer tanzten unter Trommelbegleitung, allerdings wesentlich weniger fanatisch als die Voodoo-Anhänger. Sie bewegten ihre Körper dem raschen Rhythmus folgend und drehten sich in bestimmten Abständen wie tanzende Derwische. Ab und zu bemächtigte sich eine Gottheit eines der Tänzer und artikulierte eine Botschaft durch den Betreffenden, der in Trance fiel und auf Portugiesisch etwas sagte (das ich allerdings nicht verstand).

Manchmal ergriff solch ein Gott auch gewaltsam Besitz von einer Person. Daraufhin fing der so Besessene an, wild um sich zu schlagen und wie ein Hund zu bellen. Einige der Teilnehmer verdrehten ihre Körper, als ob sie einen Affen nachahmten und stießen pavianähnliche Laute aus. Niemand in der Kirche schien sich zu wundern oder an dem animalischen Benehmen Anstoß zu nehmen.

Die Zeremonie endete mit einem Heilungsritual der Mutter der Götter. Ihre Nachfolger stellten sich der Reihe nach vor ihr auf und traten einzeln vor. Sie flüsterten ihre Anliegen ins Ohr der Priesterin und sie antwortete, indem sie ihre Körper in noch mehr Zigarrenrauch einhüllte. Schließlich ebbte aufgrund körperlicher Erschöpfung der Enthusiasmus ab.

Im Macumba dient die Verbindung zu den Geistern vornehmlich therapeutischen Zwecken. Man glaubt, daß Krankheiten von bösen Geistern, den Exu, geschickt werden. Dennoch gelten Krankheiten nicht als Strafe; Gut und Böse werden im Macumba weniger stark voneinander unterschieden als in anderen Religionen. Ein Sittenkodex existiert nicht, und moralische Richtlinien sind nicht gefragt. Statt dessen wird ein Gleichgewicht spiritueller Harmonie zwischen den guten und bösen Gottheiten angestrebt. Wie im Voodoo-Kult versuchen sich die Anhänger in Kunststückchen, um ihre gute Verbindung zur Geisterwelt zu demonstrieren. Sie laufen auf heißen Kohlen, schlucken Rasierklingen und Glühbirnen und durchstoßen die Wangen mit Nadeln und Nägeln. Kandidaten für ein Candomblé-Priesteramt müssen während ihrer Unterweisung sechs Monate lang enthaltsam leben. Bei der Initiierung werden die Köpfe der Aspiranten geschoren und die Kopfhaut eingeritzt. Dann wird ihr Haupt mit dem Blut geopferter Tiere übergossen.

»Ich bin doch Christ«

Führer des Voodoo-Kults leugnen jede Verbindung zum Satanismus. Voodoo imitiert vielfach Teile der christlichen Liturgie und wird dadurch für desillusionierte Christen annehmbarer. Viele, die ihr traditionell-christliches Erbe nicht über Bord werfen wollen, schmücken die christliche Lehre einfach mit metaphysischem Beiwerk aus.

»Ich bin ein professionelles christliches Medium«, erklärte Kirby, als er bei »Talk Back« anrief. »Und mit Satan und Okkultismus und so hab' ich nichts am Hut.«

»Was meinst du mit ›christlichem Medium‹?« wollte ich wissen. »Für mich ist das ein Widerspruch in sich, auch wenn ›christliche Medien‹ weit verbreitet sind.«

»Ich bin Hellseher. Ich lese Tarotkarten und befrage eine Kristallkugel. Ich führe auch Exorzitien durch.«

»Moment mal ... das sind von der Bibel verbotene spiritistische Praktiken. Und trotzdem nennst du dich Christ?«

»Ja, Jesus ist mein Retter. Ich bin wiedergeboren.«

»In meinen Augen ist das vollkommen unlogisch«, bohrte ich weiter.

»Ist es nicht«, widersprach Kirby. »Auch wenn ich mit Geistwesen kontaktiere, bin ich noch lange kein Okkultist. Im Gegenteil. Ich entweihe die Orte, auf denen Hexenrituale stattfinden, und mit Zaubersprüchen will ich nichts zu tun haben.«

»Wer sind diese Geistwesen?« – »Gretchen und Shalamar. Sie berufen sich auf Jesus und die Bibel. Sie verehren ihn. Meine Führerin ist die ägyptische Göttin Isis.«

Kirbys Versuch, aus »sicherer Warte« spirituelle Erfahrungen zu machen, ist typisch. In einer Welt der Zweckrationalität suchen die Menschen einen Ort, an dem sie Gefühlsimpulsen nachgeben können. Wo fast alle materiellen Wünsche erfüllt werden können, sollen auch die emotionalen Bedürfnisse befriedigt werden. Eine Verbindung zum Bösen ist zunächst nicht beabsichtigt. Der Voodoo-Kult und seine Spielarten sind so beliebt, weil sie Befriedigung bieten, ohne daß der Betreffende bisherige Überzeugungen vollständig revidieren muß. Ernsthafter christlicher Glaube fordert dagegen persönliches Opfer und Verzicht. Der Erfolg des Satanismus beruht auf einer Verlockung, der schwer zu widerstehen ist: der Erfüllung jedes denkbaren Verlangens ohne größere Einschränkungen oder demütiges Bescheiden.

Wie können Kinder vor dem Einfluß solcher Kultreligionen geschützt werden?

Die Gefahr, daß Jugendliche sich einer der vorgenannten Religionen anschließen, ist erfahrungsgemäß nicht sehr groß. Doch jugendliche Satanisten basteln sich – individuell oder in der Gruppe – ihre Religion aus allen möglichen okkulten Traditionen zusammen. Auch hier ist Information der beste Weg zur Prävention oder Hilfe. Wer über wesentliche Grundzüge der magischen Kulte informiert ist, wird auch rascher entsprechende Anzeichen bei seinen Kindern oder Schülern entdecken.

Es gehört zur zeitgemäßen Erziehung, Kinder »wertneutral« zu erziehen. Kinder sollen selbst entscheiden, wie und was sie glauben sollen. So entsteht ein gefährliches geistliches Vakuum. Umberto Eco trifft den Nagel auf den Kopf, wenn er meint: »Seit die Menschen nicht mehr an Gott glauben, glauben sie nicht etwa an nichts, sondern an alles.«[9]

Kein Mensch kann zum Glauben gezwungen werden. Und jedes Kind, selbst aus der christlichsten Familie, muß irgendwann einmal eine eigene Entscheidung treffen. Doch dazu bedarf es der gründlichen Information. Schüler oder Jugendliche sollten mit dem biblischen Menschenbild vertraut sein. Und wenn sie mit den Ideen der Reinkarnation, Kontakten zu Geistwesen, spiritistischen Praktiken oder dem »tue, was du willst« konfrontiert werden, dann sollten sie sicher wissen, daß die Bibel diese Dinge verurteilt. Dazu eignen sich Passagen aus dem Alten (5. Mose 18,9–14 u.a.) und Neuen Testament (Galater 5,18–23 u.a.). Ohne dieses Wissen sind Kinder nicht imstande, die nebulösen Verknüpfungen mit christlichen Aussagen zu durchschauen.

Im Zuge des Erwachsenwerdens müssen die Teenager widersprüchliche Informationen und Weltanschauungen interpretieren und verarbeiten. Zweifel treten auf. Früher oder später wird auch Gott in Frage gestellt. Christliche Eltern müssen diese Herausforderung annehmen. Das überzeugendste Argument ist gelebter Glaube, ein ehrlicher, von der Liebe Jesu geprägter Lebensstil. Nicht auf alle Fragen gibt es eine Antwort. Auch das muß offen eingestanden werden.

Der Satanismus hat nicht zuletzt deshalb so großen Zulauf, weil man die Christen – und das oft zu Recht – der Heuchelei beschuldigt. »Böse« Satanisten seien immer noch ehrlicher als Christen, die das eine sagen und das andere tun.

Teenager in »Talk Back« sagen mir oft Dinge, die sie ihren Eltern angeblich nie sagen könnten. Ich bemühe mich, ehrlich zu antworten. Wenn ich etwas nicht weiß, sage ich es. Ich nehme kein Blatt vor den Mund, und die Anrufer reagieren prompt wütend und kampflustig. Damit versuchen sie genau das, was sie bei ihren Eltern tun: Sie wollen meine Überzeugungen auf die Probe stellen und sehen, ob ich unter Druck nachgebe. Wenn ich mich jedoch auf keine inhaltlichen Kompromisse einlasse und es mir gelingt, ihnen gleichzeitig zu zeigen, daß ich mir echte Sorgen um ihren orientierungslosen Zustand mache, beruhigen sie sich normalerweise und sind vernünftigen Argumenten zugänglich.

Helfen, geben und auf andere zugehen ist etwas sehr Wertvolles und Befreiendes und nicht, wie Anton LaVey glauben machen will, »eine Verschwendung von Liebe«. Die andere Wange hinzuhalten ist besser als durch Rache eine unheilvolle Kettenreaktion auszulösen. Ein Kind, das diese universalen christlichen Wahrheiten begreift, ist kaum in Gefahr, das Opfer einer satanischen Verführung zu werden, die hedonistische (Lust-) Erfüllung verspricht.

Anmerkungen

1) »Good Bye, Mama Alice«, Time, vom 23. November 1987, S. 38.
2) »Das ›toi, toi, toi‹ ist lautmalend und ahmt das Geräusch beim Aus-spucken nach – der Speichel soll dämonenbannende Kraft haben«. (Wahrig, Deutsches Wörterbuch, München 1986).
3) Michael Ende, »Der satanarchäolügenialkohöllische Wunsch-punsch«, Stuttgart 1989.
4) »USA Today«, vom 12. März 1987, S. 5.
5) »Pupil's Absences for Religions Rites Ruled Legitimate«, Rocky Mountain News, vom 8.12.1984.
6) »Old Yoruba Customs Draw New Criticism«, Newsweek, vom 7.12.1981.
7) »Building Bridges in Brazil«, Time vom 21.7.1980, S. 43.
8) »Brazil's Bizarre Cults«, Newsweek vom 27.2.1987, S. 39.
9) ARD Tagesthemen vom 10.12.1989.

Licht in der Finsternis

Die Attraktivität des Bösen und die Macht der Liebe

Was das Böse gegenwärtig so anziehend macht, ist – kurz gesagt – ein Nahrungsmangel der Seele; er liegt bei vielen Menschen vor. Durch die Überbetonung von Verstand und Leistung, durch die Maßstäbe von Materialismus und Erfolgsdenken, durch das Streben nach Wohlstand und Konsum bleiben die Bereiche des menschlichen Innenlebens weithin unversorgt. Hinzu kommt, daß überlieferte Wertvorstellungen mehr und mehr an Bedeutung verlieren. Die moderne Pädagogik fordert eine wertneutrale Erziehung. Daher fühlen sich immer mehr Menschen emotional ausgedörrt und orientierungslos. Sie suchen und ergreifen Übersinnliches, wo es sich anbietet.

Die Kirchen von heute stehen einem solchen Verlangen und dem berechtigten emotionalen Bedürfnis meist hilflos gegenüber. In der Theologie gab und gibt es Richtungen, die das wahrhaft Übersinnliche und sogar die Existenz des lebendigen Gottes als mythologisch erklären und die Existenz seines Widersachers, des Teufels, als Aberglauben abtun. Doch die Reduktion des Glaubens auf die Ebene des rational Wahrnehmbaren, wie es dem naturwissenschaftlichen Weltbild des 19. Jahrhunderts entspricht, erfaßt nur die ratio, den Verstand des Menschen, und läßt die Seele leer ausgehen.

Ich stimme dem evangelischen Theologen Wilhelm Stählin zu, der klar erkannt hat: »Indem die Wissenschaft uns denjenigen Teil der Welt, der der rationalen Forschung zugänglich ist, als die ganze Wirklichkeit vortäuscht, betrügt sie uns um die ganze Wahrheit, und indem der Mythos uns in seinen Bildern die Fülle jener Wirklichkeit vor Augen stellt, in die wir selber verflochten sind, weitet er unseren Blick über die Grenzen der ratio hinaus auf die größere und umfassendere Wirklichkeit.«[1]

Die umfassendere Wirklichkeit

Diese Erkenntnis ist für den suchenden Menschen von größter Bedeutung. Es gibt nicht nur die unseren Sinnen zugängliche Welt, den

Kosmos, sondern auch die umfassendere Wirklichkeit, von der W. Stählin spricht. Die Bibel weiß neben dem *Sichtbaren* auch von einem *Unsichtbaren* und meint damit die dem menschlichen Bemühen verschlossene Welt. Von ihrer Wirklichkeit kann man nur in Bildern sprechen. Sie kann nicht wissenschaftlich erkannt, aber persönlich erfahren werden. Solche Erfahrungen erweisen sich als Einwirkungen auf unsere Gedanken (Eingebungen) oder als ein Betroffensein im Gewissen. Von solchen Erfahrungen weiß und spricht die Bibel.

Um der suchenden und nach echten Erlebnissen verlangenden Menschen willen ist es notwendig, wissenschaftlich auch solche Erfahrungen als historisch und wahr anzuerkennen, wobei ihr Wahrheitsgehalt von dem der sinnlich wahrnehmbaren Welt zu unterscheiden ist. Der Denk- und Redeweise der Bibel liegt keine irdische Weisheit zugrunde. Sie entspringt dem Reden Gottes durch Propheten und durch den Sohn. Was sie aussagt, geht uns unbedingt an. Deshalb darf das bildhafte Reden Gottes nie verschwiegen oder gar unterschlagen werden. Gerade dadurch ist es ja zu dem seelischen Defizit vieler Menschen gekommen, die Nahrung für ihre Seele suchen und meinen, sie in okkulten Praktiken, im Erleben der Geisterwelt zu empfangen.

Wer solchen Menschen Rat oder Hilfe geben will, sieht sich vor die Frage gestellt, ob okkulten oder mystischen Phänomenen eine Wirklichkeit zukommt oder ob sie nur innermenschlich, d.h. auf *natürliche* Weise zu verstehen sind. Eine überzeugende Antwort auf diese Frage setzt eine Entscheidungsbereitschaft voraus: Wollen wir allein den Teil der Welt anerkennen, der der rationalen Forschung zugänglich ist, oder sind wir bereit, uns auf ein Denken einzulassen, das auch dem göttlichen Wort in der Bibel Wahrheit zuerkennt?

Ich habe mich für die zweite Möglichkeit entschieden, und das gerade als exakter Naturwissenschaftler, der viele Jahrzehnte als ordentlicher Professor der Mathematik an deutschen Universitäten geforscht und gelehrt hat. Denn in diesem Jahrhundert haben Physik und Mathematik ein neues Denken entwickelt, das beispielhaft für alle anderen Wissenschaften werden sollte. Dieses neue Denken ist, wie sich herausgestellt hat, nicht nur für physikalisches Forschen notwendig – weil im Bereich der Mikrophysik das bisher übliche logisch-diskursive Denken restlos versagt –, es ermöglicht dem wirklich Glaubenden auch ein tieferes Verstehen des Wortes Gottes. Die drei auf Aristoteles zurückgehenden Denkkategorien (a) der Satz vom Widerspruch, (b) der Satz vom zureichenden Grunde und (c) der Satz vom ausgeschlossenen Dritten werden dabei ersetzt durch die Denkkategorien (a) der Nichtobjektivierbarkeit, (b) der Kontingenz und (c) der Komplementarität.[2]

Sichtbares und Unsichtbares

Die umfassendere Wirklichkeit, von der W. Stählin spricht, ist durch ein besonderes Zusammenspiel von Sichtbarem und Unsichtbarem gegeben. Beide werden von der Bibel bezeugt. Sichtbar ist alles durch menschliches Bemühen Erkennbare, sei es mit den scharfsinnigsten Überlegungen des Verstandes, sei es mit den leistungsfähigsten Methoden von Naturwissenschaft und Technik, alle raumzeitliche, rationale Erkenntnis. Unsichtbar dagegen ist alles andersartige Sein, das Über-Raumzeitliche, das Trans-Wissenschaftliche. Vom Unsichtbaren wissen wir nur durch Offenbarung. Beide Wirklichkeiten stehen zueinander in der paradoxen Beziehung eines komplementären Ineinanders. Sie durchdringen sich gegenseitig und bilden ein Ganzes, in dem sie zugleich ungetrennt und unvermischt sind.

Sie sind zwar zu unterscheiden, aber nicht zu scheiden, völlig miteinander verwoben und völlig voneinander geschieden. Von daher erhält z.B. die Aussage, daß Jesus während seiner Erdenzeit wahrer Mensch und wahrer Gott war, die Deutungsmöglichkeit: Jesus von Nazareth war im Sichtbaren ganz und gar Mensch, im Unsichtbaren ganz und gar Gott und doch nur Einer. Entsprechend gilt für einen an Jesus Glaubenden und Wiedergeborenen, daß sein äußerer Mensch ganz im Sichtbaren lebt, sein inwendiger Mensch jedoch ganz dem Unsichtbaren angehört (ohne es wahrzunehmen). Denn es heißt (Apostelgeschichte 17,28): »Gott ist nicht ferne von einem jeden unter uns, denn in ihm leben und weben und sind wir.« Das »in ihm« bezeugt ein Sein im Unsichtbaren.

Das Unsichtbare ist gegliedert in das große Reich des Lichtes (den Himmel mit Gott, Jesus Christus und den Engeln) und das recht kleine Reich der Finsternis um die Erde (die Hölle mit Satan, den Teufeln und Dämonen). Zu diesem Reich können Menschen mit Mitteln des Spiritismus in Kontakt kommen, weil es dem Wollen Satans entspricht. Er, der Fürst dieser Welt, will Menschen nicht den Weg zu Gott finden lassen, sondern selbst als ein Gott angebetet werden. Deshalb antwortet er auf Fragen oder läßt Geister antworten, vermittelt Hilfe, gibt Heilungen, tut seine Wunder, verleiht Macht – und fordert kultische Unterwerfung. Das Reich des Lichtes dagegen bleibt dem Menschen, solange er lebt, unzugänglich. Denn »Gott wohnt in einem Lichte, zu dem niemand kommen kann« (1. Timotheus 6,16). Selbstverständlich besteht Zugang zu Gott im Gebet und Gemeinschaft im Heiligen Geist, und Gott wirkt auf seine Weise aus dem Unsichtbaren in das Sichtbare hinein.

Übersinnliches

Phänomene wie außersinnliche Wahrnehmung, Telepathie, Telekinese, Hellsehen, Voraussagen, Gedankenlesen, Materialisation u.a. werden von der Parapsychologie eingehend untersucht. Dabei geht es um einen Akt der *Erkenntnis*. Es soll geklärt werden, ob es derartige Vorgänge überhaupt gibt, wie sie zustande kommen und ob sie auf besonderen Fähigkeiten beruhen. In dieser Hinsicht ist vieles recht erkannt worden. Man weiß vor allem, daß es echte Vorgänge sein können. Doch muß zugegeben werden, daß es vom Sichtbaren her keine volle Gewißheit darüber gibt, sondern daß jeweils ein unerklärbarer Rest bestehen bleibt.

Um einen anderen Bereich übersinnlicher Phänomene geht es, wenn es sich nicht so sehr um Erkenntnis, sondern um den Wunsch nach *Hilfe* handelt. Man möchte bei einer Schwierigkeit schnell und wirksam geholfen haben. Statt zum Arzt oder zum Seelsorger geht man lieber zu einem magisch arbeitenden Helfer, der mit okkulten Praktiken, die häufig nicht einmal als solche zu erkennen sind, Hilfe schaffen soll: Heilung bei Krankheit (von Mensch oder Vieh), Schutz in der Not, Erfolg im Leben, Wissen um die Zukunft, Macht über Dinge und Menschen. Hier hinein gehört auch das ganze Spektrum des Aberglaubens.

Ein dritter Bereich des Übersinnlichen wird angesprochen, wenn es um *Kontakte* mit dem Unsichtbaren geht. Als Wege dazu werden Pendel, Tischrücken, Gläserschieben, Ouijabrett u.a. benutzt, womit in bestimmter Weise Fragen gestellt werden können. Daß die Antworten, die kommen, von Geistern im Unsichtbaren gegeben oder gesteuert werden, ist im allgemeinen unbekannt oder wird abgestritten. Doch sind es Wege, die ins Gebiet des Spiritismus gehören, bei dem es um Befragen oder Anrufen von unsichtbaren Geistern geht. Dazu hat man auch die eigentlichen spiritistischen Sitzungen zu rechnen, bei denen mit Hilfe von menschlichen Mittlern als Medien, dem Channelling, Kontakte zu Verstorbenen vermittelt werden.

Verwandt mit der dritten Art, das Unsichtbare »anzuzapfen«, ist die – vor allem von der New-Age-Bewegung vertretene – Ideologie des Neuen Bewußtseins.[3] Bei ihr wird von einem »kosmischen« Bewußtsein oder von einem »erweiterten« oder »verwandelten« Bewußtsein gesprochen. Danach sei der Kosmos (die sichtbare Welt) zweifach zu erleben, zum einen als sichtbares Universum durch das gewöhnliche Bewußtsein, zum anderen als unsichtbares Universum durch veränderte Bewußtseinszustände, in die man sich durch Drogen oder entsprechende Kräuter, durch östliche Meditation, gewisse Rituale oder bestimmte Arten von Musik hineinversetzt. Hier erzeugt das Wissen von einem Unsichtbaren (von »höheren Dimensionen«) das selbstherrliche Verlangen, dort einzudringen. Dieses Bemühen um erweiterte Bewußtseinszustände entstammt letzten Endes der Angst vor dem Chaos.

Sie sind der geistige Rahmen für alle Hexen, Hexer, Magier, Zauberer, Medizinmänner und Schamanen, die mittels Kräutern, Kristallkugeln, Tarotkarten, Ouijabrett und anderen Dingen mit Geheimkraft in Trance eine »Exkursion der Seele (des Ichs)« in die »andere« Welt unternehmen, um dort Wesen zu konsultieren und in okkulter Weise Hilfen aller Art zu vermitteln. Die modernen »feministischen« Hexen sind hier auszunehmen. Sie lehnen einen Teufelsglauben ab und verehren die große Göttin »Gaia« (Erde), als deren Priesterinnen sie sich fühlen. Die unsichtbare Welt, zu der eine Exkursion der Seele führt, kann nichts anderes sein als das Reich der Finsternis im Unsichtbaren, und auch die »hilfreichen« Wesen sind nur böse Geister. Es ist bezeichnend für den maßlosen Wahn von Menschen, daß durch ein »erweitertes« Bewußtsein vom biblischen Unsichtbaren nur das Reich der Finsternis erreichbar ist.

Alle diese Vorgänge und Erfahrungen sind dem großen Gebiet des Okkulten zuzuordnen, wobei das Wort »okkult« auf das im Reich der Finsternis Verborgene eingeschränkt ist: darunter fallen einerseits menschliche Versuche und Wege, vom Sichtbaren aus dort einzudringen, andererseits Einwirkungen böser Geister und Mächte in das Sichtbare hinein. Natürlich gibt es auch Einwirkungen guter Mächte in das Sichtbare, die ebenfalls verborgen sind. Diese werden aber nicht mit dem Wort »okkult« belegt. Der Hintergrund solcher Einwirkungen, ob gut oder böse, ist nur für Menschen erkennbar, die im festen Glauben an Jesus Christus »geübte Sinne haben zur Unterscheidung des Guten und des Bösen« (Hebräer 5,14).

Der Bereich okkulter Machenschaften ist außerordentlich groß. Und immer mehr Menschen werden davon erfaßt, ohne recht zu wissen, worauf sie sich einlassen. Sie werden dazu verführt in der Meinung, »hilfreiche« Geister könnten doch nur gute Geister sein. Außerdem wird von esoterischen Bewegungen alles Okkulte gesellschaftsfähig gemacht, indem verkündet wird, es gäbe nichts Böses, »Sünde« sei ein überholter Begriff, der Kosmos enthalte nur gute Geister. Diese Behauptungen sind aber eine schwere Irreführung. Man muß dringend davor warnen, Hilfe in Anspruch zu nehmen, die auf okkultem Wege vermittelt wurde, oder Kontakte zu okkulten Mächten aufzunehmen.

Der Ursprung

Ein Glaube an die Existenz von Satan, Teufeln, bösen Geistern und Dämonen wird häufig als gegenstandslos abgelehnt. Das ist richtig, sofern es sich um Teufelsvorstellungen des Volksaberglaubens handelt. Die Bibel aber weiß von Satan und seinen »Engeln« als personhaften Mächten, doch hütet sie ihr Wissen als Geheimnis. Nur in verschlüsselten Texten spricht sie davon, daß Satan ein sehr hoher Engel gewesen sei, den Gott um seines Hochmuts willen verstieß und auf die Erde verbannte. Unter dem Abbild eines Königs von Tyrus heißt es (Hesekiel 28,14 ff.): »Du warst ein glänzender, schirmender Cherub, und auf den heiligen Berg hatte ich dich gesetzt; ein Gott warst du und wandeltest inmitten der feurigen Steine (höchster Engel). Du warst ohne Tadel in deinem Tun von dem Tage an, als du geschaffen wurdest, bis an dir Missetat gefunden wurde. Da verstieß ich dich vom Berge Gottes und tilgte dich, du schirmender Cherub, aus der Mitte der feurigen Steine.« Und ähnlich heißt es von einem gestürzten Weltherrscher (Jesaja 14,12 ff.): »Wie bist du vom Himmel gefallen, du schöner Morgenstern! Wie wurdest du zu Boden geschlagen, der du alle Völker niederschlugst. Du aber gedachtest in deinem Herzen: Ich will in den Himmel steigen und meinen Thron über die Sterne Gottes erhöhen ... Ich will auffahren über die hohen Wolken und gleich sein dem Allerhöchsten.«

Jesus bestätigt den Sturz Satans mit den Worten: »Ich sah den Satan vom Himmel fallen wie einen Blitz« (Lukas 10,18). Jesus nennt ihn sogar den Fürsten dieser Welt (Johannes 12,31; 14,30; 16,11) und deutet damit an, daß Satan vor seinem Sturz von Gott als Herr für die Menschen bestimmt war, sozusagen als Gottes Statthalter auf der Erde. Durch seinen Hochmut verlor der hohe Engel diese Stellung, und statt seiner wurde Jesus zum Herrn für uns Menschen bestimmt.

Daß Satan sich als Geschöpf gegen Gott auflehnen konnte mit dem Gedanken, nicht mehr nur der höchste Engel unter Gott, sondern Gott gleich zu sein, beruht auf der Entscheidungsfreiheit, die Gott allen hohen Geschöpfen, den Engeln und den Menschen, verliehen hat; sie gehört zu der Gottebenbildlichkeit.

Durch die Trennung von Gott und vom Reich des Lichtes wurde aus dem hohen Engel der Böse und aus dem Teil des Unsichtbaren, in das er hinabgestürzt wurde, das Reich der Finsternis. Da er (innerhalb des Unsichtbaren) auf die Erde gestürzt wurde, umgibt dieses Reich die Erde in dem komplementären Ineinander von Sichtbarem und Unsichtbarem. Das bezeugen alle Adventsverheißungen, z.B.: »Das Volk, das im Finstern wandelt, sieht ein großes Licht, und über denen, die da wohnen im finstern Lande, scheint es hell« (Jesaja 9,1). Das Licht, das die Finsternis erhellt, ist Jesus, der verheißene Messias. »Und das Licht scheint in der Finsternis, und die Finsternis hat's nicht ergriffen« (Johannes 1,5). Die Trennung des hohen Engels von Gott bewirkte aber auch, daß alle seine hohen Eigenschaften an ihm in das Gegenteil verwandelt wurden und durch ihn sich ausbreiteten. Aus Licht wurde Finsternis, aus Liebe Haß, aus Wahrheit Lüge, aus Herrlichkeit Niedrigkeit, aus Frieden Unfriede, aus Barmherzigkeit Grausamkeit, aus Gnade Brutalität, aus Freude Traurigkeit, aus Seligkeit Leid, aus Geborgenheit Angst, aus Weisheit List. Mit einem Wort: Durch seinen Sturz entstand nicht nur *der* Böse, sondern auch *das* Böse.

Die Macht der Liebe

Auch wenn das Böse und der Böse mit ihrem Einfluß auf das Sichtbare und auf uns Menschen sich immer stärker auszubreiten scheinen – die Macht der Liebe Gottes ist stärker. Er ist und bleibt der Herr der Geschichte, hat alles in seiner Hand und wird seinen Plan mit Weltall, Erde und Menschen zu dem von ihm bestimmten Ende führen. Sein Wort sagt uns einerseits: »Mit den bösen Menschen aber und Betrügern wird's je länger desto ärger; sie verführen und werden verführt« (2. Timotheus 3,13), andererseits: »In der Welt habt ihr Angst, aber seid getrost, ich (Jesus) habe die Welt überwunden« (Johannes 16,33). Alles, was uns Angst macht, hat Jesus bereits überwunden; in ihm können wir ruhig sein. Und sein Wort gibt uns noch einen guten Rat: »Laß dich nicht vom Bösen überwinden, sondern überwinde das Böse mit Gutem« (Römer 12,21). So hat er auf der Erde gewirkt.

Aus dem allen ergibt sich, daß wir in einer gefallenen Schöpfung leben. In ihr haben wir folgenden sehr merkwürdigen Tatbestand für unser Sein auf der Erde im Glauben an die Macht Gottes in Jesus Christus anzunehmen, wie es die Bibel kennzeichnet.

a) *Die satanische Macht ist voll überwunden.* Darüber heißt es: »Niemand kann in das Haus eines Starken eindringen und seinen Hausrat rauben, wenn er nicht zuvor den Starken fesselt. Erst dann kann er sein Haus berauben« (Markus 3,27; Lukas 11,21–22). Und weiter: »Dazu ist erschienen der Sohn Gottes, daß er die Werke des Teufels zerstöre« (1. Johannes 3,8 b). Ferner: »Weil nun die Kinder von Fleisch und Blut sind, hat auch er's gleichermaßen angenommen, damit er durch seinen Tod die Macht nähme dem, der Gewalt über den Tod hatte, nämlich dem Teufel« (Hebräer 2,14).

Daß die Nachfrage noch nicht sichtbar gelöst ist, wir aber trotzdem getrost sein dürfen, weiß die Bibel auch. Sie sagt: »Alles hast du (Gott) unter seine (Jesu) Füße getan. Wenn er ihm alles unter die Füße getan hat, so hat er nichts ausgenommen, was ihm nicht untertan wäre. Jetzt aber sehen wir noch nicht, daß ihm alles untertan ist« (Hebräer 2,8). Der letzte Satz ist der sogenannte *eschatologische Vorbehalt*, mit dem wir auf dieser Erde zu leben haben im Wissen um Jesu Sieg. Deshalb gilt:

b) *Es erfolgt Bedrängung durch Satan*, der zwar sein Recht im Himmel verloren hat, aber auf der Erde umso gefährlicher wütet. Dazu heißt es: »Michael und seine Engel kämpften gegen den Drachen. Und der Drache kämpfte und seine Engel, und sie siegten nicht, und ihre Stätte wurde nicht mehr gefunden im Himmel« (Offenbarung 12,7–8). Ferner: »Seid nüchtern und wachet, denn euer Widersacher, der Teufel, geht umher wie ein brüllender Löwe und sucht, wen er verschlinge« (1. Petrus 5,8).

c) *Die Welt hat eine satanische Struktur, auch nach Jesu Sieg am Kreuz und seiner Auferstehung.* Dazu sagt die Bibel: »Ist unser Evangelium verdeckt, so ist's denen verdeckt, die verloren werden, den Ungläubigen, denen der Gott dieser Welt (Satan) die Sinne verblendet hat, daß sie nicht sehen das helle Licht des Evangeliums von der Herrlichkeit Christi« (2. Korinther 4,34). Ferner: »Ziehet an die Waffenrüstung Gottes, daß ihr bestehen könnt gegen die listigen Anläufe des Teufels. Denn wir haben nicht mit Fleisch und Blut zu kämpfen, sondern mit den Mächtigen und Gewaltigen, nämlich mit den Herren der Welt, die in dieser Finsternis herrschen, mit den bösen Geistern unter dem Himmel« (Epheser 6,11–12).

Jede dieser drei Aussagen gilt und muß mit den beiden anderen in einem »Gleichgewicht« gesehen werden. Das bedeutet: *Wo der Sieg Jesu über alle Mächte der Finsternis ernst genommen wird, geschieht Befreiung von der Macht Satans.* Denn: »Mit Freuden sagt Dank dem Vater, der euch tüchtig gemacht hat zu dem Erbteil der Heiligen im Licht. Er hat uns errettet von der Macht der Finsternis und hat uns versetzt in das Reich seines lieben Sohnes« (Kolosser 1,12–13).

Wo Gott sein Recht auf der Erde durchsetzt, verliert Satan sein Recht, aber nicht seine Macht. Denn: »Der Drache wurde zornig über die Frau und ging hin, zu kämpfen gegen die übrigen von ihrem Geschlecht, die Gottes Gebote halten und das Zeugnis Jesu haben« (Offenbarung 12,17).

Wo die Kraft des Evangeliums abgewiesen wird, verstärkt sich die Macht Satans. Denn: »Wenn wir mutwillig sündigen, nachdem wir die

Erkenntnis der Wahrheit empfangen haben, haben wir hinfort kein anderes Opfer mehr für die Sünden, sondern nichts als das schreckliche Warten auf das Gericht und das gierige Feuer, das die Widersacher verzehren wird« (Hebräer 10,26 –27).

Jede der drei Feststellungen kennzeichnet die gegenwärtige Lage der Welt, das Verhältnis zwischen Himmel und Erde, zwischen Gott und Satan. Das Satanische entsteht zunächst – unter der Hoheit Gottes – als Opposition gegen Gott, beginnt aber allmählich sich zu verselbständigen und Eigenmächtigkeit zu bekommen – weiter unter der Hoheit Gottes. Niemals aber wird es eine selbständige Macht neben Gott. Das Rätselhafte für uns Menschen ist und bleibt, daß das und *der Böse aus der Kraft Gottes gegen Gott lebt und wirkt.*[4]

Es geht also nicht um primitive Teufelsvorstellungen, nicht um Aufrechterhaltung von Aberglauben, sondern um ein vertieftes Verständnis biblischen Glaubens und biblischer Lehre. Der Kampf gegen den Bösen beruht auf drei Voraussetzungen, an die sich der an Jesus Glaubende zu halten hat:

1. Der Sieg Jesu über den Bösen ist errungen.

2. Ein Jünger Jesu hat von seinem Herrn Vollmacht über böse Geister und alles Satanische.

3. Er steht in einer endzeitlichen Kampfsituation.

Anmerkungen

1) W. Stählin: Auch darin hat die Bibel recht. Stuttgart 1964, S. 33.
2) H. Rohrbach: Naturwissenschaft, Weltbild, Glaube. Wuppertal, 13. Aufl. 1990, S. 146 ff.
3) J.W. Sire: Die Welt aus der Sicht der anderen. Neuhausen-Stuttgart 1980, Kapitel 8.
   H. Rohrbach: Die Faszination des Übersinnlichen. Wuppertal 1988, Kapitel 8.
   H. Afflerbach: Die sanfte Umdeutung des Evangeliums. Wuppertal 1988, Teil II.
4) W. Freytag: Reden und Aufsätze II. München 1961, S. 15 –23.

Beobachtungen, Auswirkungen, Hilfen

Ein Orientierungsbedürfnis

Die okkulte Beeinflussung vorwiegend junger Menschen durch spiritistische und satanistische Praktiken ist ein Zeitphänomen, dem neben der Kirche auch viele andere ratlos gegenüberstehen, insbesondere Eltern, Erzieher und die Jugendlichen selber. Die Einstellung zu diesen Praktiken ist unterschiedlich. Während von theologischer Seite – falls die Bibel nur als ein Buch mit menschlicher Weisheit angesehen wird – aufgezeigt werden kann, daß die Figur eines Teufels, als eine mythische heidnische Vorstellung, erst nach und nach in die Bibel hineingekommen sei, werden von Christen, die die Bibel als geoffenbartes Wort Gottes anerkennen, Teufel und Dämonen durchaus personal verstanden, aber als von Jesus Christus überwunden. Ich bekenne mich zu der zweiten Sicht. Für mich ist die Versuchung Jesu durch den Teufel (Matthäus 4) ein wahres Geschehen und der von Paulus genannte Kampf gegen Mächte der Finsternis in der Waffenrüstung Gottes (Epheser 6) ein notwendiges Vorgehen. Ein objektives Urteil über den Sachverhalt gibt es nicht. Die Einstellung dazu hängt von der persönlichen Entscheidung des einzelnen ab, von seiner weltanschaulichen oder religiösen Überzeugung.

Dementsprechend werden die vielen okkulten Praktiken, deren immer weiter um sich greifende Ausbreitung erhebliche Unruhe verursacht, auch in der Öffentlichkeit unterschiedlich gewertet. Je nachdem, ob man die von uns wahrnehmbare Welt, das Weltall, als einzig vorhandene Wirklichkeit ansieht oder noch von einer anderen, unserem Zugriff verschlossenen (unsichtbaren) Wirklichkeit weiß (vgl. s.o.), sieht man die Beschäftigung mit solchen Praktiken als harmlose Spielerei an, deren Ablauf rational oder zumindest innermenschlich zu erklären ist, oder als gefährliches Unterfangen, vor dem gewarnt werden muß. Wegen der Unmöglichkeit objektiver Untersuchungen fehlen fundierte Kenntnisse über sie und ihre Verbreitung. Das Informationsdefizit ist groß. Die Aktion Jugendschutz (AJS) hat deshalb auf ihrer Landeskonferenz 1988 in Herne das Thema Okkultismus behandelt, um Eltern, Erziehern und Beratern eine erste Hilfestellung zu geben.[1]

Ich habe meiner Überzeugung schon im vorangehenden Kapitel Ausdruck gegeben und gehe nicht weiter darauf ein. Ich halte es für wichtiger, von den Betroffenen auszugehen und sich an der Art und

Stärke ihres Betroffenseins zu orientieren. Sie sind es, die Hilfe brauchen.

Einstellung Betroffener

Es sind meist junge Menschen, die sich vor der, wie sie meinen, in Glaubensenge und Konsumansprüchen erstarrten Gesellschaft gelöst haben und eigene Wege gehen, um Lebenserfüllung zu finden. Ihr Verlangen steht nach einem Leben, das sich »lohnt«. Auslösende Motive sind vor allem das Fehlen von echten Erlebnissen. Etwas Neues wird gesucht, das persönlichen Einsatz erfordert. Man möchte frei werden vom Gefühl der eigenen Ohnmacht und Unzulänglichkeit. Man möchte sich aus der Masse herausheben, in ein »Power-Play« einsteigen. Ja, auch der Wunsch nach einer auf übersinnlichem Wege zu erhaltenden Energie als Mittel zur Manipulation der Umwelt ist oft ein Antrieb. Häufig ist es die unbewußte Suche nach Gott, die Hinwendung zu etwas Göttlichem, die den Hunger nach wirklichem Leben stillen soll. Und dafür bieten sich zahlreiche faszinierende neue Wege an, insbesondere die New-Age-Bewegung, Rockmusik-Festivals, Hexentum, Magie und Okkultismus jeder Art bis hin zum Satanskult.

Die Hinführung Jugendlicher zu »Experimenten mit dem Übersinnlichen« geschieht meist in der Schule oder durch Artikel in Jugendzeitschriften wie »Bravo« oder »Mädchen«. Man macht ihnen Tischrücken oder Gläserschieben als eine Art Gesellschaftsspiel interessant. Im allgemeinen sind es Neugier oder einfach Spaß an der Sache, die Jugendliche die Anregung aufgreifen lassen. Daß bei dem »Spiel« Kontakte zu Geistern (von Verstorbenen) hergestellt werden können, wird aus Unwissenheit verschwiegen oder als fragwürdig hingestellt. Doch wird es auch für »starke« Nerven als Nervenkitzel angekündigt, man müsse es erleben, wie das Frage- und Antwortspiel funktioniert. Dazu werden genaue Techniken vermittelt, wie man Geister rufen, ihre Anwesenheit prüfen und ihnen Fragen stellen kann. Die Themen entstammen meist dem schulischen Alltag oder dem Wunsch nach Informationen über Anwesende. Die Antworten werden buchstabenweise zusammengesetzt. Bedenklich wird es, wenn es sich um existentielle Fragen handelt, wenn etwa »scherzhaft« nach dem Todesdatum eines Mitspielenden gefragt und ein naher Zeitpunkt genannt wird. Dann kann es bei dem Betroffenen zu existentiellen Ängsten kommen. Beschwichtigungen helfen nichts. Denn schließlich hat man oft genug erfahren, daß das Spiel mit Fragen und Antworten überraschend gut funktioniert.

So hält man auch den angegebenen Zeitpunkt für wahr und erschrickt zutiefst. In Bayern wurde 1986 einer fast 14jährigen Hauptschülerin der Todestag für das gleiche Jahr vorausgesagt. Das Mädchen könne diesem Schicksal nur entgehen wenn sie jemand anderen umbringe. Das Opfer wurde namentlich genannt. Eine Alternative zum Mord sei es, wenn sie sich eine Nacht lang nackt auf den Altar einer Kirche lege. Hinter dieser Alternative stand natürlich die Absicht, das Mädchen für das Ritual einer schwarzen Messe zu mißbrauchen.

Erste Bindungen

Damit haben die Geister, die es nicht stört, wenn die Antworten als »telepathisch dem Unbewußten der Spielenden abgezapft« angesehen werden, ein erstes Ziel erreicht. Konnte das »Spiel« anfangs wirklich als Spielerei mit harmlosen Kontakten gelten, so weiß jeder, der die Taktiken böser Geister kennt, daß sie zunächst »mitspielen«, dabei aber immer stärker die Abenteuerlust der Jugendlichen wecken und sie zu tieferen Kontakten mit der (unsichtbaren) Geisterwelt reizen. Ist es ihnen gelungen, sie erst einmal einzufangen, so ist der nächste Schritt, sie zu binden und abhängig werden zu lassen. Damit ist der Weg frei zum Hören auf die Geister und zum Gehorchen.

Die Kontaktaufnahme zu verstorbenen Angehörigen ist im übrigen eine auch einzeln ausgeübte Praxis, die sich seit den frühen 60er Jahren immer weiter ausbreitet, seitdem es möglich ist, über Radiogeräte und spezielle Mikrophone angebliche Stimmen von Toten auf Tonband aufzunehmen. Daneben gibt es nach wie vor die schon lange bestehenden spiritistischen Zirkel, in denen man über ein menschliches Medium Kontakte zu verstorbenen Persönlichkeiten zu erhalten sucht, um sich von ihnen Informationen oder Ratschläge für das persönliche Leben geben zu lassen.

Bei allen Arten von Totenbefragungen muß aber bezweifelt werden, ob es wirklich der gewünschte und herbeigerufene Verstorbene ist, der da antwortet. Meiner Überzeugung nach melden sich immer nur böse Geister, die sich jeweils auf das genaueste als der gerufene Tote tarnen, alles aus seinem Leben wissen und in überzeugender Weise antworten können. Zu den irrigen Vorstellungen von angeblichen Totengeistern gehört auch aller Aberglaube an »Wiedergänger« oder »abgeschiedene Geister« oder »unerlöste Seelen«. Menschen, die als nicht von Jesus Erlöste gestorben sind, gehören dem Totenreich im Unsichtbaren an, unterstehen Jesus als dem Herrn über Leben und Tod und haben auf das Gericht zu warten. Denn: Es ist dem Menschen gesetzt, *einmal* zu sterben, danach aber das Gericht (Hebräer 9,27) – ein Wort, das vor allem jeder Vorstellung von Reinkarnationen entgegensteht.

Stärkere Bindungen

Wohin ein Zugang in das Unsichtbare ermöglicht oder was mit den Kontakten der hier genannten Art im Grunde angezapft wird, ist das Reich der Finsternis. Die Antworten werden von Geistern gegeben, die als Dämonen (»Engel« Satans, d.h. gefallene Engel) oder als böse (unreine) Geister (die Menschen zum Bösen verführen und damit verunreinigen) zu den Mächten der Finsternis gehören. Alle diese Geister haben Satan als ihren Herrn und deshalb wie er nur das eine Ziel, Menschen nicht zu dem lebendigen Gott, den Vater Jesu Christi, kommen zu lassen oder die, die zu ihm gefunden haben, von ihm und von Jesus abzubringen. Statt dessen wollen sie Menschen zu Satan führen, daß sie ihm bewußt oder unbewußt als ihrem Herrn und Gott huldigen.

Das ist auch das Ziel, zu dem Geister Jugendliche bringen wollen, die sich über Tischrücken, Gläserschieben, Pendeln u.a. immer stärker mit dem Befragen von Toten eingelassen haben oder die sich über harte Rockmusik wie Heavy Metal oder Black Metal für Satanismus haben einfangen lassen. Sie schließen sich zu kleinen Gruppen oder Logen zusammen, deren Mitglieder sich zu treuen Dienern des »allermächtigsten Erzengels, des Prinzen Luzifer«, zu erklären haben, weil Gott ihn zum Fürsten dieser Welt gemacht habe. Daß er um seines Hochmuts willen längst von Gott verstoßen und statt seiner Jesus zum Herrn der Welt bestimmt wurde, wird natürlich verschwiegen. Die Mitglieder sollen ferner Jesus und dem christlichen Glauben abschwören und sich als Diener Satans mit Macht über andere Menschen ausstatten lassen. Und sie vertrauen der Lüge, daß ein neues Zeitalter anbrechen werde, in dem der Mensch autonom und sein eigener Gott sei und tun und lassen könne, was ihm gefällt.

Es ist sachlich notwendig, zwischen Satanismus und Hexentum zu unterscheiden. Bei den historischen Hexen bestand sicher eine Beziehung zu Satan. Sie galten als Bringer von Unheil und übten Schadzauber, wie es oft in Märchen festgehalten wurde. In späterer Zeit schufen Hexen sich eigene Rituale, die dem urzeitlichen Kult für eine Magna Mater entsprechen sollten. Um ein solches »religiöses« Hexentum handelt es sich insbesondere bei den modernen feministischen Hexenzirkeln und ähnlichen esoterischen Verbindungen wie Wiccatum, die sich der Energie der Geisterwelt, des Kosmos, bedienen. Sie bezeichnen sich selbst als heidnisch und neuheidnisch, leugnen die Existenz von Satan und allem Bösen, wandeln den Begriff Hexe in etwas Positives und beten die Große Göttin Erde und deren Tochter, die Mondin, an.

Die Auswirkungen

Alle spiritistischen und satanistischen Praktiken bleiben nicht ohne Folgen für Seele, Geist und Körper des Praktizierenden. Pauschal läßt sich darüber nichts aussagen. Es ist bei jedem Betroffenen eine genaue Anamnese erforderlich, bevor eine Diagnose gestellt und eine konkrete Hilfe (Therapie, Seelsorge) empfohlen werden kann. Die Auswirkungen hängen zum einen von der seelischen Stabilität dessen ab, der sich auf solche Praktiken eingelassen hat, zum anderen von seiner Einstellung gegenüber diesen Praktiken, wie weit es bei ihm nur um ein »Spiel« ging, ohne Wissen um die Wirklichkeit von Geistern, oder wie intensiv er innerlich dabei beteiligt bzw. schon eingefangen war. Eltern beobachten häufig, daß ihre Kinder wie verwandelt sind, nicht mehr ruhig schlafen können, von Alpträumen und Ängsten geplagt werden und daß die Ängste zu Leistungsabfall in der Schule, zu Depressionen und Neurosen führen können, oft mit Tendenzen zur Selbstvernichtung.

Parallel dazu werden bei den Jugendlichen Proteste laut gegen angebliche Zwänge in Familie, Kirche und Gesellschaft, von denen man durch »selbständige« Hinwendung zum Satanismus frei werden wolle. Alle überlieferten Ordnungen wie bürgerliche Gesetze, ethische Normen, biblische Weisungen und Warnungen werden als überholt verworfen oder lächerlich gemacht. Es kann dazu kommen, daß eine »Gegenwelt« aufgebaut wird, daß Satan zum Gott erhoben, das Böse zum Guten erklärt und danach gelebt wird. Am stärksten zeigt sich das bei Menschen, die sich aus freien Stücken dem Machtbereich des Bösen unterstellen und sich ihm verpflichten. Die Worte und Handlungen, die sich dabei ereignen, so betont der evangelische Theologe O. Michel,[2] erweisen sich als wirksam. Man tritt unter den Zwang des Satanischen und verliert die von Jesus geschenkte Freiheit. Man trennt sich vom Evangelium und hat eine Abscheu vor allem, was konkret – zeitlich und leiblich – mit Gott selbst zusammenhängt. Gleichzeitig bindet man sich an Aussichten und Erwartungen im Bereich des Satanischen.

Daß in diesem Bereich Machtwirkungen möglich, ja selbstverständlich sind, muß ausdrücklich zugestanden werden. Je nach dem Grad der Hingabe und Verpflichtung kommt es zu einem totalen oder weniger starken Einfluß satanischer Kräfte.

Differenzierung der Auswirkungen

Die stärkste Beeinflussung durch solche Mächte ist die der Besessenheit, die im allgemeinen ohne Wissen und Wollen des Betroffenen besteht. Ein böser Geist oder mehrere fahren ein, nehmen Besitz vom Menschen vom Unsichtbaren her durch Innewohnen und beherrschen von innen her sein Denken, Wollen und Handeln. Die Besessenheit kann ein Zustand von Dauer, aber auch ein Zustand von sich wiederholenden Phasen sein. Der Besessene hat im alltäglichen Leben oft nichts Auffälliges an sich, nimmt jedoch im geheimen an okkulten Praktiken bis zu schwarzen Messen teil und hat Weisungen finsterer Mächte auszuführen. Eine schwächere Form ist die Umsessenheit, bei der der satanische Einfluß ungebrochen ist, bei der aber böse Geister von außen Einfluß auf den umsessenen Menschen, vor allem auf seine Gedanken und auf seine Umgebung nehmen können.

Die nächst schwächere Form ist die der okkulten Bedrohung, bei der Menschen im Dienste und unter Zwang Satans andere Menschen mit Worten wie mit giftigen Pfeilen beschießen, d.h. sie mit Zaubersprüchen, Flüchen u.a. negativ beeinflussen, ihnen Schaden zufügen, und das gezielt und wiederholt, oder sie zu Angst- und Verzweiflungshandlungen treiben. Noch schwächer ist die Form der okkulten Bindung oder Belastung. Sie kann bei Menschen entstehen, die passiv oder geringfügig aktiv an okkulten Praktiken teilhaben oder teilhatten. Auch Verwünschungen anderer Menschen können dazu beitragen. Schließlich können sie auch auf dem Wege einer geistigen Vererbung von Vorfahren übertragen werden.

Und als schwächste Form besteht noch die große Vielfalt von Versuchungen und Anfechtungen. Sie zielen mit den Stichworten Lust und Genuß auf den Leib, mit den Stichworten Unruhe und Streß auf die Seele, mit den Stichworten Zweifel und Anklage gegen Gott auf den Geist des Menschen, gehen aber im Grunde als Verführung ebenfalls vom Satan aus.[3]

So gewaltig sich die Macht Satans in allen Auswirkungen erweisen kann, es gilt dennoch: Satan und alle Mächte der Finsternis sind von Jesus durch seinen Kampf am Kreuz von Golgatha überwunden. Die

Macht des Namens Jesu und die Kraft seines Blutes sind stark genug, um jeden noch so gewaltigen Einfluß Satans zu brechen. Alle Auswirkungen spiritistischer und satanistischer Betätigung können geheilt werden, aber durch niemand anders als allein durch Jesus.

Wichtig ist noch folgender Hinweis: Die hier genannten Einflußmöglichkeiten von Mächten der Finsternis können in ihrem äußeren Erscheinungsbild ununterscheidbar ähnlich bei bestimmten geistigen oder psychischen Erkrankungen wie Schizophrenie, Psychopathie, Psychose, Neurose, Depression u.a. auftreten. Das liegt an der List und Heimtücke Satans, der sich stets zu verbergen trachtet, um dabei umso ungestörter seine verderblichen Ziele verfolgen zu können. Medizinische oder tiefenpsychologische Kriterien zur Unterscheidung von krankhafter oder dämonischer Beeinflussung gibt es nicht. Das beruht auf der Tatsache, daß die Mächte der Finsternis in ihrem Wesen und Wirken wissenschaftlich nicht greifbar sind. Für eine zutreffende Diagnose, ob eine psychische oder eine dämonische Störung vorliegt, bedarf es geistlicher Vollmacht, insbesondere der Gabe der Geistesunterscheidung. Ist eine Diagnose erforderlich und der Gestörte bereit, sich der Kraft Jesu anzuvertrauen, so ist ein gläubiger Arzt oder ein erfahrener Seelsorger, unter Umständen in Verbindung mit einem dafür offenen Arzt, hinzuzuziehen.

Möglichkeiten der Hilfe

Eine entscheidende Hilfe kann den Jugendlichen von den Eltern und Erziehern gegeben werden mit der Information, die heranwachsende Kinder brauchen. Sie sollten rechtzeitig, mindestens ab 12 Jahren, die biblische Stellungnahme über das Böse und den Bösen erfahren, und das sachlich und nüchtern, ohne jede Angstmacherei und Drohung. Heranwachsenden gebührt Entscheidungsfreiheit. Beim Verarbeiten von Zweifeln und entgegenstehenden Meinungen sollte ihnen wahrheitsgemäß, aber liebevoll geholfen werden. Eltern dürfen nicht unterlassen, sich auch selbst zu informieren, und sie haben jede Herausforderung durch ihre Kinder anzunehmen. Vor allem müssen sie sich bemühen, das Vertrauen der Kinder nicht zu verlieren, und müssen sie bei auftretenden Beschwerden sich aussprechen lassen, ohne sie zu verurteilen. Die christlichen Eltern sind gefordert zu prüfen, wie weit sie ihren Glauben so leben, daß Kinder ein echtes Vorbild haben. Hierüber ist in den vorangehenden Kapiteln viel Gutes gesagt, dem ich gern zustimme.

Wird ein Seelsorger als Helfer herangezogen, so obliegt es diesem zu beachten, daß bei allem Bösen, dem er gegenübergestellt wird, letzten Endes Gott und Jesus dahinter stehen, weil Satan keine selbständige Macht ist. Die Bibel sagt deutlich genug, daß Gott sich für das Böse in der Welt verantwortlich weiß. Er hat deshalb in Jesus auch die Möglichkeit wirksamer Hilfe geschaffen. Haben bei jemand, der spiritistische oder satanistische Praktiken ausgeübt hat, belastende Auswirkungen sich eingestellt und wollen er und/oder seine Eltern, daß er davon frei wird, so haben sie nach einem Seelsorger zu suchen, der in der Lösung von Gebundenen durch Jesus Erfahrung hat.

Das setzt natürlich die Bereitschaft voraus, daran zu glauben, daß Jesus als der Sohn Gottes durch seinen Tod am Kreuz von Golgatha für jeden Menschen dessen Sünden vor Gott gebüßt hat und die Vollmacht besitzt, Sünden zu vergeben. Gegebenenfalls müßte der Belastete den Seelsorger erst darum bitten, ihn zum Glauben an Jesus zu führen. Ist er ehrlich bereit, sich Jesus als seinem Herrn anzuvertrauen, so wird er seine spiritistischen und satanistischen Praktiken als Schuld gegenüber Gott erkennen, sie bereuen und, von ihr durch die Vergebung Jesu befreit, sein weiteres Leben im Glauben an Jesus führen. Denn er braucht zeitlebens den Schutz Jesu gegen die Mächte, mit denen er sich eingelassen hatte.

Ist es bei dem Betroffenen zu starker Abhängigkeit, etwa durch einen Pakt mit Satan gekommen, so ist darüber hinaus eine Aufkündigung dieses Paktes im Namen Jesu erforderlich. O. Michel führt aus:[4] Es gehört zur Vollmacht Jesu, zur Kraft seines Namens, satanische Macht zu brechen. Aber auch dieses Brechen hat seine Ordnung: das Geheiligtsein des helfenden Zeugen und die Willigkeit, die Hilfe anzunehmen. Entscheidend sind a) das Bekennen der Schuld, b) die ausdrückliche Buße und Absage, c) das Anrufen des Namens Jesu. Das bloße Sich-Sträuben bzw. Leid-Tragen, das gewissensmäßig den satanischen Zerstörungsprozeß begleiten kann, genügt nicht zur Brechung von Gewalt. Wer einen Bund mit dem Satanischen geschlossen hat, muß diesen Bund in Gegenwart von Zeugen absagen.

Für das Nähere verweise ich auf die Bücher »Unsichtbare Mächte und die Macht Jesu«[3], das Hinweise für Hilfen gibt, und »Leben will gelernt sein«[5] das die Arbeitsgemeinschaft Christlicher Lebenshilfen vorstellt, in denen seelsorgerliche Beratung und Hilfe gegeben werden kann.

Anmerkungen

1) AJS-Forum, 12. Jahrgang (1988), Nr. 4/5. Landesstelle Nordrhein-Westfalen, Köln. Die Zeitschrift ist auf Anfrage bei allen »Aktion Jugendschutz«-Landesstellen erhältlich.

2) O. Michel und A. Fischer, Gestaltwandel des Bösen. Wuppertal 1975, S. 72 ff.

3) H. Rohrbach, Unsichtbare Mächte und die Macht Jesu, 3. Auflage, Wuppertal 1988, Kapitel 12–14.

4) A.a.O. 2), S. 76.

5) Leben will gelernt sein. Asslar 1985.

Anhang

Fantasy Spiele

DSA, DAS SCHWARZE AUGE

Ursprünglich: Aventuria. Herausgeber: Droemer-Knaur, zusammen mit Schmidt-Spiele. Deutsche Eigenentwicklung von 1984, auf der Basis des Original D & D. Dank einer riesigen Werbekampagne seit Jahren das erfolgreichste und bekannteste Rollenspiel auf dem deutschen Markt. Obwohl einige heftig kritisierte sexistische Szenen nach den ersten Auflagen gestrichen wurden, wird auf elementare Menschenrechte nach wie vor keine Rücksicht genommen. Von Abenteuer zu Abenteuer können sich die Charaktere in (bislang 20) Erfahrungsstufen höherarbeiten. Professional Sets erlauben versierten Spielern (wie bei AD & D) ihren erweiterten Fähigkeiten angepaßte Abenteuer in der neuen Welt »Tharun« zu erleben.

Basis-Sets: Die Helden des Schwarzen Auges
Die Magie des Schwarzen Auges

MIDGARD

Erstes deutsches Fantasy-Rollenspiel
Herausgeber: Verlag Fantasy- und Science-fiction-Spiele. Erschien erstmals 1981 mit einem sehr komplexen, weil realitätsnahen Regelsystem. Mittlerweile in mehreren Fortsetzungen auf dem Markt.

D & D Dungeons and Dragons

Übersetzung der revidierten amerikanischen Urfassung.
Herausgeber: Fantasy-Spiele-Verlag Leinfelden, eine Tochtergesellschaft der Spielefirma ASS. Seit 1983 auf dem deutschen Markt, seit 1986 mit Spieler- und Spielleiter-Handbüchern und verschiedenen Advanced D & D (AD & D) – Versionen für Fortgeschrittene.

MERP/MERS

(Middle-earth-role-playing), angelehnt im Regelwerk an das System »Rolemaster« der amerikanischen Firma ICE (Iron Crown Enterprises).
Herausgeber der deutschen Fassung: Citadel Verlags- und Vertriebs-

gesellschaft. Seit 1987 auf dem deutschen Markt. MERS spielt in »der berühmtesten aller Welten – Mittelerde«. In verschiedenen Abenteuern müssen sich die Figuren aus J.R.R. Tolkiens »Herr der Ringe« und »Der Hobbit« beweisen. In der Zwischenzeit sind neben der Grundausstattung mehrere Abenteuer und Spielleiteranleitungen auf dem Markt.

In den Wäldern Eriadors toben Trolle und Orks, spuken bösartige Dumbeldore, plündern Gesetzlose, verbreitet der Flüsterschatten unendliches Grauen, regiert der Hexenmeister von Angmar, müssen sich wackere Nordmänner und tapfere Dunedain täglich ihrer Haut wehren.

WARHAMMER FANTASY ROLE PLAY
Ergänzung zu »Warhammer fantasy battle«
Herausgeber: Games Workshop
s. Übersicht

SCHWERTER UND DÄMONEN
Deutsche Ausgabe des amerik. Spiels »Tunnels and Trolls«, einer humorvollen Parodie von D & D.

Herausgeber: Fantasy-productions Düsseldorf. Seit 1983 auf dem deutschen Markt. Erhältlich ist eine Basisbox mit mittlerweile 4 Abenteuern, die alle den »Vorteil« haben, daß man sie auch allein spielen kann. Wohl aufgrund des geringeren Potentials an Grausamkeiten konnte sich das Spiel nie richtig auf dem Markt durchsetzen.

TRAVELLER I–III
Science-fiction-Rollenspiel mit bislang 16 Abenteuern.
Herausgeber: Fantasy Productions

PENDRAGON
Herausgeber: Fantasy Productions
Heroisches Rollenspiel z.Zt. der Tafelrunde König Arthurs in Britannien.

Verschiedene Zeitschriften
unterrichten über ständig neue Varianten und geben Spielleitertips, »damit Sie die Charaktere, die Sie führen, stets von neuem überraschen können«. Die meisten dieser Anregungen drehen sich um finstere Machenschaften, grausame, blutrünstige oder magisch-unheilvolle Spielzüge.

Zauberzeit: Herausgeber: Citadel-Verlag, Hamburg

Wunderwelten: Herausgeber: Fantasy Productions. Materialien zu Traveller, Pendragon, DSA.
Fantasy Welt: Herausgeber: Fantasy Welt Verlag, Sankt Augustin.

Video-Fantasy-Spiele
Aufgebaut nach Art der Rollenspiele, mit ähnlichem Regelwerk. Die Rolle des Spielleiters und der Mitspieler übernimmt der Computer. In den USA ist diese Art der Video-Spiele bereits weit verbreitet. Zusätzlich zu den Risiken der Fantasy-Rollenspiele ist der Spieler hierbei auch noch den allgemeinen Gefahren der Video/Computer-Sucht ausgesetzt: Das Abgleiten in eine Phantasiewelt erfolgt nach Ansicht vieler Psychologen wesentlich rascher. Kontaktunfähigkeit und fehlendes Realitätsbewußtsein bis hin zur Schizophrenie können die Folge sein.

Ähnliches gilt für **Fantasy-Rollenspiel-Bücher**, die sich auch im Bereich der sonstigen »Nichtleser« immer mehr durchsetzen. Auch sie bieten stundenlange Beschäftigung in einsamer Runde und haben zudem den Vorteil, für fast jeden (Schüler)Geldbeutel erschwinglich zu sein. Am begehrtesten sind auch hier Bücher mit einer durchgehenden Hauptfigur, die, von Anfang an mit außergewöhnlichen Fähigkeiten ausgestattet, ihre (magischen) Kräfte von Erfahrung zu Erfahrung vermehrt.
Das Genre der Rollenspiel-Bücher fasziniert gleichermaßen Leser wie Spieler. Es ist schade, daß sich aufgrund der Verkaufszahlen fast ausschließlich Abenteuer aus dem Bereich der magisch-dämonischen Fantasy behaupten konnten – sowohl auf dem deutschen wie auf dem englischen, französischen oder amerikanischen Markt. Kriminalspiele, Forschungsabenteuer (ohne Vampire und Voodoo-Zauber) oder humorvolle Liebesgeschichten sind höchstens noch im Eigenverlag zu finden.
Weit verbreitet sind die Bücher der Goldmann Fantasy-Reihe, u.a. mit den Serienabenteuern »Einsamer Wolf« und »Silberstern der Magier«.
Silberstern beispielsweise verfügt, je nach Erfahrung (= gespielte Bücher) über sieben magische Fähigkeiten:
Zauberei: Wünsche und Gedanken können in magische Energie verwandelt und auf andere projiziert werden.
Hexerei: Trugbilder können erstellt und der Gegner damit in die Irre geführt werden.

Elementarismus: Mit Hilfe von magischen Formeln gebietet der Spieler den vier Elementen.

Alchimie: Mit Hilfe von Kräutern und anderen Ingredienzen können Zaubertränke hergestellt werden.

Prophezeiung: Fähigkeit, zukünftige Ereignisse vorauszusehen.

Psychomantie: Informationsgewinnung durch Gedankenlesen.

Beschwörung: Kontakte mit der Sphäre der Geister. Pentagramm als Schutzzone, denn alle Dämonen verlangen für ihre Dienste Gegenleistungen.

Zauberstab: Mit seiner Hilfe können Befehle freigesetzt und beispielsweise Gegner verwundet werden.

Mit Magie in etwas abgeschwächter Form arbeiten z.b. die Abenteuerspielbücher von Uwe Anton aus dem Ullstein-Verlag oder das bei Bastei-Lübbe erschienene König-Artus-Spielbuch.

Black-Metal-Gruppen auf dem deutschen Markt

Einheitliches Kennzeichen dieser aus dem Hardrock der siebziger Jahre hervorgegangenen Musikrichtung sind blutrünstige Texte, eine ekelerregend perverse Bühnenshow bzw. Covergestaltung, der bewußte Verzicht auf jegliche traditionelle Ethik und die Verherrlichung alles Magisch-Satanischen.

Musikalisch entsprechen die Kompositionen mit wenigen Ausnahmen denen des Heavy Metal.

Die Fluktuation, das Kommen und Gehen ist gerade auf dem Heavy-, Trash- und Black-Metal-Markt besonders ausgeprägt. Es ist daher schwer, eine einigermaßen komplette Übersicht über die zur Zeit operierenden Gruppen zu geben. Die folgende Liste kann und will nur eine erste Orientierungshilfe sein.

ANTHRAX

(Milzbrand oder »Karfunkel«). Beide Deutungsmöglichkeiten des Namens sind beziehungsreich. Die tödliche Infektionskrankheit als Absage an alles, was nett und harmlos ist; der Karfunkel als Mineral, aus dem die Augen des gehörnten Gottes bestehen sollen.

AXXIS

CANDLEMASS

DIO
Ronny James DIO nimmt für sich in Anspruch, der Erfinder des populären satanischen Grußes zu sein. Entsprechend gestaltet er sein Outfit. In Text und Bild bedient er sich vorwiegend mittelalterlicher Teufelsattribute wie Hörner und Pferdefuß.

EXODUS

FORBIDDEN

GRIM REAPER
(Sensenmann) Auf ihren Alben reitet der Tod, ihre Lieder verweisen auf ein Wiedersehen in der Hölle, und für ihre Musik werben sie mit dem Slogan: Das Album, für das Sie Ihre Seele verkaufen.

HELLOWEEN
Die deutsche Band verwertet in ihren Texten vieles aus der Gedankenwelt des New Age. Der Teufel verkörpert das Böse, das der Mensch besiegen muß, um endgültig seinen eigenen Wünschen gemäß leben zu können.

IRON MAIDEN
Ihre Lieblingsthemen sind Schamanismus und Barbarei. Auf ihren Alben spuken Dämonen und kettenrasselnde Geister.

KING DIAMOND
Startete vor einigen Jahren eine sehr erfolgreiche Solokarriere. Nach heftiger Medienkritik einer der ersten (gemeinsam mit KISS), der sich abseits seiner Shows und in Interviews um ein intellektuelles und den Inhalten seiner Lieder diametral entgegengesetztes Image bemüht. U.a. tragen seine Platten seit Anfang 1989 – wie alle Veröffentlichungen von Roadrunner Productions Amsterdam – das Label der »Stop the Madness«-Kampagne gegen den Gebrauch harter Drogen.

KISS
(Kings in satanic service/auch: knights in Satan's service) sind seit einiger Zeit um Integrität und ein »softeres« Image bemüht.

YNGWIE MALMSTEEN

U.a. bekannt durch den Riesenerfolg seiner Tournee durch die UdSSR 1989.

MANILLA ROAD

MANOWAR

Leader Joey Demaio, Album »Hail and Kill«

MEGADETH

Leader ist Dave Mustaine, der 1983 wegen unsozialen Verhaltens bei Metallica ausgeschlossen wurde. Megadeth lehnen jede Zugehörigkeit zum Satanismus ab, vermarkten aber ausschließlich satanische, perverse, bluttriefende Praktiken.

MERCIFUL FATE

Dänische Band, bekanntgeworden v.a. unter ihrem ehemaligen Leader King Diamond.

METALLICA

Auch Metallica bekunden ein offizielles Desinteresse am Satanismus. Ihre Texte sind häufig negativ, beeinflußt von Horror- und Okkultautoren wie Lovecraft und Barker. Der Tod wird als einziger Ausweg glorifiziert.

SACRILEGE

BLACK SABBATH

Bis 1978 mit Ozzi Osbourne, nach eigenen Angaben »Luzifers Liebling«; dann mit Ronnie James DIO, seit einigen Jahren mit Ian Gillan.

SISTERS OF MERCY

SLAYER

Vgl. Kapitel I. 1 und II. 4

SUICIDAL TENDENCIES

Beschreiben in ihren Liedern depressive Gefühle (I feel like shit) und preisen die Selbstaufgabe als einzige Rettungsmöglichkeit. Der Tod wird in sanften, warmen Tönen geschildert.

TANKARD

VENOM
(»Tierisches Gift«). Eine englische Band, die vor allem auf europäischem Boden im Bereich des Black Metal eine Vorreiterrolle spielte. Venom-Mitglied Mantas in einem Interview (Aardshok 4/84): »Wir gebrauchen das satanische Thema, weil wir glauben, daß es zu unserer Musik paßt. Wenn Satan auf die Erde käme, dann hätte er bestimmt einen Sound wie wir.«

WARLOCK

WRATHCHILD
Eine weitere deutsche Band.

Neben diesen Gruppen mit teilweise missionarischen Ambitionen gibt es eine Vielzahl anderer, die in ähnlichem Stil und angepaßter Aufmachung auf der »satanischen Welle« mitschwimmen. Wer sich orientieren möchte, findet in jedem gutsortierten Musikgeschäft unter der Rubrik Heavy Metal etwa 300 – 400 verschiedene Namen – und eine ganze Anzahl Jugendlicher, die mit flackernden Augen und zitternden Händen Cover für Cover begutachten.

Als Vorläufer der heutigen Bewegung sind zu nennen:

DIE ROLLING STONES
Mick Jagger und seine Rockband, die mit ihrem Lied »Sympathy for the Devil« Ende der 60er Jahre »teuflische« Themen salonfähig machten. Die engen Kontakte Mick Jaggers zu dem populären Regisseur und Crowley-Schüler Kenneth Anger, die Teilnahme der Rolling Stones an Voodoo-Zeremonien und ähnlichem (Album: Goat's Head Soup) sind hinreichend bekannt.

LED ZEPPELIN
Deren Lied »Stairway to Heaven« noch heute jede Oldie-Hitparade anführt. Ihr ehemaliger Bandleader Jimmy Page gilt als überzeugter Anhänger Crowleys und seiner Lehren. »Stairway to Heaven« ist eines der bekanntesten Lieder, die durch einen sog. »backward masking process« manipuliert wurden. Beim Rückwärts-Abspielen ist als unterlegter Text zu hören: ... there's no escaping it ... if we've got to live with satan ... master satan ...

BLACK SABBATH

Mit ihrem damaligen Lead-Sänger Ozzi Osbourne; gelten seit Mitte der 70er Jahre als die eigentlichen Begründer des Okkult-Rock. Sie waren die ersten, die ganz bewußt ihre Musik in den Dienst Satans stellten:»Wir beten den Teufel an, dann wird uns Erfolg beschieden sein.« Osbournes Platte »Mr. Crowley« (Blizzard of Ozz) gilt als meistverkaufte Picture-Disc.

Der völlig neuartige Charakter ihrer Bühnenshow, bei denen okkulte, gewaltverherrlichende Rituale praktiziert wurden und möglichst viel (künstliches) Blut floß, wurde in der Zwischenzeit von geschäftstüchtigen Managern zur absurden Spitze getrieben.

Das »Ekeltraining« funktioniert: Lieder und Covergestaltung der bekannten LP von AC/DC (Antichrist/Death to Christ) »Back in Black« von 1980 oder »The Number of the Beast« von IRON MAIDEN muten gegenüber heutigen Neuerscheinungen vergleichsweise harmlos an.

Auch wenn von Seiten der Jugend- und Sektenberatungsstellen die Zahl der »harten Satanisten« mit nur 1–2 % angegeben wird und ca. 80 % der Black-Metal-Gruppen zugeben, »das ganze Okkultzeug« nur aus Imagegründen mitzumachen – die Auswirkungen auf ihre Zuhörer sind jedoch fast immer die gleichen.

Wer an näheren aktuellen Informationen interessiert ist, findet jede Menge Material in den verschiedenen Heavy/Black/Trash-Metal- oder Hard- und Acid-Rock-Zeitschriften.

Was auf der Bühne nicht mehr zu leisten ist, wird mittlerweile auf Video angeboten: Musikclips, in denen auf der Erde, zu Wasser und in der Luft Hexen und Dämonen erscheinen und bekämpft werden, oder in denen der heißumjubelte Sieg über den Tod mittels eines überdimensionierten Pendels erfochten wird (The Mission, Motörhead, AC/DC, Ozzi Osbourne ...).

Die gehörnte Hand
Sie gilt als Erkennungszeichen in der okkulten Welt. Bei Heavy- und Black-Metal-Konzerten wird sie als Ausdruck der Treue zur Negativ-Botschaft der Musiker benutzt (Zeigefinger und kleiner Finger als Hörner gestreckt).

Das Zeichen der Anarchie
Es steht stellvertretend für die Abschaffung aller Gesetze und Vorschriften. Nachdem es zuerst in der Punkszene auftauchte, wird es mittlerweile von vielen Hardrock-Bands verwendet.

Ankh
Ein altägyptisches Symbol, das Leben und Fruchtbarkeit signalisiert. Der obere ringförmige Teil repräsentiert dabei das weibliche, der kreuzförmige untere Teil das männliche Prinzip. Dem Symbol wird magische sexuelle Wirkung zugeschrieben.

Kreuz der Verwirrung
Ein altes römisches Zeichen, das die Bedeutung des christlichen Glaubens in Frage stellt. Die Gruppe »Blue Oyster Cult« benutzt es auf den Alben ihrer Platten.

Nero-Kreuz
In den 60er Jahren war dieses Kreuz – wohl irrtümlicherweise – ein Friedenssymbol. Bei den Black Metal- und anderen okkulten Gruppen hat es seine ursprüngliche Bedeutung zurückerhalten. Es stellt ein umgekehrtes Kreuz dar, dessen Querstreben gebrochen sind – Zeichen der Niederlage des christlichen Glaubens.

Pentagramm

Das wohl bekannteste Symbol des Satanismus. Dabei wird vielfach nicht zwischen Pentagramm und Baphomet unterschieden. Ohne den Kreis, das Pentakel, wird das Pentagramm sowohl in der weißen wie auch in der Schwarzen Magie verwandt. Die obere Spitze symbolisiert den Geist. Die vier unteren Spitzen entsprechen den vier Elementen Feuer, Wasser, Luft und Erde. Dem P. wird die Macht zugeschrieben, gute Geister herbeizurufen und Böses fernzuhalten.

Rechtlosigkeit

Das römische Symbol für Gerechtigkeit war eine aufrechtstehende zweischneidige Axt. Als Symbol für Rechtlosigkeit wird diese Axt einfach umgedreht.

Baphomet

Als Zeichen satanischer Verehrung wird das Pentagramm einfach umgedreht. Die zwei nach oben weisenden Spitzen repräsentieren nun den gehörnten Gott.

Swastika

(Hakenkreuz) ist ein altindisches Sonnen- und Fruchtbarkeitssymbol. Es stellt ursprünglich die vier Winde, die vier Jahreszeiten und die vier Himmelsrichtungen dar. Ihre Balken stehen in einem 90°Winkel zueinander. Die Flügel waren ursprünglich in Uhrzeigerrichtung ausgerichtet, um die Harmonie mit der Natur zum Ausdruck zu bringen. Die Swastika heute, mit entgegen dem Uhrzeigersinn gerichteten Flügeln, zeigt jedoch die Elemente und Kräfte im Widerstreit und in Disharmonie mit der Natur.

IV. Aberglaube – »Poesie des Lebens«?

Der Aberglaube in seinen verschiedenen Ausprägungen, oft bewitzelt und doch weit verbreitet, entfaltet im gestaffelten Angriffssystem dämonischer Mächte anscheinend eine neue offensive Stoßkraft. Wer allen Ernstes meint, der aufgeklärte Mensch des 20. Jahrhunderts sei vom Aberglauben befreit, irrt. Horst Knaut, ein bekannter Okkultforscher, stellt fest: »Wenn es einer fertig brächte, die Abergläubischen im Land politisch zu organisieren, würde er jede Wahl gewinnen.« Wie gesagt: Unglückszahlen und Glückszahlen, Unglückszeichen und Glückszeichen werden bei weitem ernster genommen als die meisten vermuten: man reibt sich die Nase und überlegt, wer wohl zu Besuch kommen wird; man wirft eine Münze, um herauszubekommen, ob man gewinnen oder verlieren wird; man achtet auf die schwarze Katze oder auf den Schornsteinfeger und hat nichts gegen Glücksanhänger. Der Aberglaube scheint langlebig und zäh zu sein. »Eine Art Hartleben in einer zwielichtigen Welt«, sagt Margret Mead, »wo wir unseren Unglauben zeitweilig vergessen und so tun, als glaubten wir an die Wirkung geheimnisvoller Zauberkräfte«. Goethe deutet es anders und meint: »Aberglaube ist die Poesie des Lebens.«

Man hat gewiß nicht zu Unrecht begrifflich den Aberglauben mit »falschem Glauben, Widerglauben und irrigem Glauben« gleichgesetzt. Etwas allgemeiner hat diesen Begriff Dr. Schenk in »Psychologie des Aberglaubens« wie folgt definiert:

> »Unter Aberglauben verstehen wir die seelische Abhängigkeit von unerklärlichen, den Gesetzen natürlichen Geschehens nicht unterworfenen Erscheinungen und Kräften oder auch den Glauben an ursächliche Zusammenhänge von Geschehnissen und Dingen, die miteinander nichts zu tun haben« (5/15).

Der eigentliche Sachverhalt wird durchsichtiger, wenn man bedenkt, daß Desidaimonia so viel bedeutet wie »Angst vor Dämonen«. Wer in abergläubische Praktiken einwilligt, setzt sich demnach dämonischen Mächten aus, ob er das weiß oder nicht. In 5. Mose 13,2–4, ist zu lesen:

> »Wenn in eurer Mitte ein Prophet oder Traumseher aufsteht und irgendein Zeichen oder Wunder ansagt, und das Zeichen oder Wunder eintrifft, das er dir angekündigt hat, und er fordert dich auf, andern Göttern nachzulaufen, die du nicht kennen und verehren darfst, dann sollst du nicht auf die Worte des Propheten und Traumsehers hören.«

Der Aberglaube ist also Dämonenglaube und verstößt gegen das erste Gebot, weil man eigene Wünsche befriedigen möchte, ohne nach dem Willen Gottes zu fragen.

Paul Müller hat in seinem Buch »Die unsichtbare Welt« eine Aufstellung verschiedener Spielarten des Aberglaubens gegeben:

Glückszeichen: Maskottchen, Hufeisen, Fliegenpilz, vierblättriges Kleeblatt, Schweinchen, Schwalbe, Marienkäferchen, Spinngewebe an der Zimmerdecke, Schornsteinfeger, das Wort toi-toi-toi (bedeutet: Teufel-Teufel-Teufel), die Redensart: »den Daumen halten«.

Unglückszeichen: schwarze Katze oder Hase, die über den Weg laufen, alte Frau, ein Buckliger, wenn dem Hochzeitszug ein Leichenzug begegnet, überkochende Lauge soll Unglück bringen, ebenso das Unterbrechen von Briefketten.

Glückstage: In Würzburg waschen sie in der Silvesternacht den Geldbeutel, sonst wird er geschüttelt, wenn der Kuckuck schreit. Am Barbaratag schneiden heiratslustige Mädchen einen Zweig und stellen ihn ins Wasser: Wenn er blüht, kommt der Bräutigam.

Unglückstage: Im Wesergebiet wird am 1. April keine neue Arbeit begonnen, Freitagskinder sollen Pechvögel sein. Wer zwischen Weihnachten und Neujahr Wäsche auf dem Speicher hat, erlebt angeblich Unglück.

Glückszahl: Drei Kreuze über Fenster oder Türschwellen sollen Glück bringen. Drei Wünsche, in einer neuen Kirche ausgesprochen, gehen angeblich in Erfüllung. Im Garten soll man eine ungerade Zahl von Bohnen setzen. Küken geraten in ungerader Zahl besser als in der geraden.

Unglückszahl: Manches Hotel hat kein Zimmer 13. Als General von Viebahn am 13. März 1910 in Berlin einen Saal mieten wollte, hieß es, am 13. könne er den Saal jederzeit haben, da sei weder eine Hochzeit noch ein Ball noch sonst ein Fest.

Ankündigungszeichen: Wenn das rechte Ohr klingt, werde gerade ungut über einen geredet, beim linken Ohr sei es umgekehrt. Wenn sich die Katze putzt, komme Besuch; wenn der Hund Gras frißt, komme Regen. Wenn Fensterscheiben bei Nacht springen, gebe es Unglück. Der Ruf des Käuzchens sage einen Todesfall voraus.

»Sie zählen ihr Geld, wenn der Kuckuck schreit,
sie haben kein Glück, weil man's verschreit,
oder halten schleunigst den Daumen ein.
Eine Spinne am Morgen, die macht ihnen Pein.
Auch werden sie sicher vor Sorge schwitzen,
wenn sie zu dreizehn am Tische sitzen.
Sie schenken dir Messer und Nadeln nicht,
weil das bekanntlich die Freundschaft zerbricht.
Sie fangen am Freitag bestimmt nichts an,
sie ändern sogar ihren Reiseplan
und freuen sich, an diesem Tage zu flennen,
damit sie am Sonntag lachen können.
Sie sind begeistert, auch wenn es regnet,
wenn ihnen ein Schornsteinfeger begegnet,
und tief betrübt, wenn ein Weiblein sie sehn,
ein altes, wenn auf Jagd sie gehn.
Und trotz alledem gelten sie heute
als aufgeklärte und kluge Leute.
Vom Glauben bleibt ihnen kaum ein Rest;
am Aberglauben halten sie fest« (2/122 f.).

Außerdem gibt es Leute, die Angst haben, mit dem falschen Fuß aufzustehen, und behaupten, Bespucktes müsse gelingen. Der lange Katalog abergläubischer Praktiken ist bei weitem umfangreicher, als es die meisten wissen. Er reicht vom Salzverschütten – von den Römern als Vorzeichen eines Unglücks gewertet – bis zur Schiffstaufe. Ist Ihnen bekannt, daß der Brauch, die Braut über die Schwelle zu tragen, abergläubisch ist? Früher wurde es nämlich als ein Zeichen des Unglücks angesehen, wenn man über die eigene Schwelle fiel. Sie galt einerseits als heilig, zugleich aber war man überzeugt, daß mit ihr böse Kräfte verbunden sind. Weil nun der junge Ehemann seine junge Frau nicht gefährden wollte, trug er sie über die Schwelle (11/45).

Wußten Sie schon, daß man mit vorgehaltener Hand nicht nur das Gähnen unterdrückte, sondern zugleich auch verhindern wollte, daß durch den geöffneten Mund böse Geister in den Körper eindringen sollten? Mit dem Segenswunsch beim Niesen wollte man den vorzeitigen Tod abwenden; durch das Anstoßen der Gläser beim Weintrinken den Teufel verscheuchen, und das Klopfen auf Holz sollte magische Kräfte vermitteln. Bei der Verwünschung »Zum Kuckuck«, die etwa im 16. Jahrhundert aufkam, war der Teufel gemeint. (11/69f.).

Diese Aufzählung ist keineswegs vollständig. Das eine und andere wurde erwähnt, damit auch solche, die Jesus Christus verbindlich nachfolgen, auch keine »harmlosen« abergläubischen Bräuche übernehmen. Zudem müssen alle, die okkult Belasteten seelsorgerlich zu helfen haben, wissen, welche Teilgebiete zum Aberglauben gehören. Das bezweckt auch die nun folgende Übersicht:

Der *Talisman*, auch Glücksbringer oder Maskottchen genannt. Eine vielgelesene Fernsehzeitschrift berichtet von einem bekannten Komiker, den rund 40 verschiedene Amuletts beschützen sollen. Er selbst sagte: »Die Geschichte mit den vielen Amuletts, die ich liebe und brauche, hat eine pseudoreligiöse Basis. Ich gehöre keiner Religionsgemeinschaft an. Aber ich glaube an die magische Wirkung der Kultgegenstände aller Religionen. Maskottchen schenken ist etwas Wundervolles. Ich hab' neulich vielen Freunden in kleinen Phiolen Jordanwasser mitgebracht. Glück muß man verschenken.«

Zur Begründung dafür, daß viele Menschen Glücksbringer und Maskottchen tragen oder sich einen Talisman ins Auto hängen, wurde ein Psychiater zitiert, der u. a. gesagt hat: »Unsere von

Dekadenz unterminierte Gesellschaft braucht den Fetisch zum Anhalten. Dahinter steckt Lebensangst. Außerdem werden wir immer primitiver. Langsam kehren wir zum Steinzeitniveau zurück«, und das – so möchte man ergänzen – trotz spektakulärer Raumflüge. Der amerikanische Astronaut White trug in der rechten unteren Tasche seines Raumanzuges während des ganzen Fluges eine Christophorus-Medaille, ein goldenes Kreuz und einen Davidstern; die sowjetischen Kosmonauten führten als »Glücksbringer« Bilder von Lenin und Marx mit sich, Anstecknadeln der kommunistischen Jugendorganisation und ein Band von der Fahne der Pariser Kommune aus dem Jahre 1871.

Wie gesagt: Rationalismus und Okkultismus sind anscheinend aufeinander bezogen. Dr. Edward Hornick, Psychologie-Professor am Albert-Einstein-College für Medizin, meint:

> »Der Mensch braucht Riten. Als eine Art Beruhigungsmittel, das Zweifeln Ausdruck gibt und Ängste verscheucht, ist der Aberglaube eine wichtige Stütze des Lebens.«

In 3. Mose 19, 26 und 31 und 3. Mose 20, 27 steht:

> »Ihr sollt nicht auf Vogelgeschrei achten noch Tage wählen. – Ihr sollt euch nicht wenden zu den Wahrsagern und forscht nicht von den Zeichendeutern, daß ihr nicht an ihnen verunreinigt werdet; denn ich bin der Herr, euer Gott. – Wenn ein Mann oder eine Frau ein Wahrsager oder Zeichendeuter sein wird, die sollen des Todes sterben; man soll sie steinigen, ihr Blut sei auf ihnen.«

Und darum versteht es sich von selbst, daß Menschen, die ihr Leben Jesus Christus anvertraut haben, weder Glücksbringer tragen, noch in ihr Auto einen Talisman hängen sollten.

Vishal Mangalvadi

Esoterische Kräfte
Ursprung, Wirkungen, Gefahren
Berichte aus der Welt der Gurus

Pb., 304 S., Nr. 56.651, DM 24,80
ISBN 3-7751-1251-0

Das Interesse der Öffentlichkeit an esoterischen und okkulten Kräften wächst. Dieses Buch schildert anhand der Vielfalt der Gurubewegungen, wie es zum »Esoterikboom« der Neuzeit kam, der den Westen erobert hat. Der Autor untersucht die hinduistischen Wurzeln der im Westen operierenden Gruppen.

Richard Kriese

Okkultismus im Angriff

Pb., 224 S., Nr. 71.073, DM 19,80
ISBN 3-7751-1386-X

Okkulte Praktiken rücken wieder vermehrt in den Vordergrund der westlich »aufgeklärten« Lebensphilosophie. Pendeln, Horoskope, Biorhythmen und Hellseherei werden zunehmend bestimmend für den Tagesablauf. Dieses Buch greift detailliert die wichtigsten Phänomene auf, beschreibt die Auswirkungen in körperlicher und seelischer Hinsicht und bietet Hilfen, Christus als den Sieger und Befreier zu finden.

Bitte fragen Sie in Ihrer Buchhandlung nach diesen Büchern!
Oder schreiben Sie an den Hänssler-Verlag, Postfach 1220,
7303 Neuhausen-Stuttgart.

hänssler

Reinhard König

Geheime Gehirnwäsche
Wie man uns heute für morgen programmiert

Pb., 152 S., Nr. 56.610, DM 17,80
ISBN 3-7751-1186-7

Was ist New Age-Denken? Welche Grundlagen hat der neue Optimismus, der wie eine Welle um die Welt geht? Wie kam es zu der interessanten Verbindung von Spiritualität mit ökologischem Denken und ganzheitlicher Medizin? Wie kann man sich vor einer raffinierten Verführung schützen, die kaum erkennbar ist? Führende Vordenker des New Age kommen zu verschiedenen Teilaspekten ausführlich zu Wort. Die Grundlagen des »Neuen Paradigmas« werden erkennbar.

Reinhard König

Sanfte Heilverfahren
Geistige Heilung, Akupunktur, Homöopathie, Irisdiagnostik, Pendeln und Wünschelrute, Chiropraktik u.a.

Pb., 232 S., 18 s/w Abb., Nr. 56.628, DM 19,80
ISBN 3-7751-1166-2

Eine sachlich fundierte Information über weitverbreitete »sanfte Heilverfahren«. Die Kenntnis über geistige Hintergründe »sanfter Heilverfahren« ist wichtig für jeden, der sich ein eigenes Urteil bilden will. Die Vereinbarkeit dieser Grundpositionen mit dem christlichen Glauben wird von dem Autor, der Mediziner ist, kritisch geprüft. Er stellt die Ansprüche der neuen Heilverfahren der naturwissenschaftlichen Medizin gegenüber.

Bitte fragen Sie in Ihrer Buchhandlung nach diesem Buch!
Oder schreiben Sie an den Hänssler-Verlag, Postfach 1220,
7303 Neuhausen-Stuttgart.